Pais imaturos, filhos deprimidos e inseguros

Uma ponte para criar conexão emocional

Tania Queiroz

Pais imaturos, filhos deprimidos e inseguros

Uma ponte para criar conexão emocional

Tania Queiroz

Publisher
Henrique José Branco Brazão Farinha
Diagramação
Know-how editorial
Capa
Daniel Rampazzo/Casa de Ideias
Ilustração de capa
Nikolayenko Yekaterina
Impressão
BMF Gráfica

Copyright © 2019 *by* Tania Queiroz
Todos os direitos reservados à Editora Évora.
Rua Sergipe, 401 – Cj. 1.310 – Consolação
São Paulo – SP – CEP 01243-906
Telefone: (11) 3562-7814/3562-7815
site: http://www.evora.com.br
E-mail: contato@editoraevora.com.br

DADOS INTERNACIONAIS DE CATALOGAÇÃO NA PUBLICAÇÃO (CIP)
(Câmara Brasileira do Livro, SP, Brasil)

Q3p
    Queiroz, Tania.
      Pais imaturos, filhos deprimidos e inseguros: uma ponte para criar conexão emocional / Tania Queiroz. - São Paulo : Évora, 2019
      248 p. ; 16cm x 23cm.

      Inclui bibliografia.
      ISBN: 978-85-8461-198-0

      1. Autoajuda. 2. Pais. 3. Filhos. 4. Educação. 5. Emoções. I. Título.

CDD 158.1
2019-569
CDU 159.947

Elaborado por Vagner Rodolfo da Silva - CRB-8/9410

Índice para catálogo sistemático:

1. Autoajuda 158.1
2. Autoajuda 159.947

*As surpreendentes verdades que nunca contaram
a você sobre como pais imaturos expõem os filhos
a graves deficiências emocionais!*

Tania Queiroz

Sumário

Introdução 15

PARTE 1
Compreendendo a imaturidade familiar, as consequências dela na vida dos filhos e a importância da transformação pessoal para uma educação mais madura 29

Capítulo um
A deterioração das emoções das crianças e dos jovens em grande parte é provocada pela falta de maturidade emocional dos pais 31

Capítulo dois
Da imaturidade à maturidade: um ato de escolha que tem como base o autoconhecimento, a autopercepção, a autoconsciência e a responsabilidade 43

Capítulo três
O que é maturidade emocional? 57

Capítulo quatro
Níveis de maturidade emocional 63

PARTE 2
Despertando a consciência, encontrando recursos e talentos para lidar melhor com os desafios atuais e formar filhos mais saudáveis e felizes................... 71

Capítulo cinco
Conhecendo as características dos pais emocionalmente imaturos............ 73

Capítulo seis
Conhecendo os tipos de pais emocionalmente imaturos................... 79

Capítulo sete
Como mudar o seu mindset e amadurecer...................... 87

Capítulo oito
Pais imaturos criam filhos imaturos, inseguros, deprimidos, frágeis ou tirânicos e não observam como estão se formando a personalidade e o caráter do seu filho................... 95

Capítulo nove
Pais imaturos não sabem como os valores morais e sociais são formados e influenciam a personalidade e o caráter do seu filho.................. 99

Capítulo dez
Pais imaturos não sabem como os fatores sociais, culturais e psicológicos influenciam na maneira de sentir, pensar e agir do seu filho................ 103

Capítulo onze
Pais imaturos não conhecem a si mesmos e não ensinam os seus filhos a se conhecerem................... 109

Capítulo doze
Pais imaturos não conhecem a sua missão de vida e não ensinam os filhos a conhecerem a missão de vida deles................ 113

Capítulo treze
Pais imaturos não ensinam sobre a lei de causa e efeito para os seus filhos. 117

Capítulo quatorze

Pais imaturos não conhecem as máscaras dos seus filhos e não reconhecem as fraquezas que eles escondem por necessidade de aprovação, aceitação e amor.. 121

Capítulo quinze

Pais imaturos não compreendem as feridas emocionais infantis que acompanham os seus filhos pela vida adulta.. 125

Capítulo dezesseis

Pais imaturos não desvendam a autoimagem negativa do seu filho e não analisam sua autoestima... 133

Capítulo dezessete

Pais imaturos não sabem que seu filho carrega culpa, medo da rejeição e abandono.. 137

Capítulo dezoito

Pais imaturos não percebem a frustração, a humilhação e a vergonha que seu filho sente.. 141

Capítulo dezenove

Pais imaturos não observam o nível de submissão, agressividade, retraimento ou isolamento do seu filho... 145

Capítulo vinte

Pais imaturos não percebem a autorrejeição, a autopunição e a autossabotagem do seu filho... 149

Capítulo vinte e um

Pais imaturos não conhecem um dos maiores inimigos do seu filho: o fantasma da carência.. 155

Capítulo vinte e dois

Pais imaturos não reconhecem que o mau comportamento do seu filho é uma forma de chamar a atenção... 159

Capítulo vinte e três
Pais imaturos não previnem a formação dos padrões negativos e os hábitos destrutivos, não percebem quando seus filhos estão usando drogas ou se automutilando... 165

PARTE 3
Compreendendo a importância do resgate dos valores do coração para formar filhos éticos, honrados, equilibrados, mais felizes e bem-sucedidos... 169

Capítulo vinte e quatro
Pais imaturos não incentivam a autoaceitação e o autoperdão.................. 171

Capítulo vinte e cinco
Pais imaturos não reconhecem a força do seu amor maduro....................... 175

Capítulo vinte e seis
Pais imaturos não ensinam o filho a superar frustrações, mágoas e ajustar expectativas... 179

Capítulo vinte e sete
Pais imaturos não ajudam o filho a mudar os sentimentos imaturos, a enfrentar os seus erros, resolver os seus problemas, a superar suas experiências negativas 183

Capítulo vinte e oito
Pais imaturos não desenvolvem o altruísmo, deixam que seu filho seja um egoísta.. 187

Capítulo vinte e nove
Pais imaturos não ensinam sobre a humildade, deixam que seus filhos sejam orgulhosos e arrogantes.. 191

Capítulo trinta
Pais imaturos não ensinam sobre a importância de ter uma autoimagem realista e criam filhos narcisistas e solitários....................................... 195

Capítulo trinta e um
Pais imaturos não ensinam sobre tolerância, superar os preconceitos
e administrar a raiva.. 199

Capítulo trinta e dois
Pais imaturos não ensinam sobre a perseverança para que seus filhos
entendam que os fracassos são degraus para o sucesso........................ 205

Capítulo trinta e três
Pais imaturos não ensinam sobre a gratidão e o perdão para que seus
filhos desenvolvam compaixão.. 209

Capítulo trinta e quatro
Pais imaturos não ensinam seus filhos a sonhar, a definir metas, ter
disciplina e eliminar a preguiça.. 213

Capítulo trinta e cinco
Pais imaturos não ensinam seus filhos sobre a importância de amar
e ser amado para evitar as drogas.. 217

Capítulo trinta e seis
Pais imaturos não falam sobre sexo e fazem desse tema um assunto
proibido.. 221

Capítulo trinta e sete
Pais imaturos não ensinam sobre a alegria de viver e as forças
superiores.. 225

Conclusão
Amadureça, seja um herói ou uma heroína para os seus filhos e crie
conexão com o coração deles!.. 229

Bibliografia 235

Agradecimentos

Quando penso na importância deste trabalho para a formação das crianças e adolescentes brasileiros, sinto uma imensa gratidão por todas as pessoas que me auxiliaram com sugestões, experiências e trabalho árduo para tornar esta obra uma realidade. Penso nas intensas conversas com a minha filha caçula Andrea, estudante de psicologia, que não poupou esforços ao tentar traduzir sentimentos, emoções, visão de mundo, sonhos, medos, inseguranças, dúvidas, sensações, infinitas angústias e expectativas que a atual geração experimenta.

O seu apoio foi imenso. Ela leu, releu, sugeriu frases, expressões, pensamentos, questionamentos e me ajudou a compreender o mundo do adolescente, pois a verdade é que crescemos, envelhecemos e nos distanciamos do jovem que fomos um dia e que, na realidade e infelizmente, deixamos escondido no fundo de nossa alma. Minha filha promoveu em mim mudanças imensuráveis referentes aos paradigmas antigos que eu carregava como verdades absolutas em relação ao mundo do jovem atual, o que auxiliou o meu processo de amadurecimento. Assim foi sua deliciosa contribuição para a minha compreensão de muitos problemas experimentados por essa geração de crianças e jovens.

Agradeço também os múltiplos esforços da minha assistente Daiane Alves Santos, que contribuiu com pesquisas, sugestões, textos, revisões, suas experiências e conhecimentos para esta obra.

Este livro não teria nascido sem os esforços dos mantenedores, coordenadores e professores das escolas em que atuo como consultora e palestrante, cujas ações, preocupações e dificuldades diárias com alunos e pais me inspiraram e me afetaram profundamente para a elaboração deste trabalho.

Agradeço a todos os educadores e gestores que estiveram presentes em minhas palestras, seminários e workshops por todo o Brasil. Um agradecimento especial à Jandira Zillig, Milene Zillig, Michele Zillig, Sara Cepriano, Rísia Alves Santana e irmã Elizabeth Miranda Benevides, cujas experiências, atendimentos, apoio, amizade e carinho me conduziram a encontrar algumas respostas importantes para os problemas das crianças e dos jovens dessa geração.

À psicanalista Margareth Alexandrino, que me ofertou horas de conversas, doando sua experiência advinda de seus inúmeros atendimentos.

A toda minha equipe do Instituto Tania Queiroz por sua dedicação, respeito e amizade.

A todos vocês minha eterna gratidão, pois acredito que esta obra impactará a qualidade dos relacionamentos entre pais e filhos, fazendo a diferença na vida de muitos deles!

Introdução

Vivemos hoje o drama de um desnível gritante entre o fabuloso progresso técnico e científico e a imaturidade quase infantil no que diz respeito aos sentimentos humanos.

Rafael Llano Cifuentes

Mundo insano e tóxico?

Será que estamos vivendo em um mundo insano e tóxico?

"No mundo altamente técnico e cheio de avanços científicos em que vivemos pouco se tem progredido no conhecimento das profundezas do coração."

Rafael Llano Cifuentes

Sem dúvida o anseio dos corações de milhares de pais é saber como educar e, principalmente, lidar com a geração de crianças e jovens deste século de uma forma saudável para que seus filhos sejam bem-sucedidos e muito felizes.

Nesse cenário, muitos pais carregam uma profunda inquietude na alma. As divergências entre os casais, entre as gerações, as brigas constantes, os desentendimentos, os conflitos, as doenças emocionais e psicológicas em função da violência simbólica, assim como o estresse e as separações e a falta de tempo para os filhos estão presentes em muitas famílias brasileiras.

O dinheiro muitas vezes não é suficiente para suprir todas as necessidades e contas. Investimentos em escolas, roupas, prestação da casa ou aluguel do apartamento, gás, supermercado, feira, telefone, água, luz, entre outras obrigações desgastam muitos pais.

Como ser então um pai maduro e extraordinário em meio a tantas exigências, desafios e responsabilidades neste mundo consumista? Como encontrar tempo e energia para suprir a família financeiramente e emocionalmente?

Nesse corre-corre de criar os filhos e dar a eles aquilo que não tiveram, muitas vezes alguns pais não os compreendem e os filhos, por sua vez, não compreendem os pais devido a cobranças, nervosismo, irritação, cansaço, ausência e estresse. É uma loucura!

As famílias constantemente sofrem profundas decepções e desilusões, e, ainda que os pais tentem ser perfeitos, sempre há um furo.

A ausência de harmonia, paz, compreensão, tolerância, paciência, diálogo, entrega e amor incondicional é real em lares da periferia e das classes média e alta.

Perdemos negócios, empregos, entes queridos, sofremos golpes, acidentes, decepções amorosas, traições de toda ordem, violência, assaltos e nos sentimos vulneráveis e inseguros, aflitos, ansiosos, melancólicos, depressivos e amargurados. Carregamos mil tipos de insatisfações e frustrações todos os dias em nossos corações. Abandonamos o divino que mora em nós.

Temos insônia, ficamos ansiosos, preocupados, estressados, deprimidos e desenvolvemos várias doenças que aparecem do nada.

A sensação é de que esse nosso mundo é insano, tóxico e conspira contra cada um de nós, pois, por mais que tentemos, nunca somos bons o bastante e carregamos a sensação de que sempre está faltando alguma coisa. Nós nos esquecemos de ser em vez de ter. Queremos ter tudo e na hora, cada dia estamos mais exigentes, intolerantes, intransigentes e impacientes!

Com toda essa loucura, é difícil encontrar tempo suficiente para os filhos, construir uma relação pautada no diálogo e, face às incoerências cotidianas, é complicado encontrar um sentido para a existência. Torna-se quase impossível praticar o autoconhecimento para amadurecer e valorizar a preciosidade da vida, as coisas simples, aprender a lidar com os erros, com as experiências ruins, com o inesperado, o imprevisto, o inédito e o inimaginável.

Como lidar com os próprios problemas emocionais e afetivos? Como lidar com uma gravidez indesejada, com o uso de drogas e bebidas, os comportamentos agressivos, os distúrbios alimentares, os transtornos de humor, a depressão, a automutilação, as tentativas de suicídio, a questão da ideologia de gênero ou com a promiscuidade sexual de nossos filhos?

Às vezes se torna muito difícil suportar os problemas que a vida apresenta e as frustrações que tudo isso provoca. Enfrentar as crises no cotidiano do trabalho e em casa, lidar com as dores, os dramas, as tramas e os horrores dos relacionamentos inflamados, atropelados e complicados sem estresse, depressão, cansaço, desequilíbrio e desânimo.

Será que estamos precisando dar novos passos rumo a um novo modelo de vida, de educação e de relacionamentos afetivos, profissionais e principalmente entre pais e filhos? Por que será que tudo isso está acontecendo com as famílias e com a humanidade?

Epidemia de depressão, automutilação e suicídio

Segundo algumas pesquisas, as taxas de depressão e de ansiedade entre crianças e adolescentes cresceram assustadoramente nos últimos 25 anos. Parece que estamos mergulhados em uma "epidemia de depressão" e foi a nossa cultura quem a criou.

Somos produtos de um mundo moderno que ignora ou desvaloriza as questões do coração e depois gira e aponta o dedo acusatório para aqueles que sofrem. A depressão não é inimiga, mas simplesmente um sinal de alerta de que não estamos no caminho certo.

Ao me deparar com esses índices de depressão, suicídio e automutilação, indago: "Que mundo estamos construindo para as nossas crianças e jovens? Qual é a atual filosofia da educação brasileira? Como um pai e uma mãe podem ter sucesso na educação dos filhos? O que é considerado sucesso na educação dos filhos? Qual é o grau de maturidade dos pais para inspirar seus filhos a serem éticos, bem-sucedidos e felizes? Que tipo de educação estamos oferecendo para eles?".

Segundo a psicóloga Lídia Weber, coordenadora do Núcleo de Análise do Comportamento, da Universidade Federal do Paraná, que estudou um grupo de 3 mil crianças com depressão, 56% delas são filhas de pais negligentes. "Esse tipo de pai nunca tem tempo para ajudar nas tarefas, não se preocupa com a educação dos filhos, estabelece poucos limites e dá pouco afeto à criança, que acaba apresentando um desempenho sofrível não só nos comportamentos sociais, mas também nos acadêmicos. Outras 26,3% possuem pais autoritários que, com seu comportamento, podem estar empurrando os filhos em direção à doença."

O suicídio entre os jovens aumentou 40% nos últimos anos e, segundo a Organização Mundial da Saúde, mata mais do que o HIV em todo o mundo. Estudos apontam que a automutilação afeta 20% dos jovens brasileiros e que se tornou um problema de saúde pública no país. Cada vez mais adolescentes estão deprimidos, machucando-se e se matando.

Apesar dos estudos e pesquisas ainda não apontarem para uma resposta quanto à razão pela qual as crianças e os jovens estão praticando a automutilação, algumas teorias tentam explicar algumas motivações. Para os especialistas, a automutilação tem causas variadas: para alguns, serve como uma válvula de escape para fortes emoções negativas experimentadas pela falta de autoestima; para outros, a causa se situa no convívio social e familiar em função do bullying, da falta de atenção dos pais, do medo, da vergonha, da culpa, da raiva e dos abusos emocionais, especialmente nos casos em que a criança ou o jovem tem medo de expressar seus sentimentos para os pais, professores ou amigos e nas situações de abuso sexual.

Outra teoria é a de que muitos jovens têm relatado que a automutilação ajuda a aliviar a tensão insuportável, a depressão ou a ansiedade de suas vidas pessoais, familiares e amorosas. Outros adotam a automutilação quando a raiva de outra pessoa é muito grande ou como uma forma de atrair a atenção dos pais e assistência. Essas teorias também tentam explicar as causas do suicídio e da depressão.

Sabemos que essas especulações não esgotam as causas, pois estas variam de jovem para jovem, mas no mínimo servem para reflexão.

Mundo consumista

Neste mundo consumista, a lógica capitalista nos levou a alimentar sentimentos de desânimo e privação. A insatisfação se instalou em nossa alma e despedaçou nossa motivação e autoestima. Por isso, muitas vezes, nos sentimos como gigantes derrotados e infelizes. Não percebemos o tamanho de nossa infelicidade e imaturidade porque priorizamos a luta para sobreviver e adquirir bens, pois nesta sociedade ser bem-sucedido financeiramente é o que importa.

Nos atendimentos que realizo nas escolas em que sou consultora, deparo-me com a realidade de que, na luta diária pela sobrevivência, muitos pais alimentam sentimentos negativos e dificilmente têm tempo para o sorriso, o carinho e o diálogo alegre com os filhos. Trocam sua presença por presentes, não comparecem às reuniões de pais, palestras, reuniões com orientadoras educacionais, barganham com os filhos através dos bens materiais em vez de ofertarem seu tempo, atenção, sorrisos, abraços e diálogo. Obviamente que essa compensação não funciona e suas consequências explodem nos inúmeros problemas emocionais e psicológicos que eles apresentam, afetando o rendimento escolar.

Esses pais, sem perceberem, estão inseridos em uma neurose consumista. Não sabem mais ser felizes com o que têm e com o que são. Eles se avaliam em tostões, mas valem milhões. Isso porque permitem que o seu valor seja determinado pelos bens materiais que possuem e não pelo que são como seres humanos.

O que possuem não os satisfaz, e o pior, o que "são" não os satisfaz. Iludidos pelo mundo material, pelo desejo de consumo ilimitado, sentem que não são perfeitos e capazes para ganhar todo o dinheiro que julgam precisar para comprar tudo o que mercado oferece, para trocar de celular, de carro, comprar todas as roupas e sapatos dos shoppings, pagar a viagem dos seus sonhos, jantares nos melhores restaurantes, cabelereiros famosos, academias, por isso se sentem pobres, miseráveis e infelizes. Muitos acreditam que são fracassados no emprego, que não ganham o suficiente, que seus chefes são os culpados por sua infelicidade, que não são reconhecidos no trabalho etc.

A verdade é que se sentem pobres, mas não percebem como são ricos se comparados aos seus ancestrais. Não param um minuto para pensar e se lembrar da vida miserável de seus bisavós, avós e pais, de suas lutas e sonhos. Não enxergam que se tornaram a realização do sonho deles. A maioria dos seus antepassados enfrentaram muitas dificuldades e sonharam em vencer na vida.

Para eles, vencer significava conseguir dar aos filhos acesso à escola, ter um carro para não ficar horas no ponto de ônibus ou na estação de trem, ter casa própria e não pagar aluguel, ter uma televisão para se divertir e não ter que ver apenas de vez em quando na casa do vizinho ou do parente rico e ter um telefone. Na época deles, conquistar esses itens era muito difícil e somente pessoas ricas os possuíam. No mundo atual, muitos pais conseguiram ter tudo isso, mas mesmo assim não estão satisfeitos e seguem suas vidas em preto e branco, profundamente deprimidos e infelizes.

Nas últimas décadas o movimento frenético da aquisição de bens materiais em um mundo em que tudo se desatualiza rapidamente se refletiu na vida de cada um e principalmente nas relações afetivas e familiares. O resultado? Uma geração de pais extremamente exigente, intransigentes, estressados, nervosos, irritados, inconformados e insatisfeitos com suas conquistas materiais, consigo mesmos, com os outros e, por isso, infelizes e emocionalmente imaturos. Esses pais se esqueceram de que a riqueza e a prosperidade são conceitos bem mais amplos.

Para muitos deles, o amadurecimento tem relevância mínima para a sua vida diária. Qual a necessidade, por exemplo, do autoconhecimento, da autorreflexão e da autopercepção se esses conhecimentos não acrescentam nada às suas conquistas materiais? Somente quando puderem compreender que riqueza e prosperidade incorporam mais do que conceitos meramente econômicos, que se faz necessário acumular a riqueza interior, a riqueza física (saúde), a riqueza familiar, intelectual e espiritual, além da riqueza financeira e ser capaz estabelecer ligação entre maturidade e felicidade é que suas vidas e a vida dos seus filhos terão um outro significado.

"Em seus filhos o futuro está sendo criado. Os abraços que você não dá, os passeios que você não faz, as risadas que se perdem, as alegrias esquecidas, o diálogo que não acontece, a orientação que falta porque você não tem tempo, serão determinantes para eles serem felizes e terem sucesso ou infelizes e fracassarem."

Tania Queiroz

O mito do filho perfeito

Nos dias atuais, lamentavelmente, muitos pais estão sofrendo de miopia e hipermetropia na alma, não enxergam o que acontece próximo ou longe deles... Estão sofrendo de astigmatismo também, pois enxergam as coisas embaralhadas.

Vivem fora da realidade do que acontece com os filhos e, sem se darem conta, vivem o mito do filho perfeito.

Planejam a vida dos filhos desde o seu nascimento, querem que sejam bonitos, inteligentes, magros, obedientes, que estudem, trabalhem, namorem, casem e sejam muito, muito ricos. Quando um filho ou uma filha pratica a automutilação, usa drogas, tem uma opção sexual diferente da esperada, engorda, engravida e sonha em ter uma profissão não muito rentável, é o caos.

No meu consultório e nas escolas em que trabalho, ao atender os pais descubro que eles conseguem não perceber nada do que acontece com os filhos. Como coach e psicoterapeuta holística, normalmente sou procurada por tentativas de suicídio, surtos de todo tipo e depressão. Os pais buscam uma causa espiritual para os problemas emocionais e psicológicos dos filhos e uma solução mágica.

No consultório realizo os primeiros atendimentos e encaminho os pacientes para terapeutas e psiquiatras e, nesse processo, descobri que 95% dos pais não percebem quando os filhos estão se automutilando ou se drogando. Muitos não sabem que seus filhos e filhas sofreram abusos sexuais ou pensam que suas filhas ainda são virgens quando elas já cometeram abortos.

Muitos não têm maturidade para lidar com filhos "imperfeitos" e com problemas ou com filhos com uma orientação sexual diferente da que julgam corretas.

Otto Fenichel, em sua obra intitulada *Teoria psicanalítica das neuroses*, aborda o mecanismo da negação e relata que desde a infância tendemos a negar o sofrimento e a realidade, fantasiando ou transformando o sofrimento em situações menos dolorosas, podendo essa tendência persistir por toda a nossa vida adulta.

A partir dos atendimentos que realizo, concluí que estamos vivendo duas eras distintas: de um lado, os pais estão mergulhados na "Era do Fantasista", pois parecem se deixar dominar pela fantasia que funciona como uma ferramenta ontológica – as coisas são assim – e obedecer aos caprichos da própria imaginação, pois não percebem a realidade dos próprios filhos, e, de outro, as crianças e os jovens estão mergulhados na "Era da Distopia", em que o pessimismo dá o tom de suas vidas, o que faz enxergarem um mundo em preto e branco, em espelhos negros sombrios e pessimistas, com violência banalizada e generalizada, em um futuro no qual ninguém gostaria de viver, raramente flertando com a esperança. Uma loucura!

Em uma ocasião recebi o telefonema de uma mãe desesperada com o estado emocional e psicológico da filha. Havia levado a jovem a vários consultórios, inclusive o de alguns terapeutas famosos. Viajei algumas horas de avião e fui até a cidade do interior onde eles moravam no Sul do Brasil. Chegando lá, observei a jovem por alguns instantes, solicitei uma conversa em particular com ela e disse:

– Sua depressão profunda e os seus surtos psicóticos cessarão quando encarar que essa experiência homoafetiva que experimentou não a define se assim não o desejar. De duas uma, ou aceita essa sua nova tendência sexual interna, na qual desconhece a origem, ou fortalece a anterior. Abandonar a faculdade no último ano, parar de trabalhar, ficar trancada no quarto sem comer, ter convulsões, perder os sentidos, babar, se jogar da janela embaixo dos carros e se cortar não resolverá sua confusão, esse seu imenso conflito interior. A medicação que estão ministrando a você se faz necessária nesse seu estágio, mas a está deixando dopada, anestesiada, assim foge dos seus problemas, não tem que lidar com você mesma. Reflita profundamente sobre o que você deseja para a sua vida afetiva e sexual. Faça escolhas pautadas no seu coração. Assuma o seu mais profundo desejo.

Conversei com ela por quase duas horas. Filha de uma família extremamente conservadora, havia experimentado uma relação homoafetiva, apaixonou-se pela garota e estava em um conflito terrível, pois também gostava dos rapazes. Não aceitava sua bissexualidade, não se sentia segura em compartilhar seus medos, suas angústias e terríveis dúvidas com os pais, apesar de eles serem atenciosos e dedicados. Para ela, eles eram muito rígidos quanto aos seus valores, não aceitavam a homossexualidade em função de sua religião.

O resultado da falta de diálogo entre eles foram as inúmeras tentativas de suicídio da jovem, que não encontrava uma saída para os problemas. Minha conversa com os pais foi extremamente dolorosa. Perguntei se eles gostariam de ter uma filha viva, saudável e homoafetiva ou uma filha morta. Ficaram assustados e desesperados, esbravejaram, culparam o mundo por seus problemas. No fim da consulta, mais calmos, conseguiram conversar com a filha e a acalmaram. Encaminhei a jovem para um psiquiatra e uma nova abordagem de terapia para que adquirisse uma nova visão de si mesma dentro de suas escolhas e ferramentas de enfrentamento.

Acompanhei à distância o seu tratamento. Soube há pouco tempo que foi capaz de assumir sua vida sem maiores problemas. Estava namorando com a garota que amava, voltou a estudar e a trabalhar, e seus pais, apesar de contrariados, aceitaram suas escolhas. Confesso que convencer os pais sobre as escolhas da filha não foi nada fácil. Por muito tempo conversei com a mãe da jovem por telefone, para que abandonasse a sensação de fracasso por sua filha ter uma orientação sexual diferente da que ela julgava correta.

Assim como esses pais, muitos outros convivem com filhos ideais, e não com filhos reais. Acreditam na máxima tudo-ou-nada – ou seus filhos são perfeitos ou a vida não valeu a pena – e a falta de valor se instala na alma deles e eles instalam a culpa na alma dos filhos.

A busca dessa perfeição dentro de valores rígidos e riqueza sem limites tem destruído milhares de jovens que, quando não conseguem ser o que os pais sonharam e planejaram, ficam confusos, estressados e, sem recursos morais, emocionais e psicológicos adequados, bem como sem ferramentas de enfrentamento, rendem-se a alternativas fáceis para fugir da realidade, como o álcool, as drogas ou ainda a automutilação para suportarem quem na verdade experimentaram ou se tornaram: os filhos imperfeitos que decepcionaram os pais. Nessa jornada muitos desistem de viver e tentam o suicídio.

As numerosas exigências dos pais geram paralisia e não superação. Nos atendimentos que realizo, percebo em muitas crianças e jovens o medo de fracassar, a baixa autoestima, o esgotamento, o mal-estar e a vulnerabilidade, pois, normalmente, estão tensos, inseguros, ansiosos, tristes, desesperados e impotentes diante do despreparo para certas escolhas e de seus pais exigentes ou negligentes demais. Nos dois extremos, com personalidades deturpadas, essas crianças e jovens tentam desistir de si mesmos. Em alguns jovens percebo a tentativa de reproduzir o modelo perfeccionista dos pais, o que os leva a cobrarem de si próprios uma perfeição inatingível e se tornarem seres com dificuldade de relacionamento, de adaptação, inflexíveis, frios e rígidos e, o pior, além de escravos da opinião dos outros. Em outros percebo que se tornam negligentes como os pais, descuidam dos estudos, da aparência, dos relacionamentos, são apáticos. Há ainda os que se tornam violentos.

Isso acontece porque muitos pais inconscientemente projetam nos filhos o que não conseguiram realizar. A imaturidade domina os pais que não perceberam que o mundo mudou, que estão sendo devorados pelo atual sistema de vida que adotaram e que não refletem sobre as trágicas consequências de suas crenças, suas escolhas, quer sejam exigentes, indiferentes ou negligentes.

De um lado, esses pais lidam com a ausência de afetos legítimos, a carência afetiva, neuroses, depressões, angústias, sentimento de impotência, diminuição da autoestima, com a falta de relacionamentos harmoniosos e felizes em seus lares; de outro, lutam para sobreviver, para conquistar bens materiais. Não encontram um equilíbrio entre trabalho e família. Esses pais deveriam descobrir que a educação se pauta no autodescobrimento e não no perfeccionismo; no cuidado e não no abandono e na indiferença; no diálogo e não no distanciamento; na aceitação e não na exigência.

Eles deveriam fazer uma autoavaliação e refletir sobre a forma que estão educando os filhos, suas expectativas, suas competências relacionais, mensurando as consequências das suas atitudes ou da falta delas, para operarem as mudanças necessárias de maneira a garantir uma educação de qualidade, estabelecendo um vínculo emocional e não apenas material com os filhos, aceitando suas imperfeições e escolhas.

Por meio dos inúmeros atendimentos que realizei na última década, descobri que muitos pais preferem que os sentimentos negativos experimentados por eles próprios e pelos filhos no convívio familiar não sejam discutidos. É como se existisse um bloqueio que impedisse abordar os problemas sexuais, financeiros e de relacionamentos familiares. Para eles, é melhor entregar seus filhos ao computador, televisão, jogos eletrônicos, filmes, celulares e tablets e se entregarem à cerveja, ao futebol, shoppings, cabelereiros e esportes nos fins de semana a enfrentarem e resolverem os problemas existentes.

Nesse cenário, para eles não é importante descobrir como os filhos se sentem diante de sua imaturidade e como eles verdadeiramente se sentem por não conseguirem lidar adequadamente com os filhos cheios de problemas.

Assim, todas as emoções negativas, os conflitos são resolvidos com psicotrópicos, "as pílulas mágicas". As drogas diluem as emoções negativas dos pais e dos filhos e todos aparentemente ficam felizes. No entanto, é tempo de mudar essa realidade.

> "A cobrança excessiva por uma vida perfeita e plenamente feliz desencadeia mais frustrações e até mesmo distúrbios mentais. As chamadas 'pílulas da felicidade' deixaram de ser apenas alternativas de tratamentos psiquiátricos e são procuradas como a solução ideal para a criação de uma felicidade ilusória. (...) A felicidade não tem fórmula pronta. O que tornará alguém satisfeito diante da vida dependerá dos seus objetivos e como lida com as consequências dos obstáculos que aparecerão no meio do caminho. Tomar um comprimido é fácil, é prático, é simples, mas não é uma pílula mágica. A magia da felicidade depende da trajetória de cada um e de como enfrentar os percalços da vida. Somos seres

humanos e nascemos para sentir alegria, raiva, amor, esperança, mas também nascemos para sentir tristeza e decepções. Momentos de fracasso e frustração são importantes para nos conhecermos melhor e sabermos lidar com maturidade com os obstáculos que permeiam a nossa vida.
O mal-estar é extremamente incômodo, mas necessário para nos despertar do conformismo e poder lidar com mais força com as diversidades que a vida nos impõe."

Flavia Carvalho

Não podemos aceitar uma vida na qual eliminamos o nosso direito de "sentir", dialogar e interagir e cobramos de nós mesmos um bem-estar ilusório. Não podemos viver de idealizações.

Precisamos aceitar a realidade tal qual se apresenta bem diante do nosso nariz e resgatar a tolerância à frustração e à dor, aos problemas inerentes a existência humana que nos fazem amadurecer.

O uso abusivo dessas "pílulas mágicas" é um engodo e elas jamais serão capazes de tirar de dentro de nós as verdadeiras causas dos nossos sofrimentos. Precisamos ter coragem para identificá-los, encará-los e transformá-los.

> O uso abusivo de substâncias químicas, a busca de soluções e terapias que tragam alívio imediato, o intenso consumismo são atitudes e fenômenos atuais, produtos de uma sociedade do excesso, em que ocorre uma intensa veiculação de informações, objetos, tecnologias e imagens que se apresentam como necessidades, como substitutos do nosso desejo. Todos esses meios contém a mensagem de que é possível abolir qualquer falta ou vazio, qualquer insatisfação. Em tal sociedade não se é permitido sentir pequenas dores ou prazeres. Tudo deve ser intenso, intensificado pelo consumo das mercadorias, sejam elas químicas ou não (CAMPOS, 2015).

Não podemos viver dopados, anestesiados, distantes da realidade em um eterno conto de fadas. De fato, muitas vezes o nosso coração se agita pela dor, para sabermos que é necessário abri-lo e avaliar o vivido: o que deve ser guardado e o que deve ser jogado fora.

É hora de nos fecharmos para balanço, de jogarmos fora o medo de sentir e de se expor, de jogarmos fora as emoções descontroladas. É hora de aprendermos a lidar com os reais problemas dos adolescentes, com as adversidades e superarmos o passado.

É hora de guardarmos a tolerância, as frustrações, os erros e os fracassos, é hora de desenvolvermos a inteligência emocional, a estabilidade de humor. É hora de nos revermos, de nos refazermos, de nos reconstruirmos, de aceitarmos esse novo mundo para construirmos com nossos filhos uma vida real, verdadeira e melhor.

Escrevi esta obra para oferecer uma possibilidade de reflexão e enfrentamento em um mundo de lantejoulas que aparentemente não tem mais solução.

Meu objetivo é semear a esperança, compartilhar experiências, vivências, conhecimentos e descobertas. Acredito que está ao seu alcance se conhecer, conhecer seus filhos, suas expectativas, necessidades, experiências, refletir, amadurecer e fortalecer cada vez mais os laços do relacionamento com eles em uma relação emocional saudável.

Um convite

Amadurecer não é um processo fácil, porém é necessário. Todos nós amadurecemos ao longo da vida, não nascemos maduros. O nível de maturidade de cada um é diferente e depende da educação recebida, dos ambientes frequentados, dos livros lidos, dos amigos, da religião e das experiências no trabalho e na vida. O desenvolvimento da maturidade pode ocorrer de forma lenta ou mais rápida, depende da nossa decisão.

Esta obra é um convite. Convido a todos os pais que têm problemas de relacionamento com os filhos, que apresentam problemas de expressão, de comunicação, que têm medo de não ser amados, que têm problemas com limites, proibições e permissões, os que carregam culpas, que têm dificuldades em fazer o filho estudar, falar de sexo, dificuldades em lidar com as próprias emoções, os que são muito exigentes e agressivos a terem coragem de perceber sua imaturidade e a não relutar, a não negar, mas encarar seus sentimentos e reações emocionais intensas, confusas e difíceis, buscando amadurecer com ferramentas de enfrentamento e maneiras tecnicamente corretas de refletir sobre a própria postura e a educação diária que ministram a seus filhos para operarem transformações.

Precisamos nos conscientizar que ser pai ou mãe dói. Crescer dói. Amadurecer dói. Se relacionar dói. Suportar infortúnios dói. Suportar a nova realidade dessa geração dói. A vida é uma caixa de surpresas, ora experimentamos a alegria diante da realização de um sonho, de uma conquista, ora experimentamos o sabor das lágrimas diante de um obstáculo, de uma perda, de uma separação, de um desafio ou de uma triste tragédia. Precisamos aceitar o inaceitável. Aceitar o imutável. A vida tem seus segredos, tem seus profundos mistérios.

Precisamos nos preparar para enfrentarmos o que for preciso para nos tornarmos verdadeiros mestres dos nossos filhos.

Como afirma o psicólogo Haim Ginott (1973), a maneira como pais e professores falam revela à criança como eles se sentem em relação a ela, "As falas deles afetam sua autoestima e seu amor-próprio. Crianças são como cimento molhado, tudo que cai nelas deixa uma marca. Em grande parte a linguagem do adulto determina o destino da criança e do adolescente."

Prepare-se! Nesta obra você conhecerá as surpreendentes verdades que nunca contaram a você sobre como os pais imaturos expõem os filhos a graves deficiências emocionais, baixo desempenho escolar, rebeldia, vícios, depressão, automutilação e tentativas de suicídio.

Aprenderá também alguns princípios e passos muito importantes para evitar tudo isso e aprimorar o relacionamento com seus filhos, compreendendo-os e respeitando-os como a melhor parte de você!

Embarque nesta jornada de autoconhecimento, de autorreflexão, de autopercepção, permitindo-se, desarmando-se e compreendendo a importância de amadurecer e lidar com as situações adversas e contrárias com equilíbrio, sem pílulas mágicas, iluminando com amor e sabedoria a estrada da vida dos seus filhos para que sejam equilibrados e muito felizes!

> "A saúde mental e emocional de uma criança depende de pequenas
> (e não de grandes) coisas e que não custam nada.
> Andar a pé, um sorriso, um abraço forte, tomar um sorvete
> na praça, correr na chuva... Essas pequenas coisas é que valem a pena."
>
> Tania Queiroz

Boa leitura!
Com carinho,
A autora

Parte 1

Compreendendo a imaturidade familiar, as consequências dela na vida dos filhos e a importância da transformação pessoal para uma educação mais madura

"Os gritos quebram as vidraças do coração dos jovens, mas o diálogo o fortalece."
Autor desconhecido

Capítulo um
A deterioração das emoções das crianças e dos jovens em grande parte é provocada pela falta de maturidade emocional dos pais

Esta é, com certeza, a geração mais abandonada de todos os tempos.
Steve Biddulph

A maturidade emocional se refere ao controle das nossas emoções. O sociólogo Tony Campolo, da Universidade de Baltimore, afirma que estamos dando ao mundo adultos com uma maturidade emocional "atrofiada", homens e mulheres incapazes de ser felizes, de dar felicidade e de criar meios facilitadores, harmônicos e inclusive produtivos.

Todos nós, ao atingirmos a idade adulta, deveríamos ser maduros, estar bem preparados para lidar com nossas responsabilidades e todos os tipos de desafios existenciais.

Infelizmente, nem todos conseguem, pois muitas pessoas crescem cronologicamente, biologicamente, mas nem sempre crescem emocionalmente, ou seja, o fato de se chegar à vida adulta não garante maturidade.

Atendo muitos pais cheios de boas intenções, porém imaturos, desatentos, estressados e infelizes.

Quando a escola revela problemas graves pelos quais seus filhos estão mergulhados, eles se desesperam e procuram por uma cura milagrosa para as tentativas de suicídio e automutilação, baixo rendimento escolar, problemas com a sexualidade, uso de drogas, abortos, alcoolismo, surtos psicóticos, timidez, entre outros problemas que na maioria das vezes não perceberam.

Recebo alguns pais que estão muito cansados, desgastados, mas que com toda a sua imaturidade, não desistiram dos seus filhos, porém apresentam profundas dificuldades em lidar com as próprias emoções, com as frustrações tal qual uma criança de 3 ou 5 anos.

A cada atendimento, lembro-me da minha própria imaturidade ao criar meus filhos. Fui mãe aos 21 anos e cometi muitos erros.

Descendente de italianos, era muito dedicada, atenciosa e amorosa, mas era dona de um comportamento terrível, reagia exageradamente a qualquer coisa, como os meus pais. Lembro-me, como se fosse hoje, de que em alguns domingos, meu padrasto ficava extremamente bravo com a minha mãe, hoje sei que os motivos eram insignificantes, mas para ele era o fim do mundo e por isso ficava muito nervoso, irritado, gritava, esbravejava e, sem pudor quando perdia totalmente o controle de si mesmo, virava a mesa.

Pronto, lá ficava eu sem almoço e assistindo a briga entre eles que não durava mais do que uma hora. Logo após as brigas, um ia para cada lado, mas em pouquíssimo tempo esqueciam o ocorrido e voltavam a conversar sorrindo e dando gargalhadas. Minha mãe então fazia cafuné no meu padrasto e ele se derretia todo. Ela perguntava:

– Está mais calminho agora?

– Agora estou – ele respondia sorrindo e completava em italiano:

– *Perdonami, amore mio! Non so perché mi sono arrabbiato così tanto. Ti amo!* – E juntos riam e iam para a cozinha improvisar algo para comer.

Eu não achava graça nenhuma daquela confusão, não compreendia direito o que acontecia entre eles e ficava apavorada, parecia que o mundo ia acabar naquele instante. Claro que cresci achando normal brigar, esbravejar e em seguida perdoar, esquecer, voltar a conversar, sorrir, gargalhar e até fazer cafuné e inúmeras declarações de amor. Amava meu padrasto como se fosse meu pai, do jeito que ele era, nós nos dávamos muito bem e eu amava minha mãe do jeito dela, uma mulher extremamente brava mas muito, muito afetiva e amorosa. Mas comigo isso não funcionou por muito tempo. Na adolescência, a minha filha do meio não aceitou o meu jeito italiano estúpido e amoroso de ser. Um dia ela me disse em bom tom:

– Eu te odeio!

Quase morri! Eu e minha mãe erámos grudadas uma na outra, eu amava minha mãe mais que tudo neste mundo, mesmo ela sendo brava. Eu amava meus pais e nós éramos muito unidos, amigos e confidentes, apesar das brigas. No momento em que ouvi "eu te odeio" não entendi que ela queria uma mãe mais calma e mais madura. Após ler muitos livros e fazer alguns cursos é que compreendi que o meu problema de relacionamento com a minha filha, na verdade, foi um convite para meu amadurecimento e meu crescimento emocional.

Meus pais eram maravilhosos, mas, quando eram contrariados, quando alguma coisa não dava certo, quando perdiam algo, expressavam toda a sua impulsividade, esperneavam, gritavam, eram agressivos e culpavam o tempo todo um ao outro, às vezes sobrava para um amigo, um parente ou um chefe pela infelicidade que carregavam naquele momento em suas almas, porque pensavam que, se tudo fosse do jeito deles, se os outros se comportassem de acordo com os seus sonhos, ilusões, planos e objetivos, se atendessem a todos os seus caprichos e vontades, tudo seria perfeito.

Durante a minha infância no papel de filha, presenciei o tempo todo esse processo e recebi esse legado, uma postura infantilizada, com emoções exageradas, pela falta de maturidade dos meus pais, que apesar de me amarem muito, alimentavam diariamente um estado emocional infantil de irritação e estresse. Eles não tinham noção disso, pois também foram criados dessa forma e, para eles, essa maneira de agir era a correta.

Meus pais não tinham noção do pavor que eu sentia durante as suas brigas e do tremendo trabalho interior que precisei realizar e ainda realizo para me libertar desse legado explosivo, para resgatar o relacionamento, o amor e o respeito da minha filha. A caçula encontrou uma mãe bem mais madura.

Assim como eles, **existem milhões de pais neste planeta que não têm noção de como o seu comportamento apavoram os filhos, e tantos outros que, anestesiados, não sentem o mau cheiro das suas atitudes explosivas, agressivas e emoções negativas, fruto da sua imaturidade emocional.** Você se comporta dessa maneira? Reage exageradamente a coisas pequenas? Explode à toa? Briga na frente dos seus filhos?

Caso sua resposta seja positiva, já parou para pensar que pode aprender a assumir o controle de suas emoções como eu fiz e poupar seus filhos do seu temperamento descontrolado? Já parou para pensar nas consequências do seu comportamento na psique dos seus filhos? O que você pode fazer neste instante para mudar a forma de se expressar e controlar a si mesmo? Pense nisso.

Muitos pais ainda são incapazes de perceber que são verdadeiros mestres em ensinar para os filhos a irritação, o estresse e o nervosismo. Outros pais não percebem suas lições diárias de vitimismo, pessimismo, desânimo, cansaço, aflição, amargura, violência, mau humor, mentiras, maledicência, grosseria, estupidez, a crença no fracasso e na doença. Eles não têm a menor consciência da sua imaturidade e da sua infantilidade emocional.

Não conseguem se livrar do medo de sofrer quaisquer tipos de perdas, desemprego, divórcios, envelhecer, morrer, decepções etc. Não conseguem pensar em coisas positivas, alimentar sonhos, descobrir o que realmente desejam!

Vivem frustrados com suas vidas por não terem conseguido ser o que imaginaram e não ter o que sonharam ter ou fazer.

Em seus próprios processos psíquicos, nas regiões mais secretas do seu ser, espumam emoções e crenças negativas, pensamentos limitantes e destrutivos. Seus estados emocionais deteriorados provocam brigas, desentendimentos, discussões e a forma de interagir com as pessoas é uma perfeita representação dramática das suas próprias crenças infantis, pessimistas, das eternas dores que carregam diante de seu vitimismo crônico.

A frase de Clarice Lispector "O maior obstáculo para eu ir adiante: eu mesma. Tenho sido a maior dificuldade no meu caminho. É com enorme esforço que consigo me sobrepor a mim mesma" é perfeita para descrever esses pais, a minha família e a mim mesma há algumas décadas.

Dificilmente os pais imaturos encaram as consequências da sua imaturidade e das suas escolhas ou são capazes de pagar o tributo das próprias atitudes infantis. Desestruturam-se o tempo todo e, o pior, desestruturam todos à sua volta, mas nunca encontram tempo ou disposição para aprender a lidar com a própria desestruturação se estruturando, amadurecendo, lendo, fazendo cursos, assistindo a palestras, aperfeiçoando habilidades pessoais, relacionais e sociais, crescendo emocionalmente.

Por muito tempo não tinha a menor noção de como o meu jeito italiano estúpido de ser machucava os meus filhos, ou seja, não tinha noção do alto nível da minha imaturidade emocional.

Poucos autores tratam da imaturidade dos adultos para educar crianças e jovens por ser um tema muito delicado e na maioria das vezes velado. Mas a realidade é que muitos adultos apresentam imensas dificuldades em aceitar críticas, situações novas, mudanças, em perceber que não têm o direito de ofender, ferir os outros, que não são o centro do universo, que precisam aceitar os fatos como são e que não podem mudar, assumir responsabilidades paternas e maternas.

Convivo diariamente com verdadeiros dramas infantis, pois muitos casais, ao se separarem de seus cônjuges, fazem dos filhos uma arma, sem a menor consciência de que sua conduta terrível de alienação parental pode ter graves consequências na formação emocional, psicológica e comportamental das crianças e adolescentes.

Atendo crianças cujos pais, após separações tumultuadas, com brigas e desentendimentos, abandonam-nas por não suportarem a pressão e as atitudes cruéis de seus cônjuges; outros pais os abandonam por puro egoísmo, irresponsabilidade e negligência. Mães e pais que, após a separação, querem se vingar e usam os filhos; alguns que desejam continuar como solteiros em busca de novos amores, esquecendo completamente de seus filhos; outros pais, ambiciosos e fanáticos pelo trabalho, também os negligenciam, priorizam tudo, menos a atenção, carinho, amor e a educação de suas crianças. Outros ainda exploram financeiramente os filhos, roubando-lhes a infância.

Todos eles, perfeitos modelos de pais imaturos com imensas dificuldades em aceitar as contrariedades inerentes ao convívio humano, as decepções, os fracassos e as perdas de toda ordem. Ensimesmados em suas realizações egoístas, seus problemas e seus caprichos, acabam descontando nos outros e, principalmente em seus filhos, os problemas. Não percebem o quanto são responsáveis pela insegurança, ansiedade, rebeldia, tirania, baixa autoestima, tristeza, timidez, medo de relacionamentos, sentimento de abandono, frustração e pensamentos irracionais dos filhos, que acabam entregando suas almas aos vícios e às navalhas.

Pais imaturos que reagem exageradamente a quase tudo parecem verdadeiras crianças. Esperneiam, procrastinam, mentem, xingam, gritam, maltratam, constrangem, humilham e não se dão conta dos graves estragos que realizam na psique dos seus filhos e que os farão deficientes emocionais.

Não percebem a solidão emocional a qual seus filhos são submetidos por sua postura infantilóide e egóica. Não percebem a infelicidade crônica de quem está a sua volta, em função da cegueira emocional, da interação disfuncional que têm consigo mesmos e com todo o mundo, que inclui os seus filhos.

A verdade é que raramente são capazes de rever o seu egoísmo e infantilidade, as suas crenças paranoicas, seus desejos impossíveis, suas ilusões, obsessões, amarguras, o seu materialismo exagerado, suas dificuldade em lidar com qualquer tipo de contrariedades, os próprios valores e que, por isso, muitos, sem ter a menor noção, são responsáveis pelo crescimento da "síndrome dos deficientes emocionais" nesta atual geração de crianças e jovens.

Nos atendimentos, percebo que muitos pais não praticam o autoconhecimento, a autorreflexão, não têm autopercepção, não exploram o seu mundo interior e por isso muitas vezes são incapazes de se relacionar com os filhos de forma saudável, realista e madura. São mestres do papel de vítima e não compreendem que são os autores de sua própria história.

Muitos deles há muito tempo abandonaram a ternura. Julgam e condenam o tempo todo. Eles punem quem os contraria com insultos, gritarias ou com o silêncio e o isolamento. Apresentam baixa tolerância a frustrações e perdas. Zombam e criticam. Pagam as contas, compram roupas, sapatos, brinquedos, computadores, pagam a escola, a aula de inglês, balé, informática, natação, futebol, mas esquecem o mais importante: estabelecer um vínculo emocional e psicológico profundo consigo mesmos e com os seus filhos. Oferecem uma educação rarefeita. Conversam, mas não sabem dialogar. Conversar? Falar das coisas do dia a dia, falar "para" o outro, sem a devida atenção, nem sempre há interação, um fala e o outro apenas escuta, não há espaço para o ouvir. Dialogar? Falar das coisas do coração, falar "com" o outro, há interação, há atenção e espaço para ouvir o outro.

Muitos pais imaturos vivem superficialmente, são muito fúteis e superficiais. Como diz um ditado popular, preocupam-se em "ganhar a vida" e não em "ganhar vida", não são compreensivos com a dor alheia, apenas com a própria dor, que normalmente, para eles, é a maior do mundo. Nunca ouviram falar sobre empatia. Quando seus filhos apresentam qualquer tipo de desequilíbrio emocional, alguns acham que é frescura e outros se perguntam: "Por que isso está acontecendo com meu filho?"

Imaturos, cegos, distraídos, desligados, não têm a menor noção de que a deterioração das emoções dos seus filhos em grande parte é provocada pela falta de maturidade emocional deles mesmos.

Eu vivi essa realidade por muitos anos, até que minha filha me acordou. Li mais de duzentos livros, tornei-me uma buscadora de novas respostas para crescer e ser capaz de ofertar para os meus filhos um amor mais maduro.

Confesso que não foi uma jornada nada fácil, precisei me desfazer e me refazer inteira e levei alguns anos para me desvincular dos antigos hábitos italianos. Até hoje, se não me policiar, a italiana estúpida emerge das profundezas da minha alma. E é exatamente nesse instante, quando a irritação e o nervosismo chegam, que eu paro, respiro profundamente, conto até dez e faço de tudo a meu alcance para dominar os meus impulsos.

"Economizei grosserias, pois aprendi que elas costumam fazer as crianças e jovens se esquecerem que são seres dignos de amor."

Tania Queiroz

Por meio do autoconhecimento aprendi a enxergar os gatilhos mentais que acionam minha estupidez e falei sobre cada um deles para os meus filhos, alertando-os para me ajudarem a evitar acioná-los. Eles fizeram o mesmo, me alertaram sobre os seus gatilhos.

Muitos pais precisam acordar para o fato de que é necessário amadurecer, aprender a se expressar, investir tempo no autoconhecimento e no desenvolvimento da inteligência emocional, dialogar com os filhos e deixar de focar a maior parte da sua vida nas questões materiais, parar de ficar indefinidamente correndo atrás do dinheiro, da fama e do sucesso como eu fiz por muito tempo.

Em suma, precisam refletir sobre a educação rarefeita que estão ofertando para os seus filhos, parar de viver desumanamente, priorizando apenas as questões da sobrevivência, das futilidades e se esquecendo do que realmente é importante.

Como diz Deivison Pedrosa em seu vídeo *Receita da felicidade*, atualmente "não basta ter saúde, desejamos ser lindos, magros, sarados, irresistíveis, não basta termos dinheiro para pagar as contas, o aluguel, a comida, o cinema, o teatro, nós queremos a piscina olímpica, queremos uma temporada em um spa cinco estrelas".

Esse é o resultado para todos aqueles que se perdem na ilusão das conquistas materiais, que ficam entorpecidos e anestesiados pelo desejo frenético de possuírem apenas aquilo que é vendido pelas mídias, pelo cinema, televisão e internet. Esquecem que são paradigmas para as crianças e jovens, que elas aprendem não com o que seus pais falam, mas com o que fazem e que muitas vezes podemos ser muito mais felizes e equilibradas com a antiga e tão fora de moda simplicidade.

Muitos pais precisam refletir sobre o quanto lutam para possuir o mundo e se exibir para os outros e não conseguem possuir a si mesmos, ficando o seu mundo interior, a sua psique eternamente estagnada e assim não amadurecem, não evoluem e repetem os mesmos padrões destrutivos gerações após gerações.

Precisam acordar para o fato de que vivem em profunda cegueira, dependentes do mundo exterior como verdadeiros zumbis, sem qualquer rastro de vida interior.

Amadurecem somente diante da dor, de eventos trágicos, dramáticos e traumáticos. Não usam o seu tempo para uma viagem para dentro de si mesmos e, dessa forma, são muitas vezes incompetentes para ajudar seus filhos a desempenharem o seu "ser" no mundo.

Estes pais estão totalmente distraídos do que realmente importa e precisam urgentemente abandonar os circuitos intermináveis da própria imaturidade.

Pesquisas feitas em Israel afirmam que os pais dedicam apenas quatorze minutos de atenção única a seus filhos.

> Essa pesquisa dos quatorze minutos e meio nos dá um alerta, a falta de tempo para com os filhos fará que eles saiam desta relação muito desequipados, inseguros e suscetíveis a uma série de influências não desejáveis dentro da sociedade, comenta o rabino Samy (PAIS SÓ DISPONIBILIZAM 14 MINUTOS PARA OS FILHOS POR DIA, DIZ PESQUISA, 2017).

Isso é assustador! Quando digo atenção única, significa sem dividir a atenção com tecnologia, pessoas e trabalho. Projetos, o celular e outras pessoas tomam o lugar que são dos filhos, e eles sempre ficam para o segundo plano. Seja por causa do emprego, da relação abusiva entre os pais, ou até mesmo pelo número de irmãos que a criança possui.

Uma geração de adultos sem limites e infantilizados, criando outros adultos imaturos é o que estamos presenciando nas escolas dia após dia.

Não basta dar comida, presentes e brinquedos para suprir a ausência. Não adianta justificar a falta de diálogo por causa do excesso de trabalho para prover uma boa escola e a criação deles ou sentar-se na frente da televisão ou do celular e esperar que eles tenham um comportamento exemplar. Precisa haver um investimento emocional e psicológico, além do investimento financeiro.

No cotidiano escolar percebo que, apesar de vivermos num mundo de lantejoulas, aparentemente superficial, muitas crianças e jovens não gostam de imaturidade e superficialidade, são profundas, sensíveis e criativas.

Gostam dos adultos fortes, não respeitam os adultos imaturos, os que se sentem coitados, os que brigam, gritam, xingam, espernaiam, reagem exageradamente a nada para conseguirem o que desejam. Essas crianças sofrem por se envergonharem das atitudes infantis e exageradas de seus próprios pais. Detestam a coerção e a imposição. Apreciam a delicadeza, o diálogo e o argumento.

As crianças e jovens não aceitam a imaturidade dos seus pais que vem acompanhada de autoridade e brutalidade, ou de indiferença e negligência, não aceitam pais e educadores que exigem o respeito à força, percebem rapidamente as fraquezas dos adultos e os manipulam. Respeitam os pais não por sua idade ou autoridade, mas por SUA SABEDORIA E MATURIDADE.

Não sentem medo e culpa, detestam a falsidade e a desonestidade. Acatam regras se forem convencidos, gostam de explicações. Respostas como: "Faz isso porque é para fazer e pronto", "Porque eu quero", "Porque eu estou mandando", não funciona mais com eles.

De certa forma, percebo que esta geração veio para desconstruir velhos paradigmas, pois são muito pragmáticos, e como afirma minha amiga pessoal e psicanalista Margareth Alexandrino em nossos bate-papos, "os jovens são muito mais racionais e suas respostas para a vida são muito menos emocionais do que a de seus pais e educadores".

Como Margareth afirma, se observamos atentamente vamos perceber que esses jovens são desprovidos de ego. O nosso ego em compensação é enorme, não aceitamos contestações, não aceitamos críticas, somos donos da verdade, nos achamos perfeitos e somos extremamente egoístas e competitivos. Exigimos o respeito à força, pois na verdade nem sempre sabemos como conquistá-lo.

Uma coisa é certa: esta geração nos desafia e isso é fantástico. Estão nos fazendo um convite: o de rever-nos e amadurecermos.

"Os gritos quebram as vidraças do coração dos jovens, mas o diálogo o fortalece."

Autor desconhecido

É o momento de refletirmos sobre nossa postura, nossa educação, nossos paradigmas, nossos valores, nossas crenças, nossos hábitos e costumes, o tamanho do nosso ego, a nossa forma de falar, expressar sentimentos, agir e principalmente reagir emocionalmente a tudo o que nos acontece, perceber os estragos emocionais que espalhamos pelo nosso caminho, para que conscientes da nossa deteriorização emocional, possamos adotar uma nova postura e novas atitudes de forma a sermos luz no caminho dos nossos filhos.

Neste momento, você que está lendo este livro pode fazer uma escolha: ignorar sua imaturidade e me achar uma louca, isentar-se da responsabilidade dos estragos que provoca na psique dos filhos, entregar-se a sua imaturidade velada, ao comodismo e à vontade de desistir ou ter coragem, ser forte para encontrar forças e ser capaz de identificar, encarar a sua imaturidade, buscar novos conhecimentos, amadurecer, realizando uma revolução interna, desfazendo-se de toda a sua postura infantil que o impede de ser a luz na estrada da vida dos seus filhos para conquistarem a felicidade, permitindo que a sua sabedoria ilumine o coração deles, de maneira que **seja uma chama de luz poderosa, capaz de iluminar e reacender os corações machucados das nossas crianças e jovens.**

> Aprendi que a maturidade vem aos poucos. Que a infantilidade só vale a pena se for para fazer a gente rir. Que família é tudo. Que amigos bons e sinceros são poucos. Que cuidar da minha vida é sempre a melhor opção. Que dias melhores sempre virão. Que na vida, tudo vale a pena. E principalmente que minha felicidade depende muito das escolhas que eu faço (CAMPOS, 2017).

Os frutos da maturidade!

Pais emocionalmente maduros entendem sem dificuldades que precisam trabalhar nas áreas deficientes de suas relações com seus filhos. Ensinam e incentivam seus filhos a se comunicarem de forma assertiva, dialogar e desenvolverem seus potenciais através do exemplo que dão.

A maturidade emocional emana empatia, sensibilidade e compreensão e é um conjunto de qualidades, exige compreender, ler sinais dos filhos, reconhecer uma tristeza e se importar com ela, reconhecer também as necessidades emocionais dos filhos e as suprir.

Pais emocionalmente maduros compreendem, auxiliam e despertam a habilidade, a vocação e o potencial dos seus filhos diariamente. Prestam atenção aos assuntos relacionados a eles, sabem que existe um tempo determinado para todas as tarefas, obrigações e diversões e as dividem. Ensinam e corrigem seus filhos de forma que os fazem pensar e refletir.

Pais emocionalmente maduros extraem dos filhos a melhor personalidade. Cultivam a amizade, não corrigem usando a força, mas corrigem usando o diálogo e as ideias.

Passam férias juntos, desligam os celulares durante o jantar, sentam-se à mesa e conversam entre si. Ainda que enfrentem dificuldades de qualquer ordem, unidos encontram a solução. Você se considera maduro? Oferta um amor maduro para os seus filhos? Resolve os problemas com maturidade?

A maturidade permite aos pais trabalharem os pontos fortes de seus filhos, não ressaltando os defeitos, mas reconhecendo as qualidades, dando novas chances, perdoando e orientando. Caso cometam erros são capazes de reconhecer e pedir perdão também. Um princípio para o bom relacionamento entre pais e filhos é saber reconhecer e admitir quando erram.

Apesar dos filhos enxergarem seus pais como imbatíveis, inabaláveis e intocáveis, é de suma importância que eles reconheçam a vida como realmente ela é. Mostrar uma força surreal para os filhos já é sinônimo de fraqueza! Pois quem na vida não tem fragilidades, momentos de dificuldades, lamentações e decepções?

Quando os pais sabem lidar com as próprias emoções, eles tornam-se os maiores professores na vida de seus filhos. Mostram para eles suas fraquezas e admitem que não são perfeitos. Esta relação de sinceridade, uma vez construída, jamais será abalada ainda que a tempestade venha.

Pais maduros ensinam seus filhos a se enquadrarem, moldarem e se adaptarem às possíveis guerras que virão, sejam internas ou externas. Eles não poupam os filhos ao ponto de não mostrar-lhes a realidade da vida. Pais maduros ensinam suas crianças e adolescentes a estarem prontos para "o que der e vier". Criam um ambiente favorável para seus filhos dentro de casa, ainda que seja humilde e simples.

Pais maduros ajudam seus filhos a descobrir quais as competências, a missão e vocação que possuem, sem cobrá-los, manipulá-los ou irritá-los com pressão. Incentivam seus filhos a encontrarem um lugar ao sol, fazem deles fortes e decididos para enfrentar seus objetivos e metas de vida. Ensinam os filhos a refletirem sobre sua postura no mundo não terceirizando seus erros, culpando os outros por suas falhas e irresponsabilidades.

Filhos que têm pais maduros não desrespeitam professores, não se intimidam, não fogem nem sentem vergonha de expressarem seus sentimentos. Sentem-se amados, seguros e acolhidos e por isso dificilmente buscam em outras coisas alívio para seus traumas, dores e tristezas, porque são ouvidos e bem recebidos pelos seus responsáveis dentro de seus lares. Os filhos reconhecem que o lugar de segurança são os braços dos pais e o conforto do lar, não o álcool, a navalha e as drogas...

As crianças no geral são movidas pelo amor e pelos sonhos.

Há sempre uma idealização do que elas querem conquistar na vida e o que almejam do futuro. Os desejos, vontades e anseios íntimos que elas guardam dentro de si.

Por outro lado, existem também nas crianças tudo aquilo que elas detestam, evitam e fogem. Ou seja, dentro de cada uma delas existem duas forças antagônicas, aquelas que as impulsionam para frente, e aquelas que as puxam para trás, que se originam dos traumas da sua criação.

Entre essas duas forças antagônicas, que empurram e puxam estão os pais ou os responsáveis a guiar seus filhos para se autoconhecerem e alçarem voos mais elevados. Que responsabilidade!

Não basta apenas alimentá-los e vesti-los, é necessário conhecê-los mais a fundo para proporcionar-lhes segurança, apoio e amor, formando adultos maduros, eliminando a degradação emocional típica da imaturidade.

O papel dos pais em guiá-los nessa empreitada é fundamental para que construam uma vida mais feliz e próspera.

> "Há pais que amam, cuidam e protegem,
> Há pais que amam, mas não cuidam, machucam,
> O jeito de falar fere, traumatiza para o resto da vida."
>
> Tania Queiroz

Capítulo dois
Da imaturidade à maturidade: um ato de escolha que tem como base o autoconhecimento, a autopercepção, a autoconsciência e a responsabilidade

> *Crescer custa, demora, esfola, mas compensa. É uma vitória secreta, sem testemunhas. O adversário somos nós mesmos.*
>
> Martha Medeiros

Os filhos são como pedras preciosas!

Cada criança carrega em si mesma o princípio do seu aprendizado e precisa desenvolver suas competências humanas e cognitivas, a capacidade de se relacionar, compreender a si mesma e ao mundo que a cerca, superar suas limitações e evoluir. Para que isso se realize, a criança precisa da ajuda dos seus pais, precisa de um amor maduro capaz de orientá-la, inspirá-la, motivá-la nos caminhos da vida emocional, psicológica, escolar e social. Assim, compete aos pais fornecer as condições necessárias para o seu pleno desenvolvimento e sua formação moral. O dever dos pais é cuidar de seus filhos com sabedoria e maturidade.

> A maneira como pais falam revela à criança como eles se sentem em relação a ela. As falas deles afetam sua autoestima e seu amor-próprio. Em grande parte a linguagem dos adultos determina o destino da criança e do adolescente (GINOTT apud FABER; MAZLISH, 2003).

Você se considera sábio, maduro? Ou você se considera imaturo, uma bomba-relógio pronta a explodir, o famoso "tolerância zero" que se comporta como uma criança grande e mimada diante de contrariedades que citamos anteriormente? Conhece os seus limites e os dos outros? Tolera perdas e frustrações? Você costuma gritar e agredir o mundo? Vamos além, os seus pais eram sábios e maduros ou também eram como bombas-relógios prontas a explodir? Seus pais tinham um temperamento calmo ou eram explosivos como os meus pais? Você foi protegido, amado e ouvido em sua infância? Seus pais ofertaram a você um amor maduro ou imaturo? Eles cumpriram com o papel de adulto, usaram as habilidades pessoais, emocionais, sociais e sabedoria em sua educação? Eram equilibrados, tolerantes e pacientes? Resolviam os problemas com diálogo? Caso sua infância tenha sido tumultuada como a minha e você tenha entrado em contato constante com emoções desequilibradas dos seus pais, onde aprenderá a quebrar o círculo vicioso da sua imaturidade, que provavelmente você herdou e está novamente reproduzindo?

"Nós somos o que repetidamente fazemos", dizia Aristóteles. "Excelência não é um ato, mas um hábito."

Quanto verdadeiramente você está disposto a amadurecer, evoluir, a se transformar, a reformar o seu íntimo, a mudar os seus hábitos, a aprender a conviver sem se machucar, sem machucar os outros, a aceitar o livre-arbítrio daqueles que julga amar, a encarar as mudanças e até mesmo as perdas como oportunidades de reflexões, transformações e de renovações?

Dê uma nota de 0 a 10 para a sua maturidade. Responda às perguntas: quanto de controle emocional você tem sobre você mesmo?, como você pode assumir total controle das suas emoções?, o que você pode fazer para minimizar o descontrole emocional?, o que impede você de assumir total controle emocional?, por onde você pode começar?

Um dos entraves ao controle emocional de muitos pais é amar e sonhar alcançar a felicidade sob o comando do conectivo "se": "se comprar o que preciso", "se não me abandonar", "se ela fizer o que eu quero", "se for do jeito que imagino", "se me der proteção", "se não engordar", "se me der carinho", "se satisfazer todas as minhas exigências e expectativas, sexuais, financeiras e afetivas", "se estudar muito", " se não tirar nota vermelha", "se me obedecer","se frequenentar a minha igreja", "se obedecer a todas as regras", "se não tiver problemas de aprendizagem", "se não tiver instabilidade emocional", "se tirar notas altas", "se não for ansioso", "se não mentir","se for bem em inglês", "se for bem em Matemática", "se for super inteligente e produtivo", "ser for obediente"; "calado", "discreto"... e por aí em diante, sempre o tal do "se"!

No universo do conectivo "se", não conhecemos o verdadeiro valor das pessoas que julgamos amar e o valor dos nossos filhos. **Buscamos incansavelmente o "superfilho" ou a "superfilha", para que sejam "superestudantes", para que consigam uma "superfaculdade", e, depois, "o superemprego", o "superchefe", o "supersalário", o "supernamorado", ou a "supernamorada", para que, enfim, façam o "supercasamento", comprem uma "supercasa", um "supercarro" e alcancem muito sucesso e tenham uma "supervida", aquela que nunca alcançamos.** E claro, nesse contexto eles também não conhecem o valor dos seus pais, pois esperam encontrar a "supermãe", o "superpai", o "superavô", a "superavó", o "superamigo", o "superprofessor", "o superemprego", "o superchefe", "o(a) supernamorado(a)" e assim por diante.

Mas como os super-heróis estão presentes apenas nas telas da televisão ou do cinema, caminhamos envolvos aos nossos dramas, ficamos entorpecidos e não percebemos as verdadeiras necessidades e desejos dos que estão à nossa volta e das nossas crianças e jovens e, claro, eles também não, pois estão cada vez mais confusos.

Dessa forma, nem sempre conseguimos perceber e ser percebidos, mas no meio desse turbilhão de sonhos impossíveis e inalcansáveis conseguimos construir cada vez mais relacionamentos difíceis, e aí, nos sentimos impotentes para fazer alguma coisa mudar as nossas expectativas, o nosso comportamento e consequentemente o deles.

Não conseguimos fazer com que estudem, apesar de pagarmos a escola, comprar livros, cadernos, uniformes, pagar a perua escolar etc.

Não conseguimos fazer com que arrumem seus quartos, cuidem de suas coisas, saiam do computador, façam a lição de casa e entreguem os trabalhos.

Acostumamo-nos à preguiça, ao desânimo, à depressão deles, às nossas relações neuróticas, abusivas, controladoras, manipuladoras ou de submissão, com pouquíssimo afeto. Lamentavelmente, nos acostumamos com o desafeto, com o desprezo, com a indiferença, e muitas vezes com os maus tratos dos cônjuges e, sem querer, repetimos esses maus tratos para com quem está a nossa volta, principalmente os nossos filhos.

Parafraseando os crohnistasdaalegria.com, nossas crianças e jovens são um balão de emoções que convivem com pais que são um mundo de alfinetes. Achei essa frase sensacional!

A maioria de nós traz esse hábito da infância, pois muitas vezes fomos ignorados, abandonados, rejeitados, envergonhados, humilhados, ridicularizados por expressarmos os nossos sentimentos e desejos até então belos, puros e verdadeiros.

Isso porque os adultos que nos educaram também nos amaram e foram amados, sob o comando do conectivo "*se*", "se fossem bons", "se fossem educados", "se fizéssem a lição", "se comêssem tudo", "se fossem obedientes", "se tomássem banho", "se escovássem os dentes", se fizéssem isso ou aquilo, aqui e acolá.

Os adultos nos educaram dessa forma, por inúmeras razões, mas elas não importam agora. Qualquer que tenha sido a causa, o resultado é que paramos de sentir e acabamos condicionados ao "se" em todas as esferas da nossa vida, na escola, no casamento, no trabalho, na igreja e através da mídia. "Se você usar essa marca", "se comprar esse carro", "se comprar aquela casa", "se conseguir aquele emprego", "se", eternamente o "se"!

Quando crianças, deveríamos vestir a roupa que escolhiam, comer a comida que colocavam no prato, disfarçar nossas fraquezas e carências. Na adolescência, tínhamos que nos comportar como os amigos queriam para sermos aceitos, tínhamos que sonhar em vestir roupas, tênis de grife, fumar, beber e muitas vezes infelizmente até se drogar, caso contrário éramos considerados fracassados, fracos e tolos pelos colegas. Será que é possível mensurar quantos jovens caíram na armadilha do conectivo "se" e desperdiçaram suas vidas?

A verdade é que muitos de nós não conseguimos ser bons o tempo todo e fazer tudo o que desejavam que fizéssemos, não conseguimos comprar tudo o que disseram ser bom para nós, não conseguimos atender a todos os "se". Por isso, juntos, carregamos crenças errôneas, negativas e limitantes sobre nós mesmos, esquecemos dos verbos "sou, consigo, posso e tenho".

Construímos uma autoimagem negativa do nosso "ser", distante do nosso próprio coração, muitas vezes incapaz de nos fazer feliz, um ser focado no "não sou", "não posso", "não consigo" e "não tenho". É exatamente isso que está acontecendo com nossas crianças e jovens. Eles não conseguem ser bons o tempo todo, fazer tudo o que desejamos, o que planejamos para eles. Eles têm limites e nós não percebemos. E, por isso, muitas vezes o mau comportamento deles é o resultado de uma **AUTOIMAGEM NEGATIVA QUE CRIARAM A PARTIR DE NÓS**. Não acreditam em si mesmos, não têm autoestima, não compreendem nossas loucuras e desequilíbrios, repetem nosso péssimo comportamento.

> "Alguns filhos enxergam os pais melhores do que eles são,
> para eles os pais são fortes, corajosos, valentes...
> Alguns pais enxergam os filhos piores do que eles são,
> para eles os filhos são negligentes, descuidados, preguiçosos..."
>
> Tania Queiroz

> "Eu acho meu pai um homem corajoso e forte, mas estou triste porque ele sempre me chama de vagabundo."
>
> Aluno do 5º ano

Dessa forma, sair da imaturidade rumo à maturidade exige um ato de escolha que tem como base o autoconhecimento, a autopercepção, a autoconsciência e a responsabilidade. Rever esse "ser" que somos e esse "ser" que estamos formando é uma tarefa árdua, porém necessária, urgente e possível.

Primeiramente os pais precisam perceber a si mesmos, as próprias emoções e sentimentos para chegarem às emoções e aos sentimentos de seus filhos. Precisam tornar-se emocionalmente conscientes, ou seja, ter capacidade de reconhecer e identificar as próprias emoções positivas e negativas.

Faça algumas perguntas a você:

– Sou calmo? Nervoso? Sou seguro ou inseguro? Sou ansioso? Ando estressado e preocupado? Tenho dificuldades para dormir? Meus sentimentos vão ao extremo? Reajo exageradamente a pequenas coisas?

> "Quem conhece os outros é sábio;
> Quem conhece a si mesmo é iluminado."
>
> Lao-Tsé

Nas escolas, nos projetos sociais, no consultório, atendendo os pais e os jovens, ouvindo os seus problemas, as suas angústias, medos, dúvidas, seus dramas e sonhos, percebo como a maioria deseja que seus filhos tenham sucesso na vida e, para muitos deles, esse sucesso significa que seus filhos cursem uma excelente universidade, tenham um emprego maravilhoso, adquiram uma casa grande, um carro de marca, usem roupas finas, façam viagens pelo mundo; enfim, que seus filhos estudem para conquistar riquezas materiais e adquirir status.

Nesse contexto, preocupados com a loucura da sobrevivência e principalmente com o sucesso material de seus filhos, poucos pais percebem ou se preocupam de fato com a missão de vida, com o sucesso emocional, com a saúde psicológica, o desenvolvimento afetivo e comportamental deles.

Parece que, atualmente, o sucesso material e a saúde física garantem o desenvolvimento da missão, do sentido existencial, e o sucesso nas outras áreas da vida. Assim, poucos deles investem na saúde psicológica, na formação pessoal dos seus filhos, no ajuste do comportamento, da personalidade e do caráter, no desenvolvimento da maturidade, na maneira de ser, pensar, sentir e agir dos seus filhos consigo mesmos e com o mundo.

Dessa forma, poucos percebem a maneira como as crianças e os jovens interagem e reagem no mundo das relações em que estão inseridos. A maioria dos pais suporta as mais absurdas atitudes dos seus filhos, com personalidades problemáticas, com temperamentos explosivos, com os impulsos instintivos se manifestando todo o tempo, sem notarem a baixa qualidade de vida que seus filhos colhem dos relacionamentos pessoais, familiares, sociais, afetivos e profissionais e muito menos conseguem perceber as feridas psicológicas que se formaram ao longo desse crescimento e que os acompanharão até o fim de suas vidas.

De um lado, entro em contato com as mais variadas dores maternas e paternas, percebo a aflição, a agonia dos pais em garantir a felicidade de seus filhos e de não saberem lidar com seus problemas e, de outro lado, conheço os conflitos, as feridas, as dores, as experiências boas e ruins que destroem a psique e as emoções de centenas de crianças e jovens. Uso de drogas, automutilação, experiências sexuais desastrosas, orgias, bissexualidade, homossexualidade, gravidez e abortos fazem parte da rotina de centenas de jovens que atendo. Jovens que vivenciam suas dores, seus horrores calados, desestruturando-se, sem coragem de pedir por socorro para os seus pais imaturos e ingênuos que não têm a menor noção dos terríveis dramas que seus filhos estão vivenciando.

Os atendimentos quase que semanais de jovens que tentaram suicídio, automutilação e fizeram uso indevido de drogas me deixam com a certeza de que é preciso transformar urgentemente essa realidade.

A cada jovem que atendo percebo o quanto os pais precisam amadurecer e desenvolver o autoconhecimento, uma rota que permite essa transformação, pois é fonte inesgotável de aprendizado.

Um pai imaturo, sem perceber, comete abuso psicológico, emocional, verbal e até físico, gerando baixa autoestima e depressão em seus filhos. Nesse cenário de abusos, as crianças passam a duvidar da sua importância, do seu valor e acreditar que não são merecedoras de amor. Crescem tristes e inseguras, passam a viver em busca da aprovação dos outros. É possível curar a imaturidade a partir da decisão de que um legado de feridas na alma dos filhos não é a melhor escolha.

A imaturidade dos pais afeta profundamente a personalidade das crianças e jovens, o relacionamento deles com o mundo e consigo mesmos. Eles observam o tempo todo a maneira como os seus pais lidam com as suas emoções e como interagem com outras pessoas e resolvem os seus problemas. Pare nesse momento e pergunte-se: como eu gostaria que meus filhos se comportassem? Muitas vezes, as crianças expressam as emoções de forma indireta, com agressividade e mau comportamento.

O professor e psicólogo Guerino Casasanta explicou que:

> As crianças expressam as emoções de forma indireta, com agressividade e mau comportamento. Entre os sinais de que uma criança tem algum problema emocional, estão: a gula, perda de apetite, pesadelos, queixa de dor de cabeça, dor de estômago, irritabilidade, choro sem motivo e isolamento. Crianças já acostumadas a usar o vaso sanitário podem voltar a urinar na cama, querer a chupeta, chupar dedos e voltar ao estágio em que possivelmente se sentiam protegidos pelos pais, é uma forma de pedir socorro subliminarmente. (CASASANTA, 1950)

O papel dos pais maduros é reconhecer esses sentimentos sem agredir ou punir seus filhos, mas com compreensão e amor. Ao contrário do que dizem, isso não é intencional. Por isso entender sinais e ler comportamentos é importante.

Em uma matéria da psicanalista Kelli Cardoso, entitulada "Como ensinar seus filhos a lidar com as emoções", ela afirma que:

> Alguns pais tentam ignorar os sentimentos negativos da criança esperando que elas simplesmente desapareçam, mas não é assim que as emoções funcionam. Os sentimentos negativos, como raiva, medo e tristeza, dissipam-se quando a criança pode falar sobre suas emoções, nomeá-las e sentir-se compreendida. Expor, liberar e falar são um ótimo remédio. Este é o momento dos pais demonstrarem empatia, ganhar intimidade com os filhos e ensinar-lhes maneiras de lidar com estes sentimentos.

Assim, para estabelecer uma relação emocional profunda com seus filhos, é importante que eles falem para você sobre o que estão sentindo, o porque estão sentindo, de onde veio esse sentimento negativo, a tristeza, a frustração, quando tudo começou, sem se irritar, sem castigá-los caso se expressem de forma negativa ou até irada.

Ouça seus filhos, seja amigo deles, evite julgamentos, depreciações e intimidação. Seus filhos precisam saber que, se precisarem, você estará lá para apoiá-los, independente das escolhas ruins e dos erros que cometeram. O amor entre pais e filhos não deve ser condicional, mas incondicional. Precisamos abandonar o conectivo "se". E eles precisam saber disso.

Ser um pai maduro não é uma tarefa fácil, pois amadurecer exige disciplina, dedicação e persistência. Os filhos têm a necessidade de dialogar, ouvir que são importantes e receberem estímulos dos pais através das palavras e gestos. Eles chegam da escola tagarelando e só querem ser ouvidos, ainda que não demonstrem, eles querem ser aprovados, incentivados e direcionados, e a melhor forma de fazer isso é dialogando.

Mas como expressar o amor através das palavras se a forma de amor dos pais for presentear?

A resposta é aderir à forma de comunicação que seus filhos compreendam como expressão de amor.

As várias formas de comunicação que são expressões de aprendizagem e de amor

Você sabe qual é a forma comunicação do seu filho? Você sabe qual é a sua forma de comunicação? A forma de comunicação do seu cônjuge?

Segundo a Programação Neurolinguística, criada por Richard Bandler e John Grinder, cada ser humano é singular e possui uma forma única de se comunicar e perceber o mundo. Através dos cinco sentidos que captam o mundo exterior, criamos uma representação interna da realidade na forma visual, auditiva e cinestésica. Assim, cada um de nós recebe e transmite informações, traduz sentimentos, situações e experiências por meio desses três canais de comunicação, porém por razões desconhecidas. Utilizamos os três canais, porém um desses canais é predominante no nosso estilo de comunicação e aprendizagem. Assim, cada pessoa possui um canal predominante de comunicação – visual, auditivo ou cinestésico. O cérebro escolhe um desses canais, o que lhe for mais agradável, para se comunicar.

Assim, você pode ter o canal auditivo e dessa forma terá facilidade de aprender ouvindo palestras, CDs. Seu filho pode ter o canal visual predominante e, nesse caso, ele terá facilidade em aprender assistindo a palestras, vídeos etc. O seu cônjuge pode ter o canal cinestésico predominante, assim aprenderá através de atividades práticas, sensações e emoções. Em suma, as pessoas percebem e interpretam a realidade por diferentes canais. Para termos sucessos nos relacionamentos precisamos aprender a nos comunicar de acordo com o canal predominante dos nossos familiares, amigos e colegas de trabalho. Por exemplo, se o seu filho for auditivo, aprenderá na escola com mais facilidade ouvindo o professor e se sentirá amado por você ao ouvir em voz alta que você o ama. O cérebro dele percebe e interpreta o mundo através do canal auditivo, então lembrará com facilidade tudo o que ouvir. Da mesma forma, vamos imaginar que o seu canal predominante seja o visual e o do seu cônjuge o cinestésico. Você terá facilidade de aprender assistindo vídeos, vendo imagens, ilustrações, gráficos etc., gostará de trabalhos manuais, como cuidar da casa, do jardim e se sentirá amado somente com atitudes e gestos concretos, ou seja, se receber um bilhete carinhoso, uma carta, um e-mail, se quando chegar em casa tudo estiver arrumado, se deixarem um café da manhã na mesa com um recado, se receber presentes, não importando o valor. Agora seu cônjuge aprenderá com emoções, sensações e se sentirá amado somente com o contato pessoal, o contato físico. Já ouviu alguém dizer "meu pai não me ama, ele nunca me abraçou"?

Quantas pessoas atendi no consultório profundamente magoadas com seus pais porque nunca lhe abraçaram ou nunca disseram "eu te amo". Certa vez disse para uma paciente que o pai dela sempre a amou, entretanto a forma como ele demonstrava esse amor não lhe satisfazia, porque ela era cinestésica e ele era visual. Toda vez que ele arrumou o chuveiro, trocou a lâmpada, lavou o carro, pintou a casa, trocou o piso, reformou o seu quarto, estava tentando lhe dizer "Eu te amo, por isso cuido da casa", e você não compreendia, porque ele não gostava do contato físico. Não há entre vocês falta de amor, mas falta da compreensão sobre os canais de comunicação, que são as expressões de amor de cada um. Assim que terminei as explicações ela relaxou, sorriu quando compreendeu que seu pai a amava e que simplesmente não a abraçava por ser cinestésico. Imediatamente ela o perdoou e o ressentimento guardado por tantos anos deu espaço para uma nova compreensão sobre o canal de comunicação do seu pai.

Os cinestésicos podem receber presentes, ouvir frases afetuosas, mas se sentirão amados somente através do contato físico. Certa vez atendi em meu consultório um casal em profunda crise e pais de dois filhos. Eles estavam prestes a se separar, mas antes resolveram me procurar por indicação de amigos. Pouco tempo depois do tratamento a crise passou e eles reestruturaram a relação, estão juntos até hoje. Lembro-me no início do tratamento quando o marido me disse:

– Vou me separar dessa mulher, ela é interesseira, só pensa no meu dinheiro, só se anima em fazer sexo comigo quando compro coisas para ela!

E a mulher me respondeu:

– Vou me separar dele, porque ele não é capaz de me levar para jantar, me comprar um presente, é um egoísta. Só me trata bem quando temos contato físico.

Pois bem, após analisar a família inteira e aplicar alguns testes, expliquei para o marido que sua mulher não era interesseira, ela era visual, e quando eles iam ao supermercado, cada vez que ela colocava um produto no carrinho, o seu cérebro lhe dizia " esse homem te ama", "esse homem te ama", "esse homem te ama". E claro, com o carrinho cheio, ela repetia tanto para ela mesma que ele a amava que ela só podia desejar corresponder a esse amor quando chegava em casa. Ele ficou assustado em saber que sua esposa era visual e que, portanto, as compras no mercado, ou qualquer presente que ele lhe dava, fazia que ela se sentisse profundamente aceita e amada. Por outro lado, ela compreendeu que ele era cinestésico e que somente através do contato físico ele se sentia amado. Quanto aos filhos, o mais velho era auditivo e todos compreenderam a importância de dizerem para ele o quanto o amavam e o caçula era cinestésico como o pai. Quando todos compreenderam o canal de comunicação de cada um, o relacionamento entre eles melhorou muito, pararam de se julgar e passaram a se comunicar dentro do canal predominante de cada um.

Você deve estar se perguntando como isso é possível. Simples, sou visual, porém tenho uma filha auditiva e sempre que posso gravo no WhatsApp mensagens de amor, sem hesitar digo para ela por meio do celular e pessoalmente o quanto a amo, mesmo o meu canal sendo o visual. Ao ouvir minhas mensagens ela se sente amada e feliz. Ela, por sua vez, sabe que sou visual, assim, várias vezes quando retorno de viagem, encontro o jantar pronto (ela faz um estrogonofe como ninguém). Quando eu vejo o estrogonofe no fogão, eu penso: "Como minha filha me ama!". Tenho outra filha que é cinestésica, quando ela vem me visitar, saio correndo em sua direção e lhe dou um forte abraço e um beijo, assim ela se sente amada. Meu filho mais velho é visual, quando morava comigo sempre deixava bilhetes no espelho do banheiro "volto tarde, mas te amo, deixei seu jantar na geladeira". Assim, a cada um dou a resposta emocional que faz que se sintam amados.

Gary Chapman em seu livro *As cinco linguagens do amor* nos ensina que existem várias formas de amar e, entre elas, estão: palavras de afirmação, qualidade de tempo, presentes, gestos de serviços e toque físico. Uns demonstram com a dedicação de um tempo exclusivo, ainda que pequeno e simples, como conversas de qualidade, passeios e programas juntos. Outros preferem presentear para mostrar que amam. Para eles a demonstração de afeto vem do dar. O amor pode ser expresso por meio de simples gestos como uma flor, chocolate ou um carro, não importa o valor financeiro do presente, mas a intenção.

Existem pais que demonstram afeto através dos serviços, trabalhar, pagar as contas, quitar as dívidas e suprir as necessidades financeiras. Isso inclui também tarefas domésticas e mecânicas, como limpar a casa, cozinhar ou arrumar o carro. Outros ainda expressam o amor através do toque físico, abraços, beijos, segurar as mãos, tocar os cabelos etc.

Os pais possuem sua própria linguagem de amor. Mesmo que alguns não digam "eu te amo" não significa que não amam, eles podem expressar através do serviço doméstico, pelo toque, por presente, qualidade de tempo, quitação das contas e palavras de afirmação. As palavras de afirmação são as frases que os pais dizem para os filhos, que elogiam, parabenizam e declaram verbalmente a importância da existência de seus filhos.

Para os relacionamentos serem bem sucedidos precisamos nos comunicar afetivamente de uma forma que o outro entenda, assim tanto a *Programação neurolinguística* de Bandler e John Grinder, como *As cinco linguagens do amor* de Gary Chapman baseada na Neurolinguística, nos revelam as várias formas de comunicação, que são expressões de aprendizagem e de amor. Precisamos fazer uso prático delas.

Se você perceber que seus filhos entendem como expressão de amor passar um tempo de qualidade juntos, é dessa forma que você deverá expressar-se a eles, ainda que sua forma de compreender o amor seja deixando o quarto deles limpo e organizado. Precisamos aprender as linguagens do amor e nos adaptar a elas segundo a necessidade de cada filho, desta forma, você estará aderindo a uma comunicação mais assertiva e estará oferecendo um amor mais maduro capaz de compreender as necessidades afetivas dos seus filhos.

Relacionamentos são como plantinhas, elas precisam ser regadas diariamente para que não morram de sede. Uma vez que a plantinha morre, regá-la será inútil.

Não espere seus filhos crescerem e demonstrarem um mau comportamento para que você possa notá-los ou eles se isolarem para dialogar e perguntar o que há de errado com eles. Não espere procurarem conforto e segurança em outras pessoas para você querer recuperar a posição de primeiro lugar na fila. Não espere usarem drogas, entrar em profunda depressão para descobrir que são a coisa mais importante na sua vida.

Saia do modo imaturo por decisão e escolha própria, esse é o primeiro passo rumo à maturidade. Pratique o autoconhecimento, procure conhecer os canais de comunicação de todos a sua volta e assuma a responsabilidade de liderar a educação dos seus filhos. Forje um caráter forte, confiante e seguro neles. Assim, serão corajosos o suficiente para não escolherem as drogas, a automutilação ou relacionamentos abusivos quando forem confrontados com decepções, frustrações e enganos.

Prepare-os para o futuro, eduque as emoções deles para que se tornem adultos maduros, equilibrados, bem-sucedidos e felizes.

> "Não confunda jamais conhecimento com sabedoria.
> Um o ajuda a ganhar a vida; o outro a construir uma vida."
>
> Sandra Carey

Verifique a seguir "os predicados verbais que o seu cérebro seleciona para melhor representar a sua experiência subjetiva interior" e gerar a sua comunicação com o mundo exterior. Em seguida, tente identificar os predicados verbais dos seus familiares.

Geral	Visual	Auditivo	Cinestésico
Eu compreendo você.	Eu vejo seu ponto.	Eu ouvi o que você estava dizendo.	Eu senti que fiquei tocado com o que você estava dizendo.
Eu quero comunicar alguma coisa a você.	Eu quero dar uma olhada nisso.	Eu quero fazer isto alto e nítido.	Eu quero que você agarre isto.
Você entende o que eu estou tentando comunicar?	Estou pintando um quadro claro?	O que estou dizendo soa certo para você?	Você é capaz de aprender?
Eu sei que isso é verdade.	Eu sei, sem sombra de dúvida, que isso é verdade.	Esta informação é correta palavra por palavra.	Esta informação é sólida como uma rocha.
Eu não estou certo sobre isso.	Isto é bastante obscuro para mim.	Isto realmente não soa compreensível.	Não estou certo de o estar acompanhando.
Eu não gosto do que você está fazendo.	Tenho uma visão sombria de sua perspectiva.	Isto não encontra eco em mim.	O que você está maquinando não me parece certo.
A vida é boa.	Minha imagem mental da vida é brilhante.	A vida está em perfeita harmonia.	A vida parece quente e linda.

(Quadro extraído do site: http://www.equilibriointerior.net/index2.php?id=33)

Descubra se você é visual, auditivo ou cinestésico?

O autoconhecimento é a base para melhorar os seus relacionamentos. Identifique o seu canal predominante de comunicação e dos seus familiares, assim poderá dar as respostas emocionais que necessitam para se sentirem amados.

Responda SIM ou NÃO para as perguntas abaixo:

1) Escrevo listas daquilo que tenho que comprar.

2) Escrevo na agenda detalhadamente tudo o que tenho que fazer.

3) Gosto de pessoas elegantes e bonitas.

4) Gosto de galerias de artes.

5) Localizo-me com facilidade em cidades com o uso de mapas.

6) Assito muitos videos no celular e adoro TV e cinema.

7) Gosto de instruções por escrito.

8) Não gosto de casa bagunçada e suja.

9) Gosto de belas paisagens.

10) Gosto de carros último tipo.

11) Gosto de bater papo.
12) Gosto de programas de rádio.
13) Gosto de ouvir as pessoas falarem.
14) Prefiro os noticiários de rádio e TV do que jornais e revistas.
15) Percebo qualquer barulho diferente onde quer que eu esteja.
16) Gosto muito de músicas.
17) O tom de voz das pessoas me dizem quem são.
18) Gosto de ouvir palestrantes.
19) Gosto de falar e não de escrever.
20) Costumo falar sozinho em voz alta.
21) Quando estou triste, um abraço me conforta.
22) Não tenho paciência para noticiários de rádio e TV.
23) Não ligo para roupas elegantes, prefiro as confortáveis.
24) Gosto de comer de tudo, não ligo para dietas.
25) Aprendo com mais facilidade com atividades práticas.
26) Gosto de abraços, de tocar as pessoas quando as encontro.
27) Gosto de praticar esportes.
28) Admiro as pessoas que colocam a mão na massa.
29) Sou agitado e inquieto.
30) Quando vou a uma loja gosto de me sentir acolhido e de receber atenção do vendedor.

AVALIAÇÃO: Marque um ponto para cada resposta SIM e veja quantos pontos você fez nas sequências, como segue:

De 01 a 10 – Visual (A)

De 10 a 20 – Auditivo (B)

De 20 a 30 – Cinestésico (C)

Agora, some quantas vezes você indicou cada letra e multiplique por cinco. Aí, você terá os percentuais de quanto você é visual (A), auditivo (B) ou cinestésico (C).

(Extraído das fontes:
https://www.proprofs.com/quiz-school/story.php?title=teste-voc-visual-auditivo-ou-cinestsico
https://www.minhavida.com.br/bem-estar/testes/11989-qual-sentido-estimula-mais-voce
http://gjussi.com.br/wp-content/uploads/2013/09/Teste-de-neurolinguistica.pdf)

Capítulo três

O que é maturidade emocional?

O seu papel devia ser cuidar de mim.
Não me espancar, torturar, machucar, me bater.
Eu não pedi pra nascer!

Facção Central

Cada pai e mãe tem dos seus filhos exatamente o estilo de vida que fornece a eles! Os filhos reagem segundo o que veem e são ensinados através dos exemplos de seus responsáveis. E a maturidade emocional é o pilar fundamental para a construção de um bom relacionamento entre pais e filhos, além de ser uma garantia para a felicidade deles.

Segundo o dicionário técnico de psicologia escrito por Álvaro Cabral, "maturidade emocional significa o grau em que a pessoa se afastou do comportamento emocional próprio da infância e da adolescência e manifesta o comportamento típico de um adulto" (CABRAL, 2006).

A maturidade emocional não é algo que necessariamente cresce com a idade cronológica: não nos tornamos emocionalmente maduros quando envelhecemos. A maturidade emocional é geralmente aprendida e não instintiva. Existem inúmeras definições do que venha a ser maturidade emocional.

Para Menninger (1999), "a maturidade emocional inclui a capacidade de lidar de forma construtiva com a realidade". Entretanto, para Dosanjh (1960) "a maturidade emocional significa personalidade equilibrada". De acordo com Finley (1996, p. 268), "a maturidade é a capacidade da mente de suportar a incerteza, circunstâncias ou ambiente de maneira apropriada".

Como disse anteriormente, a maturidade geralmente é adquirida no decorrer dos anos, com o desenvolvimento humano a partir dos processos de aprendizagem na família, na escola, no trabalho, na convivência com os outros, com leituras, cursos, com as experiências da vida, contudo a maturidade emocional nem sempre ocorre naturalmente dentro desse processo.

Não amadurecemos quando completamos 18 anos ou quando arrumamos um emprego, casamos, temos filhos, compramos uma casa ou um carro.

Amadurecemos se escolhemos amadurecer e conscientemente decidir ser responsáveis pelo impacto que causamos em nós mesmos e no mundo. Se não decidirmos avaliar conscientemente a nossa postura, sentimentos, emoções, nossa maneira de ver o mundo, interpretar, agir e interagir com os outros, permaneceremos imaturos, independente da nossa idade e de todas as nossas conquistas materiais e intelectuais.

Viver uma vida focada no próprio "eu" é uma característica típica das crianças egocêntricas e imaturas. Como disse anteriormente, há muitos adultos com comportamentos imaturos.

Um bom exemplo é o de que existem idosos com reações infantis, melindrosos e críticos que não ponderam suas palavras, sentimentos e atitudes.

Infelizmente, as reações infantis, a imaturidade dos adultos, são a causa da maioria dos conflitos e dos problemas de relacionamentos.

> "A maturidade é alcançada quando uma pessoa adia prazeres imediatos por valores a longo prazo."
> Joshua L. Liebman

A maturidade emocional tem como características o autodomínio, o que significa manter as emoções sob controle, resolver problemas com calma, coragem e sabedoria, tomar decisões, ter atitudes positivas, ser resiliente e grato.

Examine-se e tente detectar se há imaturidade no seu comportamento para poder alterá-lo com o esforço da sua vontade.

Conhecer e gerenciar as próprias emoções, assumir os próprios erros e as consequências das próprias escolhas e compreender o estado emocional dos filhos são habilidades emocionais que podem ser desenvolvidas e trabalhadas.

Pais maduros emocionalmente sabem dizer "não", sabem perdoar, não vivem do passado não reclamam o tempo todo, possuem empatia, não castigam nem punem quando estão no auge de suas emoções. Calam-se quando estão nervosos, tem a percepção para compreender o tempo certo de falar e o tempo certo de ficar calado. Usam de sabedoria para cativar, instruir e enfrentar as dificuldades emocionais dos filhos.

A maturidade emocional permite aos pais lidarem com a raiva, ira, tristeza, infelicidade, insatisfação e descontentamento sem explosões e sem descontar nos outros. Pais que enfrentam o divórcio, o abandono e que precisam criar seus filhos sem a ajuda e a presença do outro genitor, se não estiverem maduros emocionalmente, acabam usando-os contra o genitor em proveito dos próprios interesses, transferindo a amargura e a culpa para as crianças, traumatizando-as.

> O oposto de cuidado é abuso, é desleixo. Uma atmosfera abusiva é como colocar veneno na alma de uma criança ou de um adolescente. As crianças e adolescentes que ouviram palavras hostis, cortantes, duras ou depreciativas de seus pais irão chegar à vida adulta, porém as marcas da depreciação verbal serão evidentes pelo resto de suas vidas. Pais que partem para o abuso físico ao empurrarem, atacarem, baterem ou sacudirem os seus filhos adolescentes podem perfeitamente prejudicar o desenvolvimento físico desses jovens. Porém, de um modo mais trágico, isso irá danificar o desenvolvimento emocional, tornando suas vidas muito mais difíceis quando forem adultos (CHAPMAN, 2013).

Pais maduros ensinam que há situações em que é necessário sair da posição de rigidez, que ter razão nem sempre é uma virtude, que ceder é louvável, que palavras brandas afastam a fúria.

Pais com maturidade emocional contornam a situação, são instruídos a passar pelas fases de sucesso e pelas fases de fracasso com esperança de dias melhores. E aproveitam essas lições para ensinar aos filhos que a vida não é "somente flores" como diz o ditado popular.

Nada ensina mais que o exemplo e já sabemos disso, seus filhos precisam enxergar em você um pai real, de carne e osso que está exposto a decepções, desenganos e erros. Eles poderão observar a forma que você atua no palco da vida e seguir os seus passos.

Lembro-me de certa vez ter ouvido uma história que retrata bem a imaturidade emocional de um pai que influenciava pelas atitudes o filho a ser imaturo também.

Na noite de reunião de apresentação do rendimento escolar, a professora falava sobre o desempenho, dificuldades e evolução de cada aluno abertamente para seus pais.

Em dado momento a professora olhou para o pai de um aluno e disse-lhe: "Pai, precisamos conversar sobre seu filho, pois todas as vezes que ele é contrariado ou ouve um não, ele se irrita, vira as costas para mim e sai da sala, esbravejando, xingando e batendo a porta. Já conversei com ele algumas vezes, porém sem sucesso. Peço-lhe que tenha uma conversa com ele, e o ensine que não deve ter tais atitudes em sala de aula".

O pai, muito irritado com a chamada de atenção da professora, mal terminou de ouvi-la, virou as costas, deixou-a falando sozinha, saiu esbravejando e bateu a porta! Não se esqueça: os filhos refletem e repetem as atitudes dos seus pais.

"Em seus filhos o futuro está sendo criado. Os limites que não impõe, os abraços que você não dá, os passeios que você não faz, as risadas que se perdem, as alegrias esquecidas, o diálogo que não acontece, a orientação que falta porque você não tem tempo serão determinantes para ele ser feliz e bem-sucedido ou infeliz e fracassado."

Tania Queiroz

Para desenvolver a maturidade emocional é preciso vontade!

A maturidade emocional revela uma personalidade equilibrada, conquistada com disciplina e esforço diário. Para isso é necessário:

– Desenvolver autoestima e autoconhecimento;

– Desenvolver autocontrole;

– Aprender a reconhecer e a lidar com os próprios pensamentos e sentimentos;

– Desenvolver autoconfiança;

– Desenvolver a empatia;

– Desenvolver resiliência;

– Aprender a lidar com os sentimentos de raiva, medo e tristeza;

– Aprender com os erros e aceitar que não é perfeito;

– Quando for rejeitado, não ficar ansioso e infeliz;
– Não depender da aprovação dos outros;
– Não experimentar a solidão como abandono;
– Não ser vítima, não ser possessivo e ciumento;
– Não dramatizar os fatos da vida;
– Aprender a lidar com perdas e frustrações;
– Não culpar os outros por seus problemas;
– Agir mais e reclamar menos;
– Fortalecer os pontos fortes e diminuir os pontos fracos;
– Desenvolver pensamentos otimistas;
– Aprender a utilizar a força do perdão e da gratidão;
– Aprender a se autoelogiar;
– Reconhecer e apreciar as conquistas pessoais.

Os pais maduros aprendem, evoluem e ensinam aos seus filhos que a felicidade é fruto da vontade e está relacionada a maneira de ser no mundo, no gerenciamento das próprias emoções, na utilização das habilidades pessoais, emocionais e sociais, no otimismo, na responsabilidade com o próprio destino, no compromisso em construir uma vida mais feliz.

> Os mais evoluídos emocionalmente tendem a ser mais ousados e a buscar com determinação a realização de seus projetos. Têm menos medo dos eventuais – e inevitáveis – fracassos, pois se consideram suficientemente fortes para superar a dor derivada dos reveses. Ao contrário, aprendem com seus tombos, reconhecem onde erraram e seguem em frente com otimismo e coragem ainda maior. Costumam ter melhores resultados do que aqueles mais ponderados e comedidos, condição que não raramente esconde o medo do sofrimento próprio dos que enfrentam os riscos. (GIKOVATE)

Capítulo quatro

Níveis de maturidade emocional

O homem chega à sua maturidade quando encara a vida com a mesma seriedade que uma criança encara uma brincadeira.

Friedrich Nietzsche

Segundo o autor Edward E. Morler em sua obra *The Leadership Integrity*, existem seis níveis de maturidade emocional. Cada nível é composto por certo número de emoções e representa uma "atitude" ou uma maneira de perceber, responder ou reagir a situações de vida. Segundo o autor, esses níveis de maturidade aplicam-se a todos os seres humanos, independentemente da cultura ou das diferenças de personalidade. E embora a expressão de cada nível sempre tenha nuances e variações relacionadas à cultura e à personalidade, as emoções e os níveis emocionais mantêm as relações entre eles e suas mensagens subjacentes.

O autor revela que, para as pessoas construírem uma vida equilibrada para si e para aqueles que amam, bem como contribuírem de forma positiva com a sociedade, elas precisam potencializar o seu nível de maturidade. Quanto maior o nível que estiverem, maior será a possibilidade de serem felizes, pois terão facilidade em lidar com desafios, gerenciar mudanças de forma positiva, sustentar sentimentos positivos como generosidade, tolerância, responsabilidade, honestidade, discernimento, maior disponibilidade e habilidade para criar, aprender, crescer, contribuir com o mundo e ter disposição para mudar positivamente.

Por outro lado, quanto mais baixo o nível em que estiverem, maior dificuldade terão em lidar com os desafios da vida e maior probabilidade de serem infelizes e sustentarem sentimentos negativos como o medo, desonestidade, falsidade, irresponsabilidade, entre outros e claro, prejudicar mesmo sem ter noção a própria família. As consequências são terríveis.

O autor descreve os seis níveis e afirma que no primeiro nível se encontram as vítimas, no segundo o manipulador, no terceiro o reclamante, no quarto o invasor, no quinto o dinâmico e no sexto nível o líder e o mentor.

Ele enfatiza que no sexto nível está a essência da maturidade emocional. Para ele, as pessoas nesse nível são confiáveis, motivadas, orientadas pelas soluções, autênticas, sinceras, respeitam pontos de vistas diferentes, não toleram irresponsabilidade, incompetência, injustiça ou comportamento desonesto. Expressam suas emoções com honestidade e responsabilidade. Eles experimentam raiva? Claro, mas a energia gerada pela raiva é rapidamente transformada em ação construtiva e corretiva.

As pessoas emocionalmente maduras experimentam dor? Sim, mas quando sofrem uma perda, elas se permitem sentir completamente a tristeza e o vazio que representa essa perda. Elas são honestas consigo mesmos quanto a seus sentimentos. Essa honestidade lhes permite avançar, superar a sua dor. Sentem a perda, mas não são devorados por ela. Elas conseguem avançar e ver a vida cheia de oportunidades para aprender e crescer. Elas têm integridade e se responsabilizam completamente por suas ações.

No quinto nível estão as pessoas dinâmicas, positivas, responsáveis e conscienciosas. Estão abertas a idéias positivas. Elas tendem a ser mais conservadoras, mais interessadas em manter o *status quo* do que as pessoas proativas de nível 6. No entanto, de acordo com os padrões atuais, as atitudes e comportamentos das pessoas no nível 5 estão acima da média. Elas fazem menos do que são capazes e, portanto, mostram sinais de imaturidade emocional, mesmo que esses sinais sejam simplificados.

No nível quatro de maturidade emocional as pessoas não são particularmente responsáveis ou irresponsáveis. O principal interesse delas é tornar a vida mais fácil. Elas tendem a ser observadores em vez de participantes. Embora não sejam particularmente dependentes, geralmente são amigáveis, pois tentam evitar inconvenientes. Entretanto, elas tendem a ser descuidadas sobre alguns compromissos e não se apegam aos detalhes. Se a vida não for "apenas confortável", os indivíduos de nível quatro podem facilmente entrar em antagonismo e irritar-se. Nesse nível o convívio com essas pessoas não é bom ou ruim, é suportável.

No nível três as pessoas se sentem sobrecarregadas. Suas perspectivas estão se reduzindo, suas decisões e ações são mais egocêntricas, defensivas, ineficazes, irresponsáveis. Quando se sentem assim, suas atitudes e comportamentos tornam-se negativos e descontam nos outros. Sentem-se inseguras, sua autoestima e autoconfiança são extremamente baixas. São reativas. A vida e o meio ambiente são percebidos como uma ameaça e estão sempre à caça de um culpado para os seus problemas. Sua defesa é se separar, atacar ou se opor ao "inimigo". Essas pessoas estão sempre irritadas com coisas específicas ou estão absolutamente contra tudo. O procedimento básico de um reclamente é o de se opor ou atacar os pontos de vista de outros, mostrar abertamente sua hostilidade e oposição o tempo todo.

No nível dois encontramos os manipuladores que são hostis, inseguros e medrosos. Eles escondem sua hostilidade e intenções destrutivas com mentiras e manipulação habilidosas. É difícil lidar com eles. Os manipuladores não conhecem o conceito de troca e têm pouco ou nenhum conceito de bem e mal, não têm senso de responsabilidade. Para eles o mundo é evidentemente hostil. Os outros são inimigos e, na sua mente, todos os meios para "manipular os outros" são justificados. Neste nível, o uso da manipulação é muitas vezes bastante sofisticado. Os manipuladores são capazes de assumir qualquer nível social que lhes permita atingir seus objetivos destrutivos, hostis e sem escrúpulos. Eles raramente percebem quão destrutivo são seus comportamentos. Os manipuladores têm necessidade de ganhar a todo custo. O objetivo deles é fazer que outros duvidem de sua capacidade de atingir seus objetivos, de modo a serem os únicos a terem sucesso. Sua intenção é manipular os outros para destacar suas fraquezas. O método deles é enganar.

O nível um apresenta as vítimas. Elas têm uma forte sensação de desamparo, acha que vai perder tudo ou já perdeu, têm um ponto de vista estreito, egocêntrico e egoísta. Elas choram, reclamam o tempo todo. As vítimas muitas vezes tentam obter controle agindo para que outros sintam dó por elas. Desejam que os outros se sintam culpados e feridos se não fizerem o que querem. Outra forma de comportamento de uma vítima é constantemente dar, não trocar ou cuidar, mas como uma tentativa de comprar ou acalmar seu opressor imaginário. As vítimas não vêem soluções, mas problemas. Se surgir uma solução, as vítimas terão inúmeras desculpas para explicar que a solução não pode funcionar. Elas geralmente têm um problema durante um período de tempo relativamente curto, pois sua ineficiência geral e seu comportamento chato não são tolerados, exceto em situações de codependência. Essa codependência é geralmente mais evidente em situações familiares e de trabalho.

A maturidade emocional abaixo do padrão – Nível 1 a 3

Existem pais que tem a maturidade emocional abaixo do padrão, estão nos níveis de 1 a 3. São muito difíceis, rígidos, ríspidos, com uma mentalidade fixa, dogmática. Geralmente são pessimistas e não se importam com o que os outros pensam e sentem. São autoritários e manipuladores.

Não possuem autoestima, autodomínio, jogo de cintura, tato, não suportam censuras, críticas, opiniões contrárias as suas, têm grandes dificuldades em relacionar-se e adaptar-se no trabalho, não aceitam mudanças, pois temem o novo. Esses pais se sentem frustrados e irritados quando não conseguem o que querem, são passionais, tomam decisões no arder das emoções, são arrogantes, agressivos, reativos, ansiosos, nervosos, seus pensamentos são negativos e suas atitudes inadequadas.

O atendimento nas escolas com pais nesse nível é muito difícil e tumultuado, pois eles acreditam que são o centro do mundo e tudo gira em torno deles e dos seus filhos. Não são empáticos e são incapazes de compreender as razões das outras pessoas.

Pais com maturidade emocional abaixo do padrão são conhecidos por somente focarem problemas e dificuldades em vez de soluções, têm sentimentos explosivos como raiva, chateação e nervosismo. São instáveis, fazem tempestade em copo d'água, criam dissenções ao serem contrariados e somente depois de um tempo refletem e reconhecem os danos que causaram nos filhos.

São sensíveis a qualquer sinal de crítica, são pais que não cresceram emocionalmente para acatar outras opiniões de pessoas que sabem mais por terem mais conhecimento do que eles. Não admitem outras possibilidades.

O blogueiro Gabriel Melo afirma que

> as pessoas que estão acostumadas a viverem com o nível abaixo do ideal de maturidade acreditam que não existam outros níveis fora da realidade de percepção deles e têm maior probabilidade de desunião, desquite, porfias, deslealdade, serem humilhados e humilhar e até cometerem homicídios. (MELO)

São incapazes de perceber que, com sua maneira de ser, pensar, sentir, interagir e agir acabam destruindo suas famílias e criam filhos despreparados. Eles não são maleáveis e isso dificulta qualquer relacionamento. Eles preferem perder a dar o braço a torcer, acreditam fielmente em uma imagem ilusória de que são perfeitos.

Os pais que possuem maturidade emocional abaixo do padrão jamais dão notícias de novos acontecimentos, eles se fecham em uma redoma de proteção e ficam estagnados em uma zona de conforto. São os donos da razão e dão ordens. Gostam de frases como: "Faça o que eu digo, mas não faça o que eu faço"!

São egocêntricos e egoístas. Se for para ter felicidade dentro do lar, tem que ser exclusivamente a deles, se alguém tem o direito de estar triste, são eles. Se os filhos estão enfrentando problemas, os pais encontram uma maneira de ter um problema maior que os dos filhos, pois desta forma não perdem o lugar de vítimas. Se os filhos estão tendo sucesso, os pais não festejam.

São impacientes, contestadores e as coisas precisam ser apenas do seu jeito. São extremamente críticos, não constroem relacionamentos duradouros e profundos e seus filhos são dominados pelo medo em função da "violência simbólica"[1] a que são submetidos. Brigas, divergências, desentendimentos, disputas, intimidação moral e a força bruta fazem parte da sua rotina diária em todos os lugares que frequentam. Eles utilizam o tempo todo comandos excessivos, fazem comentários depreciativos, rejeitam com o olhar, são indiferentes e prepotentes. Estão sempre de mau humor. Castigam, punem e desdenham o trabalho e tarefas que seus filhos executam, só porque não foi feito como eles fariam. Dificilmente assumem responsabilidade por suas emoções destrutivas ou aceitam que estão errados e mais, não sabem pedir desculpas. Você conhece alguém que tem maturidade emocional abaixo do padrão, pessoas emocionalmente mal resolvidas? Pessoas que muitas vezes não percebem as consequências negativas dos seus atos e de como prejudicam a personalidade dos seus filhos que normalmente se tornam inseguros, medrosos, retraídos e deprimidos?

Nos atendimentos que realizo percebo que muitas crianças e jovens com esse tipo de pais, muitas vezes indefesos, ansiosos e tristes, acabam apresen-

---

[1] **Violência simbólica** é um conceito social elaborado pelo sociólogo francês Pierre Bourdieu no qual aborda uma forma de **violência** exercida pelo corpo sem coação física, em que causa danos morais e psicológicos.

tando baixo rendimento escolar, entregando sua alma para as drogas, o álcool, praticando a automutilação na tentativa de entorpecerem seu sofrimento mental, físico, emocional, crônicos e profundos. Adotam o comportamento passivo-agressivo para esconderem sua raiva. Outros apresentam traumas e inúmeras patologias como a síndrome do pânico, neuroses e psicoses e outros ainda tentam o suicídio.

Os pais imaturos precisam se conscientizar que suas emoções descontroladas causam impactos terríveis em seus filhos, fazem que se sintam insignificantes e desenvolvam comportamentos autodestrutivos, remetendo-os a processos de deterioração, diminuindo suas capacidades comunicativas e gerando infelicidade.

Assim, precisam refletir sobre a importância de adotarem novas atitudes para construírem relacionamentos saudáveis e felizes com seus filhos.

A maturidade emocional padrão – Nível 4 e 5

Pais com esse nível de maturidade têm o intuito de não fazerem os filhos se sentirem mal. Eles são abertos a críticas e opiniões, são moldáveis a diversas situações, ainda que desagradáveis e lidam com seus sentimentos de forma mais ou menos assertiva. Aceitam a realidade e entendem que ela pode mudar muitas vezes no decorrer da vida. Mas ainda assim pecam em muitos outros detalhes, como serem descuidados com alguns compromissos, acreditar em crenças limitantes e apresentar comportamentos de ansiedade, estresse e insegurança.

A maturidade emocional acima do padrão – Nível 6

Pais que se encaixam no nível 6 de maturidade emocional são considerados acima do padrão, criam filhos felizes, confiantes e fortes emocionalmente. Você já conheceu alguém que era emocionalmente bem resolvido consigo mesmo? Pessoas que sabiam lidar plausivelmente com confrontos, debates e questões negativas?

Pais com o nível 6 são otimistas, não focam problemas e logo dão um jeito de solucionarem qualquer pendência.

Isso me lembra de uma história. Havia dois grupos distintos de meninas que costumava brincar na mesma rua. Em certa ocasião uma delas emprestou a bola para o outro grupo. Eles não brincavam juntos e, em determinado momento, o grupo que estava com a bola ia iniciar uma brincadeira quando a dona da bola pediu-a de volta e acabou imediatamente com a brincadeira, iniciando um debate.

Foi uma confusão, o início de uma briga entre as meninas, pois o grupo que ia começar a brincadeira não queria devolver a bola e a dona do objeto não queria brincar com ele, mas fazia questão de pegá-lo de volta para guardá-lo e mostrar quem mandava na área era ela.

O fim do desentendimento surgiu quando uma das garotas disse: "Entrega logo essa bola! Vamos brincar de outra coisa!" Assim acabou a briga e tudo se resolveu instantaneamente.

A categoria de maturidade emocional dessa menina era acima da média, ela soube lidar com um problema corretamente sem perder o humor, o equilíbrio e a vontade de continuar brincando. Pais com maturidade emocional acima do padrão não encaram as críticas negativamente, as recebem como uma resposta para aprimorar-se, e se a vida lhes dá limões, fazem uma deliciosa limonada.

A categoria de adaptação dos pais acima do padrão é elevada, recebem o novo com prazer e mudam quantas vezes forem necessárias. Estes pais são concorridos em seus empregos, disputados pela personalidade louvável que possuem. Todos os querem ter por perto, os filhos têm confiança e tranquilidade em falar com seus pais neste caso, pois eles são modernos e não tem tempo ruim com eles.

É o tipo de pai que atrai oportunidades boas para si e para seus filhos, porque enxerga o lado bom das coisas. Acredita nas possibilidades, investe em negócios e se dá bem, raramente se queixa ou fica doente e nunca demonstra uma postura pessimista.

Pais com essas qualidades são líderes de seus lares, lideram sem autoritarismo, porém com autoridade e consciência das decisões.

Pais com a categoria de maturidade acima do padrão têm apresentam um índice pequeno de desquite, infidelidade, porfia e tragédias. Afinal eles são contentes e satisfeitos com a vida que possuem, e se algo lhes desagrada dão um jeito de consertar, se reinventar e prosseguirem. Não desistem de suas famílias, não trocam o bom relacionamento com os filhos, ainda que estes sejam desobedientes.

Agressões verbais raramente acontecem com os pais deste nível, e se acontece eles logo notam os erros e pedem perdão, voltam atrás nas decisões, pedem ajuda e admitem suas fraquezas.

Conhecem suas limitações e sabem onde precisam evoluir, são resilientes. Esta categoria não forma filhos medrosos, não tem receio da censura e julgamentos alheios, mas buscam melhorar a qualidade de vida da sua família. Estão atrás de desenvolverem alta performance, um alto desempenho em tudo o que fazem.

São mais sorridentes, dormem melhor e não adoecem com frequência. Transmitem uma energia cativante e tudo coopera para o bem deles, pois eles têm uma fé positiva em relação a tudo e todos ao seu redor.

E você, em qual nível se encaixa? Como lida com as próprias emoções? Pense nisso.

Parte 2

Despertando a consciência, encontrando recursos e talentos para lidar melhor com os desafios atuais e formar filhos mais saudáveis e felizes

"As crianças repetem o padrão comportamental dos seus pais, adquirido desde a infância até o momento atual em que convivem com eles. Dessa forma, a personalidade delas é formada a partir do encontro com a própria família."
Tania Queiroz

Capítulo cinco

Conhecendo as características dos pais emocionalmente imaturos

> *Mas o que acontecerá, se descubro, porventura, que o menor, o mais admirável de todos, o mais pobre dos mendigos, o mais insolente dos meus caluniadores, o meu inimigo, reside dentro de mim, sou eu mesmo, e precisa da esmola da minha bondade, e que eu mesmo sou o inimigo que é necessário amar?*
>
> C.G. Jung

Já sabemos que os hábitos praticados pelos pais, pelos professores e pela sociedade contribuem para o desenvolvimento da personalidade dos filhos de forma positiva e negativa. Precisamos ser pais acima da média, acima do padrão com as características que lemos anteriormente para despertar a nossa consciência, encontrar recursos e talentos para lidar melhor com os desafios atuais e formar filhos mais saudáveis emocionalmente e felizes.

Claro que podemos optar por desenvolver em nós as características que quisermos e adotá-las.

E, para comprovar esse fenômeno, que podemos ser o que decidirmos ser, vamos refletir sobre o que relata Charles Duhigg, autor do livro *O poder do hábito*, sobre o comportamento humano:

> Ela era a participante de estudo favorita dos cientistas. Lisa Allen, de acordo com sua ficha, tinha 34 anos, começara a fumar e beber aos 16, e lutara com a obesidade durante a maior parte da vida. Chegou a um ponto, aos 20 e poucos

anos, em que órgãos de cobrança começaram a persegui-la para recuperar mais de 10 mil dólares em dívidas. Um velho currículo listava que seu emprego mais longo durara menos de um ano. Segundo o relatório mais recente em seu arquivo, Lisa não tinha dívidas, não bebia e estava em seu 39º mês numa empresa de design gráfico. O grupo de cientistas na sala incluía neurologistas, psicólogos, geneticistas e um sociólogo. Durante os últimos três anos, com verba dos Institutos Nacionais de Saúde, eles vinham investigando Lisa e mais de vinte outros indivíduos que haviam deixado de ser fumantes, comedores compulsivos, bêbados problemáticos, viciados em compras e possuidores de outros hábitos destrutivos. Todos os participantes tinham uma coisa em comum: haviam reconstruído suas vidas em períodos relativamente curtos. Os pesquisadores queriam entender como. O objetivo dos pesquisadores era descobrir como os hábitos funcionam num nível neurológico – e o que era necessário para fazê-los mudar. Como foi que Lisa mudou sua vida de obesa para magra, negada para aceita, de uma conta negativada para uma conta positivada, de abandonada para noiva? As mudanças de hábitos foram os responsáveis. (DUHIGG, 2012)

A força do hábito nos leva a ter atitudes e comportamentos automáticos. Charles Duhigg, com suas pesquisas, comprovou cientificamente que, quando mudamos nossos hábitos, mudamos também a trajetória de uma vida inteira.

Ok, Tania, mas o que isso tem a ver com as características de pais imaturos emocionalmente? Tudo, pois ao identificá-las você tem a opção de mudar e não há mais desculpas. Lisa conseguiu mudar porque ela decidiu alterar seus hábitos, e isso não teve a ver apenas com o corpo, mas também com as atitudes internas e mentais dela. Ela reviu e mudou os seus hábitos, os seus pensamentos, sentimentos, emoções, desejos e ações.

Agora vamos às características de pais emocionalmente imaturos. Aproveite para examinar-se e quem sabe mudar os seus hábitos comportamentais.

Apesar da imaturidade ser indício de uma personalidade inacabada e de ter níveis diferentes, os pais imaturos normalmente são adultos que lutam para lidar com situações estressantes e desagradáveis, que se sentem esmagados diante de um desemprego, que se sentem inferiorizados diante de um divórcio, acidente, evento traumático, perda ou crise e que não têm noção das consequências da sua imaturidade na formação da personalidade dos seus filhos.

São adultos que vivem tormentos eternos, não conseguem comunicar seus desejos e necessidades, normalmente esperam que os outros adivinhem e, quando isso não acontece, sentem-se frustrados, desiludidos. São naturalmente dramáticos, suas emoções e comportamentos não tem fronteiras. São verdadeiras feridas ambulantes. Os limites internos e externos, não foram aprendidos, seus relacionamentos são extremamente destrutivos.

Eles tem por hábito gritar, espernear, xingar, brigar, agredir os outros, quebrar coisas quando ficam chateados, possuem tolerância zero para críticas, são ciumentos, não perdoam, têm comportamento agressivo, não sabem dialogar, não refletem, são ansiosos e irritados, acreditam que têm o direito de dizer qualquer coisa em qualquer lugar, mascaram sua impulsividade, denominam de honestidade a sua falta de educação, mas na verdade praticam o "sincericídio", são dependentes das opiniões dos outros, sofrem influência facilmente, mudam de opinião, buscam constante gratificação em tudo que fazem.

Os pais imaturos com essas características possuem valores superficiais, são fiéis a si mesmos, são irresponsáveis, às vezes dissimulados e até falsos, não reconhecem o valor das pessoas, estão sempre certos, manipulam as situações, destroem a família com seu péssimo comportamento, não respeitam regras, mudam as regras de acordo com sua conveniência, mentem, não sentem remorso, usam as pessoas em proveito próprio, são egocêntricos, irreflexivos e impulsivos e não percebem a necessidade de transformação pessoal para ofertarem aos seus filhos uma educação mais madura.

Apresentam um comportamento afetivo infantil, incapacidade de superar conflitos, intolerância à frustração. Desejam obter tudo o que querem na hora, recusam compromissos. Alguns apresentam imaturidade sexual, a sua intensidade emocional normalmente é confundida com sentimentos.

Não conseguem compreender os sentimentos, as expectativas e os desejos dos outros. São desprovidos de empatia. Alguns são muito frágeis, com comportamento emocional instável e sucumbem ao mundo por meio do álcool e das drogas.

As causas da imaturidade emocional são inúmeras, entre elas podemos citar choques emocionais, traumas na infância, abusos emocionais, psicológicos ou sexuais, violação, conflitos familiares, situações de abandonos, que geraram atrasos na formação da personalidade emocional, prejudicando as faculdades de tomada de decisão e julgamento, deformando a visão de mundo e a afetividade.

A primeira característica dos pais imaturos está relacionada com um modelo de educação que garante a dependência dos filhos pelos seus pais. Pais que são autoritários, agressivos ou super protetores e que não cortam o cordão umbilical criando filhos completamente dependentes deles em tudo.

Os filhos não possuem liberdade de expressão e escolhas, são obrigados a concordarem com as decisões dos pais como: o que comer, com quem se relacionar, qual faculdade cursar, quem namorar, aonde ir, qual roupa mais apropriada etc. Termo que define filhos que crescem "na barra da saia da mãe ou do pai".

Não possuem autonomia, e ignoram o fato de que possuem o direito de escolha, pois os pais retiraram dos filhos esse direito!

Mais tarde, quando esses filhos crescem, não têm atitude para nada e possivelmente serão um homem ou uma mulher extremamente passivos, anulados e submissos, o que acarretará problemas em todas as áreas de suas vidas.

Pais imaturos formam filhos com laços de dependência e não os empurram para o voo solitário.

A segunda característica dos pais imaturos é a falta de limite financeiro, pais que fornecem aos filhos tudo o que desejam além das necessidades.

Assim, criam filhos mimados, exigentes e impulsivos no quesito "obter e possuir". Dão a eles celulares, vídeo games, bicicletas, roupas, dinheiro para o cinema, dinheiro para extravagâncias e desperdícios.

Pais que não ensinam o valor da conquista, do trabalho e do possuir. Dão tudo "de mão beijada" e criam filhos que desvalorizam tudo e todos, uma vez que para eles tudo é fácil.

Pais que não sabem administrar as vontades dos filhos e suprem imediatamente todos os desejos comprando o que não precisam com dinheiro que não devem ou não podem gastar. Endividando-se, pois essa busca pelo prazer através das coisas foi implantada nos filhos, e retirar esse hábito fará muito barulho.

Se isso estiver acontecendo com seus filhos, agora é a hora de dar um basta, nunca é tarde. É comum ver pais que financiam os desejos e alguns projetos insanos dos filhos, qualquer um, até os mais absurdos.

Após verem os filhos fracassarem no projeto os culpam. Mas se esquecem de que eles foram culpados tanto quanto os filhos, afinal foram eles os patrocinadores de tudo.

Existem pais que dão dinheiro para seus filhos beberem e até se drogarem. São conhecidos pelos grupos de apoio aos dependentes químicos como "facilitadores".

Fazem "vistas grossas" e diariamente dão uma quantia aos filhos fingindo acreditar que é para passagem, lanche ou algo que queiram comprar.

Pais que encontram maconha nos bolsos dos filhos, filhos que usam o dinheiro dos pais para comprar drogas, às vezes encontram pinos de cocaína, mas no dia seguinte os pais dão novamente o valor, facilitando e apoiando o uso.

A terceira característica dos pais emocionalmente imaturos é culpar outros pelos seus próprios atos, logo criam filhos que fazem o mesmo.

Se estiverem envolvidos em brigas, a culpa foi do outro que começou, é como a famosa frase, "o homem que culpou a mulher, que culpou a serpente". Todos estavam errados, mas ninguém assumiu.

Pais imaturos criam filhos esquivos, sem limites e sem castigos pelas consequências causadas.

São pais que consertam tudo que o filho faz de errado e colocam a culpa nas situações e causas, mas nunca nas atitudes e escolhas erradas dos filhos.

"Passam a mão na cabeça" e não permitem que os filhos vivenciem as consequências dos atos, poupando-os sempre.

A probabilidade de esses filhos envolverem-se em vícios e burlar regras é gigantesca, pois eles sabem que seus pais darão um jeito de arrumar toda a bagunça.

Capítulo seis

Conhecendo os tipos de pais emocionalmente imaturos

O autoconhecimento tem um valor especial para o próprio indivíduo. Uma pessoa que se tornou consciente de si mesma, por meio de perguntas que lhe foram feitas, está em melhor posição de prever e controlar seu próprio comportamento.

B. F. Skinner

Como afirma Stefano Elio D´Anna:

> As crianças não escolhem os seus pais, o seu idioma, o seu país, a sua casa, as suas crenças. Elas recebem tudo dos adultos a sua volta, assimilam ideias, pensamentos, sentimentos, informações, regras e modelos de condutas (D'ANNA, 2012).

Por esse motivo, normalmente as crianças repetem o padrão comportamental dos pais, adquirido desde a infância até o momento atual em que convivem com eles. Dessa forma, a personalidade delas é formada a partir do encontro com a própria família.

Crianças acreditam em tudo o que os adultos dizem. Os pais são exemplos de valores e atitudes relacionadas com o aprendizado de hábitos, costumes, a maneira de pensar, sentir, agir e reagir, ou seja, a maneira de ser, a personalidade e o caráter. São eles que inspiram e motivam a criança a ser generosa ou egoísta, calma ou nervosa, a ter sucesso ou fracasso.

Concordo novamente com o autor Stefano Elio D'Anna quando afirma:

> E no núcleo familiar que adquirimos referências e construímos nossa base de percepção, sonhos, desejos e atuação no mundo, incluindo crenças limitantes, medos, bloqueios, autopunição e autossabotagem traumas, assimilação de traços da personalidade, sentimentos de abandono, rejeição, culpa, por não sermos o ideal de nossos pais.(D'ANNA, 2012).

Algumas crianças tem a sorte de nascerem em lares com pais maduros, calmos, equilibrados, habilidosos e competentes.

Mas, e quando isso não acontece? E quando nascem em lares com pais imaturos? E quando somos nós esses pais imaturos?

Os antigos dizem que os instintos dos pais nascem juntamente com a criança, mas seria tal afirmação uma verdade ou mito? A resposta é:mito!

Infelizmente os pais não se tornam maduros, preparados e responsáveis imediatamente com o nascimento dos filhos, como já aprendemos nos capítulos anteriores essas atitudes são tomadas a partir de escolhas.

Nos diversos atendimentos que realizo conheço pais de todo tipo. Relaciono-me tanto com pais que, após o nascimento dos filhos, não decidiram que era hora de parar com a vida inconsequente de baladas, bebidas e curtição quanto com outros que seguem com o mesmo estilo de vida.

São pais irresponsáveis que deixaram seus filhos com outras pessoas para curtirem a vida ou pior, os levaram juntos, os criando ao meio do caos em ambientes nada adequados para os filhos. Quantas vezes, na saída da escola, presenciei alguns pais em bares e botecos bebendo com seus filhos do lado.

Esses são dois tipos extremistas de pais imaturos, os que não compreendem que a responsabilidade lhes bateu a porta e que a hora de parar é chegada. E pais que tentaram adaptar a vida dos filhos aos seus vícios, às suas loucuras da curtição, sendo egocêntricos e egoístas.

Outro exemplo de pais emocionalmente imaturos são aqueles que transferem suas obrigações para os filhos. É o caso da mãe que exige que a filha mais velha cuide dos irmãos menores, que faça o almoço, lave a louça, passe a roupa e limpe a casa enquanto ela não sai do salão de cabelereiros ou fica a tarde inteira de papo com as amigas.

Há também o caso do pai que exige que seu filho realize todos os seus caprichos, pois ele tem dificuldade em compreender que não é o centro do universo. Sua imaturidade emocional o mantém refém de um estado petulante e infantil e por isso ele não se relaciona de forma saudável com seu filho, a menos que se sinta o tempo todo completamente paparicado.

Na menor contrariedade, no menor erro do filho se irrita profundamente e faz uso do desprezo, da violência verbal e até física com seu filho.

Nas escolas descobri que existem vários pais que egoisticamente roubam a infância dos filhos "sem dó e sem piedade", transferindo a eles suas obrigações e cobrando-lhes resultados. Chega a ser irônico!

Existem pais que transformam seus filhos em "renda", exploram suas habilidades e talentos em proveito financeiro próprio. São pais de atletas. Treinam o filho desde pequeno em todos os tipos de esportes, mas na verdade não estão preocupados com a felicidade e sucesso dos filhos e sim nos ganhos financeiros que a carreira esportista dos filhos lhes proporcionará. Um horror! Exploram os filhos de uma forma abominável. Essas crianças tem sua infância completamente roubada.

Existem também os pais irritadiços, não controlam seus impulsos, culpam os outros por tudo, vivem nervosos porque agora são obrigados a exercerem seus deveres, mães que vivem a resmungar como um goteira porque tem a casa, o jantar e a lição de casa para fazer com os filhos, pais irritados porque o dinheiro não dá pra pagar as contas e assim por diante. Pais ausentes por não suportar o peso da responsabilidade de ser o provedor, educador e alicerce do lar. Descontam nos filhos entre gritarias, ofensas e descaso.

Em escolas de regiões distantes e carentes, ainda me deparo com pais que tem muitos filhos, para fazerem deles trabalhadores e garantirem a segurança de suas velhices, uma vez que os filhos são a garantia de renda e estabilidade. Pais que colocam os filhos para produzir e trazer lucro para a família e não estão nem um pouco a fim de orientá-los, tratá-los e amá-los como merecem e como têm direito. Estes são os tipos de pais que transferem completamente suas responsabilidades aos filhos.

Outro tipo são os pais que vivem ansiosos pelo crescimento dos filhos, pois assim estarão livres das responsabilidades de educação, mas que exigem dos filhos as mesmas responsabilidades que omitem.

Uma das piores sensações que os filhos têm é a de não querer voltar para casa, ou não sentirem prazer, receptividade e afeto dentro dos seus lares com pais que são frios, indiferentes e ausentes.

Eles não se importam com nenhum assunto relacionado aos filhos, só pedem que não sejam perturbados com problemas. São distantes emocionalmente, a ausência nas reuniões com a orientação e coordenação deixam isso bem evidente. Ligamos, pedimos a presença deles, mas eles nunca têm tempo para os problemas dos seus filhos.

Sabemos de outros pais que se afogam em copos de cerveja com os amigos e em infinitos cigarros, ou alienam-se em frente à televisão como fuga, sem sequer perguntar aos filhos o nome dos professores dele, ou como foram nas provas. Está nítido que há um grande rombo na saúde emocional desses pais. Mas alguns deles não querem escalar a corda que fora jogada a eles no fundo do poço.

Quantas vezes, na sala da coordenação, conversei com alunas que não entregavam trabalhos e iam muito mal nas provas.

– O que está acontecendo com você? Por que está indo tão mal nos estudos? Como podemos te ajudar a melhorar esse desempenho? – eu perguntava.

– Coordenadora, não deu tempo de estudar, de fazer o trabalho... bem que eu queria...

– Porque você deixou de cumprir com seus deveres? Você é tão inteligente, tem um potencial enorme e o está desperdiçando. Se continuar desse jeito poderá perder o ano letivo...

– Lavei e passei roupa até tarde e tive que cuidar dos meus irmãos.

– E sua mãe? – questionava.

– Bom, a minha mãe chegou completamente bêbada de madrugada da balada – ela respondia com os olhos marejados.

Quantas vezes atendi essa mãe bêbada e a alertei sobre a importância de parar de beber, mudar o seu comportamento. Soube, tempos depois, que a aluna desistiu de estudar porque o comportamento de sua mãe piorou.

Certa manhã, andando pelo corredor de uma escola que sou consultora há mais de sete anos, senti um toque no meu ombro. Ao olhar para trás, uma aluna me disse:

– Consultora, quando a senhora dará outra palestra sobre drogas? A de ontem foi muito boa!

– Que bom que você gostou! Fico muito feliz, no mês que vem darei outra – respondi sorrindo.

– Mesmo? No mês que vem? Que ótimo! – disse feliz.

– Com certeza! E falarei sobre outros tipos de drogas.

– Nossa! Não vejo a hora. Ontem expliquei tudo o que aprendi para o meu pai quando cheguei em casa. Ele prometeu que vai tentar parar de usar drogas...

Eu não acreditei no que acabara de ouvir. Ela não via hora de eu dar outra palestra para continuar a explicar para o seu pai imaturo sobre a importância de deixar de usar drogas!

Ela foi para a sala de aula e eu para a sala da mantenedora e comentei o ocorrido. Ficamos chocadas. Voltei para a minha casa pensando: que mundo é esse? Até quando? Como pode? Pais que bebem e que se drogam, sem ter a menor noção do desespero e das dores que geram em seus filhos.

Em todos esses casos a consequência são filhos à deriva! Existem também os pais perfeccionistas, que se dedicam aos filhos, são presentes, chegam a dar atenção, carinho, tempo, entrementes, seus padrões de exigências são absurdamente elevados.

Apresentam preocupação obsessiva com os erros "normais" dos filhos, são constantemente autocríticos, avaliam, controlam e dominam tudo e todos o tempo todo, temem o fracasso e fazem da vida de seus filhos um inferno. Barganham carinho, não reconhecem seus erros, nunca ouviram falar na palavra desculpa.

Quando suas expectativas não são alcançadas, reagem com explosões e birras. Nunca estão satisfeitos com o desempenho dos seus filhos, uma nota 8 ou 9 é ruim, desejam sempre a nota 10.

Muitas crianças com pais desse tipo ficam ansiosas, depressivas, sofrem insônia, apresentam distúrbios alimentares e, às vezes, até transtorno obsessivo-compulsivo. Outras crianças ficam reféns da aprovação dos outros e de uma vida cansativa, estressante e debilitante na tentativa de atenderem às altas expectativas de seus pais. Normalmente, por mais que tentem realizar as tarefas, também nunca ficam satisfeitas consigo mesmas e se sentem frustradas e cronicamente inadequadas e, o mais grave, carregam isso para o resto de suas vidas.

Os pais oprimidos costumam ser temperamentais, impotentes, ansiosos. Eles nunca ficam tranquilos, desempenham o papel de eternas vítimas do mundo, e não poupam os filhos de suas lamentações e comentários pessimistas sobre tudo e todos. O mundo desses pais não tem cor e são extremistas, ou as pessoas são boas ou são ruins. Não existe meio termo.

Existem os pais apáticos também. Eles são evasivos, não assumem nenhuma responsabilidade e normalmente são negligentes, pois delegam suas obrigações aos outros. Vivem fora da realidade, permitem abusos de todo tipo, pois são desligados, não percebem nada ao redor.

O último exemplo de tipos de pais emocionalmente imaturos são os pais inconsequentes. Pais inconsequentes fazem tudo "pelas coxas", jogam a sujeira para "debaixo do tapete" e "empurram com a barriga" tudo que não estão dispostos a corrigir, organizar e executar no momento que se deve.

São pais que não abrem mão das suas vontades para fazer o que é correto, custe o que custar. Não se importam com o tipo de exemplo que estão fornecendo aos filhos, mas sim com o que estão a fim ou não de realizar naquele momento. Por exemplo, se está passando um programa interessante na televisão, mas o pai precisa ajudar um dos filhos no dever de casa, ele manda o filho resolver o problema sozinho e esparrama-se pelo sofá para satisfazer seu desejo, não a necessidade do filho. São inconsequentes e desligados por opção.

Será que você identificou algum de seus pais em um dos tipos de pais imaturos que apresentei? Se a resposta for positiva, você pode até atuar no mundo exterior como um adulto normal, mas provavelmente carrega profundas feridas emocionais que truncam alguma área da sua vida.

Ainda que velado, pode apresentar problemas com sua autoestima, autoconfiança e sentimentos obscuros e desconhecidos que o fazem se sentir insignificante e emocionalmente solitário.

Com certeza apresenta problemas relacionados à culpa crônica e dificuldades em seus relacionamentos. Se seus pais eram imaturos, eles eram fixados apenas em seus umbigos. Sem se darem conta, eram narcisistas e não perceberam os profundos estragos que operaram na sua personalidade.

Apesar dos pais imaturos assumirem formatos diferentes (impulsivos, imprudentes, irresponsáveis, permissivos, oprimidos, exigentes, inconsequentes, agressivos e apáticos), todos os tipos apresentados tem algo em comum: causam profundos distúrbios emocionais nas crianças e jovens, formando personalidades subdesenvolvidas com péssimo desempenho escolar, com terríveis problemas de expressão e relacionamentos, vulneráveis às drogas, automutilação e às tentativas de suicídio. Lidar e conviver com pais imaturos não é nada fácil e as sequelas são imensuráveis.

Pois é. Precisamos urgentemente drenar nossas feridas e, sem ressentimentos, vencer nossas batalhas interiores e curá-las para, então, derrubarmos os muros de proteção que levantamos ao longo de nossa vida e reconhecermos que somos dignos de sermos amados e de amar, para não repetirmos os erros dos nossos pais.

Caso você tenha se dado conta de suas feridas ao ler esse texto, aproveite para transformá-las em uma grande lição de vida.

Reflita se por acaso também não se enquadra em um dos tipos de pais imaturos descritos e se sem se dar conta, de alguma forma, também está ferindo os seus filhos com a sua imaturidade. A gravidade da imaturidade emocional é que ela é transgeracional, ou seja, ela é transmitida psiquicamente entre as gerações.

Com certeza nossos pais fizeram o melhor que podiam por nós, e se a imaturidade deles porventura nos deixou sequelas, informo que o trabalho interno de nos livrarmos dela para amadurecermos e conquistarmos uma vida com mais qualidade é somente nossa! Cabe a cada um de nós refletir, encontrar nosso canto de dor, nossas feridas e curá-las.

Tenha certeza de uma coisa: a cura não cairá do céu, precisamos querer nos curar, operar mudanças na nossa forma de ser, pensar, sentir, agir e interagir, para não fazermos o mesmo com os nossos filhos. A vida psíquica saudável dos nossos filhos está em nossas mãos!

Você pode decidir agora, enquanto lê este livro, que deseja amadurecer. Vou sugerir um desafio e, ao aceitá-lo, estará se comprometendo a romper velhas crenças e velhos hábitos, proporcionando a si mesmo a oportunidade de se reinventar. Está disposto? Esse desafio não é fácil. A mudança é decorrência da vontade e de um processo. Só você pode decidir se transformar e se tornar mais maduro. O desafio é colocar em prática tudo o que aprendeu e promover algumas melhorias nos relacionamentos com os seus filhos a partir de hoje!

> "Em determinadas situações nessa atual sociedade permissiva, os adolescentes não precisam da sua bronca, de castigos e punições pelo que fizeram que os machucaram e sabem que é errado, eles precisam da sua compreensão, de um simples abraço, ouvir você dizer: calma, tudo vai ficar bem, eu estou aqui."
>
> Tania Queiroz

Capítulo sete

Como mudar o seu mindset e amadurecer

> *Para mudar sua mentalidade e ajustar seu mindset, certamente você terá de se libertar de suas crenças limitantes, que em geral são experiências negativas, traumas ou medos que você já vivenciou. Se você sempre basear suas ações futuras no seu passado, provavelmente estará condenado a caminhar com medo e isso será um fator que dificultará, e muito, sua jornada rumo ao sucesso.*
>
> Carol Dweck

Chegamos a um capítulo crucial de nossa jornada literária. Após percorrermos os capítulos anteriores entendendo as características de imaturidade e maturidade, provavelmente você gostaria de saber como amadurecer mudando a sua mentalidade. E é justamente o que veremos nas próximas páginas. Continue lendo, porque agora serão reveladas a você grandes soluções e estratégias de mudanças no seu mindset rumo ao amadurecimento.

A doutora Carol S. Dweck, do Departamento de Psicologia da Universidade Stanford, realizou ao longo de décadas uma pesquisa e desenvolveu o conceito de mindset. Segundo a autora, mindset é a configuração da nossa mente, a nossa própria mentalidade, ou seja, é a nossa programação mental que configura um modelo mental, o conjunto de crenças, pensamentos e opiniões formadas que estão dentro do nosso eu, que para nós são verdadeiras e acumulamos desde a infância, recebidas da família e da sociedade no geral e que determina nossos pensamentos e orienta o nosso comportamento.

É o que você acredita ser, por exemplo, uma pessoa liberal ou conservadora, boa ou má, legal ou chata etc. Todas essas informações fazem parte do conjunto que compõe o seu mindset, ou seja, a sua mentalidade.

A doutora Carol pesquisou crianças que apresentavam problemas de aprendizagem e desistiam de si mesmas e de aprender, crianças que fracassavam e também pesquisou crianças que apresentavam os mesmos problemas de aprendizagem, mas não desistiam, enfrentavam os obstáculos e acabavam aprendendo, ou seja, tinham sucesso, superavam os próprios limites e saíam vitoriosas. A partir desses estudos ela desenvolveu a Teoria do Mindset Fixo e do Mindset de Crescimento.

Segundo a autora, cada um de nós carrega dentro do cérebro uma mentalidade e ela pode ser fixa ou de crescimento.

As pessoas que possuem uma mentalidade fixa, ou seja, um mindset fixo, têm dificuldades de aceitar mudanças e inovar. De certa forma, ficam estagnadas no tempo e no espaço, acreditam que as pessoas nascem com dons e que não se pode desenvolvê-los ao longo da vida. Assim não conseguem ser otimistas e estão sempre desmotivadas, não estudam, não reconhecem seus erros, culpam os outros, não aceitam críticas e são pessimistas convictos, pois não acreditam que podem vencer obstáculos na sua aprendizagem e na vida. Por terem um mindset fixo, diante de dificuldades e desafios não os superam e acabam desistindo, fracassando, pois não acreditam em si mesmas e não confiam nos outros.

As pessoas que possuem uma mentalidade de crescimento, ou seja, um mindset de crescimento, superam suas dificuldades, encaram os erros como oportunidades de aprendizados, abraçam desafios, são esforçadas, aceitam críticas, são persistentes e capazes de inovar e aceitar mudanças.

Não ficam estagnadas, estão sempre vencendo desafios, superando os próprios limites, acreditam que podem desenvolver habilidades e competências ao longo de suas vidas, não acreditam em dons. Por terem um mindset de crescimento nunca desistem, persistem e acabam vencendo. Essas pessoas acreditam em si mesmas, na vida, nos outros, são dedicadas e focadas, buscam incessantemente aperfeiçoar suas habilidades, adquirir novos conhecimentos e vencer suas próprias limitações para terem sucesso.

Gostaria que parasse neste momento e refletisse sobre as seguintes questões:

Eu possuo um mindset fixo? Quantos na minha família possuem um mindset de crescimento?

Quantos de nós estão dispostos a adquirir uma nova mentalidade?

Os pais maduros possuem um mindset de crescimento e dominam com ousadia os desafios cotidianos, o que torna o ambiente familiar interessante, estimulante, agradável, harmonioso e participativo, pois são pais que estão em constante evolução, reflexão e desenvolvimento de suas habilidades e competências.

Dessa forma, cabe aos pais refletirem sobre a importância de atualizarem o seu mindset, pois segundo a doutora Carol o nosso mindset pode ser alterado, podemos mudar a nossa programação mental e nos libertar de crenças limitantes e alimentar crenças fortalecedoras. Os modelos mentais de cada pai ou mãe influenciam no comportamento e na maneira como trabalham e se relacionam com os seus filhos, funcionários, amigos etc.

Exemplos de crenças limitantes que reinam nos modelos mentais fixos:

– Esses jovens não querem nada com nada;

– Meu filho é limitado;

– Meu filho é um preguiçoso;

– Meu filho é indisciplinado, usa drogas e não tem mais jeito!

A crença limitante reina na mentalidade fixa e promove a reclamação, lamentação, procrastinação, estagnação e a inércia. Ora, se acredito que os meus filhos são limitados, preguiçosos, não têm jeito e não querem nada com nada, não tenho o que fazer a não ser lamentar.

Exemplo de crenças fortalecedoras que reinam nos modelos mentais de crescimento:

– Que tipo de diálogo terei com meu filho para ele se interessar em me ajudar com os deveres de casa?

– Que tipo de diálogo terei com meu filho para garantir que ele não use drogas?

– Que tipo de postura terei para garantir um relacionamento verdadeiro, profundo e sincero com o meu filho?

A crença fortalecedora reinante na mentalidade de crescimento promove a inovação. Por meio de perguntas desafiadoras podemos buscar e encontrar soluções.

A doutora Carol, em seu livro *Mindset: a nova psicologia do sucesso*, afirma que o mindset de crescimento pode ser ensinado para qualquer pessoa. Quando o pai ou a mãe tem um mindset fixo, eles não investem nos filhos e nas pessoas que os cercam. Quando o pai ou a mãe tem um mindset de crescimento, eles compreendem que o talento dos seus filhos é apenas um ponto de partida, acreditam que qualquer criança ou adolescente pode crescer e se aperfeiçoar por meio de dedicação e esforço e eles são mais comprometidos com o desenvolvimento de seus filhos e com o próprio. Oferecem no dia a dia com os filhos diálogos pautados no desenvolvimento humano e educacional notam melhoras no desempenho dos filhos e recebem bem suas críticas, têm consciência de que não existe adolescente pronto e por isso ele precisa treinar, capacitar seus filhos para que tenham entusiasmo para aprender, dão abertura para dar e receber feedback e desenvolvem nos filhos a habilidade para enfrentar e superar os obstáculos inerentes ao ato de viver.

Para atualizar o seu mindset, você precisará ter consciência sobre a importância de quebrar suas velhas crenças e da necessidade de reformular os seus pensamentos. Será preciso abandonar o pessimismo determinista que rotula as crianças e jovens e adotar o otimismo estimulador.

"O que acreditamos gera nossos pensamentos. Os pensamentos geram sentimentos. Os sentimentos geram ações. E as ações geram os resultados!" (MENTRING, 2016)

Pare e pense:

Fique em silêncio por um instante. Ouça e identifique suas crenças. Descubra se seu mindset é fixo ou de crescimento. Relembre fatos do passado e verifique como eles influenciam sua vida no presente. Se observe e, caso tenha um mindset fixo, negativo, saiba que pode alterá-lo. Você pode e deve otimizar o seu mindset e o dos seus filhos.

Para você ter sucesso no relacionamento com os seus filhos, será preciso mudar o seu mindset e o mindset deles. Será preciso dar um upgrade na sua mente e na dos seus filhos.

Como fazemos com os nossos computadores, podemos aplicar uma atualização nas nossas crenças para aprimorar a qualidade da nossa vida.

Quando somos capazes de fazê-lo, a qualidade da educação que ofertamos para as nossas crianças e jovens atinge patamares extraordinários.

Nós só precisamos obter clareza sobre a direção a seguir, superar nossas crenças limitantes e nutrir a motivação certa para agir em todo o processo educativo como pais maduros.

Leia e reflita:

"Sonhos não se tornaram realidade só porque você sonhou. É o esforço que faz as coisas acontecerem. É o **esforço que cria mudança**."
Shonda Rhimes, roteirista.

"**Oportunidades** não surgem. É **você que as cria**."
Chris Grosser, fotógrafo.

"Mantenha seus medos consigo, mas **compartilhe sua coragem** com os outros."
Robert Louis Stevenson, romancista

"É impossível progredir sem **mudança**, e aqueles que **não mudam suas mentes**, não podem **mudar nada**."
George Bernard Shaw, dramaturgo

"O sucesso é a **soma de pequenos esforços repetidos** dia após dia."
Robert Collier, escritor

"**Geralmente nos mudamos** por um dos dois motivos: inspiração ou desespero."
Jim Rohn, empreendedor

"**Você é a média das cinco pessoas** com quem gastou mais tempo."
Jim Rohn, empreendedor

Fique atento:

Crenças fortalecedoras, pensamentos positivos, empenho e uma boa autoestima são as chaves para conquistarmos o que quisermos! Com uma pitadinha de criatividade e **resiliência** para superarmos e ressignificarmos os problemas difíceis, aprendendo com cada experiência, podemos alcançar um nível de força e preparo emocional sem igual.

Esse é o mindset de crescimento, sempre buscando inovar e expandir-se.

VOCÊ É RESPONSÁVEL POR SUA FORMA DE PENSAR, ELA NÃO É ESTÁTICA, PODE SER TRABALHADA E DESENVOLVIDA. PERMITA-SE ALCANÇAR SEU POTENCIAL, NÃO LIMITE-SE. O PODER DE MUDANÇA ESTÁ EM SUAS MÃOS, ESCOLHA UM MINDSET DE CRESCIMENTO!

Agora, após compreender o conceito de mindset, pare e pense:

No que você acredita que o impede de ser feliz? O que gostaria de mudar em sua mentalidade? O que te impede de ter um bom relacionamento com seus filhos ou seus pais? Seria a falta de autoconfiança, a autossabotagem, o medo, a culpa, a rejeição, ou o desconforto? Gostaria de mudar a falta de controle emocional que possui? Pois bem, eu digo a você que é possível!

Lembra-se de quando lhe disse que tudo não passa de decisões? Com as estratégias que lhe ensinarei você poderá transformar seu mindset imaturo para o modo maduro.

A questão é, se sabemos o que nos maltrata, o que nos angustia e o que faz mal para nossos filhos, porque repetimos comportamentos imaturos diariamente? Você precisa mudar a sua mentalidade para amadurecer emocionalmente.

Ser aberto a mudanças dos pontos de vistas que possui é o primeiro passo para transformar seu mindset. Observar a vida com outros olhos, conseguir contemplar a beleza dos relacionamentos que você possui é o segundo passo.

Por exemplo, se você possui crenças limitantes, seu cérebro sempre irá reforçar essa crença quando algo novo acontecer entre você e seus filhos. Suponhamos que você tenha a crença de que "filhos são ingratos e abandonam os pais", logo seu inconsciente envia a mensagem para seu consciente como: "De que adianta me dedicar tanto aos meus filhos se eles irão embora mais cedo ou mais tarde?". Desta forma, você sempre continua agindo com indiferença, sendo roubado do seu convívio com seus filhos, do amor que constantemente negará a eles, afinal você acredita fortemente que quando eles crescerem, eles irão embora e te abandonarão de qualquer maneira.

Reverter esses pensamentos é imprescindível para que você atinja uma mudança mental que transforme o seu mundo interno e externo também, ou seja, o relacionamento com seus filhos.

Um segredo inédito sobre esse tema é aplicar o que o apóstolo Paulo de Tarso ensinou em um dos seus livros quando disse:

"Pois o que faço não é o bem que desejo, mas o mal que não quero fazer, esse eu continuo fazendo" (Romanos 7:19-25).

Que magnífico!

Quer dizer que devo fazer o que não quero e ignorar os pensamentos contrários e sentimentos enganosos de crenças limitantes e opiniões formadas? Sim, exatamente isso!

Deixe-me esclarecer melhor, "o que faço não é o bem que desejo" trata dos sentimentos que você deve adotar, mas que ainda não consegue. Por exemplo, se você tem a crença limitante de que seus filhos são ingratos e que irão embora quando crescerem, logo você não quer dar amor a eles, não quer dialogar nem se dedicar a eles como eles merecem, pois ter essas atitudes de amor em sua concepção é mal, te contraria e fere seu ego, certo? Pois bem, "o que faço não é o bem que desejo" (deseja amar, dedicar-se e importa-se) com seus filhos, é isso que deverá fazer, repetidamente, até que se torne um hábito e você entre no modo automático!

Parece complicado, mas é você quem decide se mudará sua mentalidade ou não. Sabemos que nenhuma guerra é vencida sem batalhas, portanto você deverá sair da zona de conforto e confrontar esses sentimentos ruins, para ganhar o relacionamento com seus filhos e a tão desejada maturidade.

Tal atitude é inteligentíssima!

Uns chamam essa atitude de mudança de mente, outros de o segredo, mas a verdade é única, mudança de mindset emocional para o modo maduro depende da sua vontade, da sua decisão e de como você irá trabalhar para alcançar isso que deseja.

Pois bem, então você deve reverter seus pensamentos de crenças limitantes para crenças fortalecedoras, ignorar sentimentos contrários. O fato é, você não deve esperar um milagre cair do céu e fazer o trabalho por você. Milagres existem? Sim, existem, mas a nossa parte quem faz somos nós!

Quando você transformar sua mentalidade, tudo e todos ao seu redor também irão mudar, a sua realidade nos relacionamentos com seus filhos mudará, tudo depende de você!

Não olhe para o fim da caminhada, mas viva cada etapa dela, dia após dia, com o lema: só por hoje.

Para a palestrante Cris Franklin

> essa técnica se chama "bater o martelo" quando você decide utilizar as habilidades que possui para tomadas de decisões que influenciarão a sua vida e de outras pessoas.

Ela explica que quando um juiz bate o martelo, a decisão está tomada e ele não pode voltar atrás. Assim devem seguir suas atitudes em mudar sua mentalidade emocional, de imatura para madura. Bata o martelo!

O cérebro é um músculo que precisa de treinamento. Algumas informações que ouvimos e aprendemos nem sempre são captadas imediatamente, por isso precisamos de treinamento e hábito, para assimilar e educar o cérebro. Esta técnica de mudar o mindset fará você crescer rapidamente e amadurecer, pois pessoas maduras decidem mudar de caminho quando notam que o que estão utilizando não as levaram a lugar nenhum.

Cris Franklin ainda afirma que

> bater o martelo deve ser todos os dias em pequenas e grandes decisões, desde ir para academia até em fazer ou não um curso de inglês, reatar aquela amizade ou seguir em frente.

Ser ou não ser, eis a questão, contudo, alterar o modo imaturo para o maduro é decidir ser um pai melhor para seus filhos, dia após dia.

Avalie o seu mindset, o seu estado emocional, psicológico. Avalie suas crenças e valores. Como você está se sentindo? Feliz? Infeliz? Como os seus filhos se sentem aos seu lado? O que você pode fazer para melhorar o relacionamento com eles?

Mudar o seu mindset é possível, os primeiros passos para amadurecer são escolher os valores que moldarão a sua vida, como a alegria, a paciência, a tolerância, tomar pequenas decisões, deixar de economizar gestos e atitudes de amor, compreensão e afeto no relacionamento com seus filhos. É investir hoje para colher os resultados amanhã.

Capítulo oito

Pais imaturos criam filhos imaturos, inseguros, deprimidos, frágeis ou tirânicos e não observam como estão se formando a personalidade e o caráter do seu filho

Não há maior necessidade na infância do que sentir a proteção dos pais.
Sigmund Freud

Vimos nos capítulos anteriores que pais imaturos contribuem para criar filhos imaturos, incompetentes e dependentes.

Alguns sentimentos que os pais sentem, como culpa, falta de tempo, preguiça e problemas emocionais, dão poderes a eles para excederem os limites de um bom comportamento, criando verdadeiros tiranos.

A atriz Márcia Santos, em entrevista ao site Vix, explica sobre as características de filhos tiranos. Vejamos:

> Filho tirano é aquele que com nossa "aprovação e consentimento" vai, aos poucos, tentando (e conseguindo) tomar o controle da nossa vida, da casa e do cotidiano. Sem se dar conta, você está administrando seus atos e compromissos em função do comportamento dele. Inconsciente, por culpa, preguiça, falta de tempo etc. você vai obedecendo às regras estabelecidas por ele, ditadas por meio de choro, gritos, chantagens, barulhos, desordem, rebeldia, desobediência e diversas formas de interferência no seu dia a dia.

A verdade é que educar os filhos vai além de apenas sustentá-los e realizar seus caprichos. Como já sabemos, educar os filhos é uma missão dada a cada pai e a cada mãe. Uma missão que deve ser realizada do mesmo modo que um artista esculpe uma obra de arte. Com cuidado, dedicação, paciência, sabedoria e amor.

Nenhum poder ou autoridade é dado aos filhos sem antes ser consentido pelos pais. Os filhos tornam-se o espelho das nossas atitudes.

> Um filho tirano é aquele que exige que seus desejos sejam sempre satisfeitos. Não respeita os outros, não aceita limites, quer atenção o tempo todo, não suporta ser frustrado (A TIRANIA DOS FILHOS: O PRÓPRIO FILHO É TIRANO?)

Quando falamos sobre imaturidade dos pais, que consequentemente geram filhos imaturos, devemos compreender também o que leva os pais a terem tais atitudes.

Os motivos mais comuns se dão pelas oscilações de humor dos pais, a instabilidade emocional, os vendavais das desilusões, enganos e decepções ou até mesmo a solidão. Pais imaturos formam filhos tiranos porque, na maioria das vezes, estão cansados, esgotados ou culpados pela ausência deles no relacionamento com os filhos.

Alguns pais dizem "sim" querendo dizer "não". Após um dia de luta, com uma louca correria para conquistar o sustento e deixar as contas pagas, educar os filhos torna-se um fardo pesaroso.

Somente pais maduros emocionalmente encontram forças para continuar a jornada de trabalho, que é educar os filhos quando chegam em casa, depois de um dia de trabalho estressante e exaustivo.

Há também o caso dos pais que estão o dia todo com os filhos e ainda assim não têm energia e vigor para educá-los. Isso pode ocorrer devido à falta de liderança, além de inércia, frustrações e anseios não realizados.

Quem nunca ouviu que "quem trabalha em casa trabalha o dobro"? Neste caso, todas as emoções podem estar focadas no futuro, então o presente passa despercebido e o "aqui e agora" é doloroso de encarar. Para alguns pais, deixar a mente vagar em sonhos mirabolantes é o jeito mais fácil de viver.

Eles esquecem ou simplesmente ignoram que seus filhos estão ali, que a realidade é aquela e que necessitam dar atenção e amor aos seus pequenos ou grandes filhos.

Sempre existem os dois lados da moeda, o muito e o pouco, o frio e o quente, o feliz e o triste. Como pais, precisamos nos adaptar e saber lidar com as emoções para criarmos filhos maduros, equilibrados e felizes.

Não há mais tempo de viver em vão, jogados ao léu, esperando que a sorte nos favoreça em dar-nos filhos bem-sucedidos e felizes sem que tenhamos parte nisso.

Pais maduros sabem que, ainda que passem a maior parte do tempo fora trabalhando, ou se estão dentro de casa, precisam dedicar-se de corpo e alma às tarefas que a vida lhes propôs.

Se o que temos para hoje é a tarefa de sermos bons pais, que o sejamos! O rei Salomão, considerado o rei mais sábio da história, escreveu algo interessante que diz o seguinte:

> Para tudo há uma ocasião, e um tempo para cada propósito debaixo do céu: tempo de nascer e tempo de morrer, tempo de plantar e tempo de arrancar o que se plantou, tempo de matar e tempo de curar, tempo de derrubar e tempo de construir, tempo de chorar e tempo de rir, tempo de prantear e tempo de dançar, tempo de espalhar pedras e tempo de ajuntá-las, tempo de abraçar e tempo de se conter, tempo de procurar e tempo de desistir, tempo de guardar e tempo de lançar fora, tempo de rasgar e tempo de costurar, tempo de calar e tempo de falar, tempo de amar e tempo de odiar, tempo de lutar e tempo de viver em paz. (Eclesiastes 3:1-8)

Quantos pais estão mergulhados na inércia, acreditando que o momento atual é para sempre?

Se hoje somos pais, vivamos este momento em sua plenitude com competência. Não dá para retroceder e negligenciar as responsabilidades com nossos filhos com excessos de mimos e falta de limites ou excesso de exigências, ambas posturas deformam a personalidade deles. O fato é que eles não pediram para nascer, nós os geramos, e eles estão aqui agora, necessitam de nossos cuidados, de nossa proteção, de amor, maturidade e educação.

Eles precisam de nós!

Pais imaturos criam filhos tiranos, frágeis e imaturos emocionalmente porque não querem enxergar que dependem deles a tarefa mais importante de suas vidas: orientar, motivar, inspirar e cuidar de outro ser.

Quando uma criança nasce, ela não é tirana, nós causamos isso na personalidade dela. Preste atenção nesta história:

Ângelo casou-se e teve dois filhos. Ele vivia preso ao passado, não conseguia enxergar os filhos crescendo e notar a necessidade que os filhos tinham do pai (ainda que eles não soubessem expressá-la).

Ângelo trazia o pão e o leite das crianças todos os dias. Chegava em casa tarde da noite e ligava o rádio alto. Não perguntava nada para os filhos. Colocava músicas da época de sua juventude e lá viajava nas lembranças.

E seus filhos? Eles estavam na mesma casa que ele, mas Ângelo não estava ali, estava revivendo seu passado.

Claro que os filhos dele tornaram-se frágeis, carentes e tiranos.

"O erro dos pais é acharem que suas ações não refletem em seus filhos."

Diego Saraiva Batista

Precisamos despertar nossa consciência, operar uma verdadeira revolução interna, abrir o coração, enxergar nossos erros e adotar novas posturas, expressar mais amor e escolher novos rumos.

Capítulo nove
Pais imaturos não sabem como os valores morais e sociais são formados e influenciam a personalidade e o caráter do seu filho

Após um dia de trabalho exigente, onde enfrentei e driblei muitas emoções, medos, dúvidas e gastei muita energia vou para casa. E então você pensa que eu chego e me assento no sofá para ler um jornal ou assistir televisao? Não. Eu chego ainda com a roupa do trabalho e vou fazer o dever de casa com meus filhos. Em seguida, jantamos todos juntos e dialogamos sobre o dia de cada um e sobre as dificuldades que enfrentamos. Então vamos para o quarto, leio uma história para as crianças, oramos e eles adormecem. É assim todos os dias, então depois dessa jornada ainda com a roupa do trabalho você deve imaginar que agora então irei descansar não é mesmo? Não, agora é a vez da mãmae e, por último, é a minha vez!

Paul Whasher

Nós somos os maiores responsáveis pelas mudanças. As decisões que tomamos ou deixamos de tomar nos guiarão para algum caminho, e este trará suas consequências.

Como afirma Tony Robbins, e concordo com ele, "são suas decisões e não suas condições que determinam seu destino", e consequentemente o destino dos nossos filhos.

Pais maduros devem compreender que no "agora" o que mais importa são os filhos, que eles devem estar em primeiro lugar em suas vidas e que é possível equilibrar a vida familiar com a profissional.

Pais maduros entendem que viver o hoje dando o melhor de si é importante para o relacionamento entre pais e filhos.

Pais imaturos são enfadados e desatentos, não têm esperança de dias melhores, mas se jogam em um oceano de fugas. Estas em sua maioria ocorrem estando presente com os filhos. Esses pais mergulham nos celulares, na televisão, no encontro com os amigos, no futebol, nas academias, manicures, cabelereiros, shoppings etc.

Pais imaturos, quando os relacionamentos amorosos com seus cônjuges não vão bem, decidem se afastar de seus filhos, buscam mil afazeres para não retornar para casa e enfrentar a responsabilidade de educar os filhos, e estes por sua vez ficam perdidos, abandonados, à mercê de terceiros para serem guiados pela jornada da vida. Pais imaturos desconhecem que seus exemplos formam o caráter e a personalidade deles.

Precisamos ser exemplos a serem seguidos por nossos filhos. É verdade que "uma atitude vale por mil palavras", portanto esqueça a frase "faça o que eu digo, não o que faço". Esse lema não cola mais, nossos filhos querem pais que os ensinem valores morais, necessitam disso ainda que não saibam pedir.

Quando um filho cresce sem orientação e sem valores morais, ele percebe o quão deficiente tornou-se nessa área. Veja o que este rapaz disse para sua mãe:

– Mãe, porque você não me obrigou a estudar? Porque todas as vezes que eu me negava, fazia corpo mole e dava desculpas você não foi firme e me obrigou a ser estudioso? Porque não me deu uma surra quando você tinha que me buscar na diretoria todas as semanas? Veja, até hoje não me formei no colegial! Porque você não me obrigou a escovar os dentes diariamente? Veja quantos dentes me faltam hoje! Eu era pequeno demais para compreender que devia higienizar minha boca, você precisava ter me ensinado e obrigado a ter este hábito!

O garoto dessa história disse isso para sua mãe quando estava com 26 anos. Ele reclamava que sua mãe era permissiva, distraída e preguiçosa.

Para ela tudo era cansativo, trabalhoso e duro demais, ela preferia deixar como estava a arregaçar as mangas e fazer o correto. Assim era também com os deveres da casa, com as responsabilidades e higiene pessoal.

Seus filhos seguiram seus exemplos, não possuíam o habito de escovar os dentes, e um deles, com menos de 30 anos, já estava sem seis dentes. Não eram bons pagadores, pois ela também não era. Os credores viviam em sua porta sendo enxotados sem receber, ouvindo desculpas esfarrapadas. O filho retratado aqui até hoje possui dificuldades em pagar as contas em dia.

Os valores morais dessa mãe influenciaram completamente os filhos. Pais imaturos não ensinam a importância dos valores morais, não se esforçam para mudar pensando apenas neles próprios e não nos filhos.

Educar vai além de palavras, punições, castigos e surras. Quanto aos valores sociais como o respeito ao próximo, o diálogo, a honestidade e o bom relacionamento contribuem para um convívio entre as pessoas em sociedade. A cordialidade, a educação e o respeito são destaques para uma harmonia social.

Precisamos ser pessoas amáveis e sociáveis para conviver de forma feliz em nossa família, no trabalho entre amigos etc. E o diálogo é o número um da lista de como resolver problemas e conflitos nos relacionamentos familiares e espalhar o respeito. Respeitar as etnias, religiões, orientações sexuais e raças são imprescindíveis para ensinar valores sociais aos nossos filhos. Veja esta história:

João Felipe cresceu ouvindo seu pai, João Marcos, gritar com os vendedores ambulantes no portão, recusando brutamente os produtos oferecidos. Se alguém precisasse do seu pai para uma carona, ou ir ao médico, João Marcos discursava egoisticamente dizendo não, ele sempre dizia não para tudo.

Não porque ia gastar sua gasolina, não porque estava ocupado, não porque ele não queria, ou porque a pessoa não merecia.

Ele não favorecia à ninguém, era grosseiro, mal-educado, não era sociável. Ninguém queria ficar perto de João Marcos, pois ele sempre estava carrancudo, mal-humorado, não ajudava ninguém. Além desses defeitos horríveis, ele também era avarento, não emprestava nem um saco de lixo usado, não queria doar roupas usadas e tinha grande problema em ouvir e muito mais ver a dor do outro.

O que você acha que aconteceu com João Felipe? Esse garotinho cresceu com esses valores morais e sociais, e hoje possui grande dificuldade em se relacionar. Não consegue permanecer em nenhum emprego por causa de sua grosseria e falta de educação. "Bom dia", "boa tarde" e "como vai?" não fazem parte do seu vocabulário. Não sabe dividir nada que tem, não faz favor a ninguém, nem para o seu próprio pai. É agressivo e, quando alguém pede algo, escurraça a pessoa sem ceder, com discursos agressivos exatamente como fora influenciado por seu pai.

Pais imaturos não refletem e não se importam com os exemplos que estão dando para os filhos. Pais maduros, ao contrário, tratam de ser os melhores exemplos para moldarem um bom caráter e uma excelente personalidade neles.

Pais maduros sabem que, para serem um bom exemplo para os filhos, precisam escolher o crescimento pessoal como força motivadora, aprender a ter o domínio de si mesmos, ser responsáveis pelo controle das próprias emoções e resgatar valores, como o amor próprio.

Gostaria que nesse momento você refletisse sobre o conceito de amor de acordo com o doutor Wayne W. Dyer apresentado em seu livro *Seus pontos fracos*:

> Amor – capacidade e disposição para permitir que aqueles que você ama façam suas próprias escolhas, sem insistir para que o satisfaçam. Como chegar a esse ponto? Amando a si mesmo, acreditando que você tem valor, que você é importante! **Você aprende a amar a si mesmo** e de repente se vê **capaz de amar os outros, de dar, de fazer algo pelos outros**, fazendo primeiro por si. O que você faz não visa agradecimentos ou compensações; você o faz pelo genuíno prazer que sente ao ajudar ou amar alguém. Como dar amor se você não se valoriza, não gosta de si mesmo, se não vale nada? Se você não pode dar amor, também não pode receber... de que vale o amor dedicado a uma pessoa que não tem valor?

A questão de resgatar valores morais e ser um bom exemplo a ser seguido começa com a recuperação do amor próprio. Para dar e receber amor, primeiro precisamos aprender a nos amar, então nesse momento se autoavalie.

As crianças aprendem através do comportamento, das suas palavras e ações, com os seus exemplos. Se você tem autoestima baixa, ensinará a seus filhos a adotarem para si uma atitude idêntica. Se você é grosseiro, ensinará a seus filhos a serem grosseiros e assim por diante.

A missão dos pais é despertar os valores e o poder pessoal ilimitado que reside no coração dos filhos para que realizem seus sonhos e sejam felizes.

Capítulo dez

Pais imaturos não sabem como os fatores sociais, culturais e psicológicos influenciam na maneira de sentir, pensar e agir do seu filho

> *Uma rosa obtém sua fragrância em suas raízes,*
> *e a vida de um adulto obtém sua fortaleza na sua infância.*
>
> Austim O. Mally

Os fatores sociais e psicológicos interferem na formação da personalidade, na maneira de ser das crianças e adolescentes.

> A explicação mais exata sobre essa interferência vem do sociólogo Emile Durkheim, que define fato social como maneiras de agir, de pensar e de sentir que exercem determinada força sobre os indivíduos, obrigando-os a se adaptar às regras da sociedade onde vivem. São os instrumentos sociais e culturais que o obrigam a se adaptar às regras da sociedade. (RIBEIRO)

Nesse contexto, precisamos considerar as mídias sociais como um fato social que de forma direta e indireta têm interferido na vida das crianças e jovens, principalmente como espaço de relacionamento, entretenimento e compartilhamento. Elas diariamente mergulham em um mundo sem fronteiras e seu uso positivo ou negativo depende de cada família e sua orientação e supervisão.

O Facebook, por exemplo, tornou-se uma mídia social muito poderosa. Segundo alguns especialistas, quando as crianças e jovens ficam muito tempo conectadas, o seu mundo psicológico e emocional é afetado, tornam-se mais impulsivas, narcisistas e menos preocupadas com os outros.

De um lado, as mídias promovem a divulgação de informações, o contato com milhões de pessoas e, de outro, promove a liquidez das relações pessoais e o aumento da infelicidade.

Segundo o doutor Michael Rich, pediatra americano, as telas estão roubando um tempo precioso da criança – o tempo do brincar, uma atividade fundamental para o desenvolvimento infantil em todos os aspectos, físico, emocional, cognitivo, social e espiritual.

Especialistas e organizações internacionais em saúde infantil afirmam que o uso de redes sociais aumenta o risco de depressão, estresse e ansiedade entre adolescentes. Trata-se de um fenômeno global. O jovem que utiliza as redes de seis a oito horas por semana tem 47% mais chances de baixar a autoestima, sentir-se infeliz, apresentar hiperatividade, obesidade, dificuldade de concentração e foco, agressividade, comportamento antissocial e, o mais grave, apresentar distúrbios do sono, alterações da visão, riscos auditivos, disfunções posturais e articulares, dificuldades de socialização, agressividade, bullying, dependência, sofrer uma diminuição nas reações emocionais, isto é, sofrer o efeito de dessensibilização dos sentimentos, pois, expostos a vídeos, artigos, filmes, jogos, textos sobre violência, passa a encarar o mundo como sendo violento por natureza.

> Nós fomos viciados. Porque mais de quarenta anos de pesquisa psicológica comportamental conseguiram descobrir toda nossa irracionalidade. E como alcançar ela. E todos os engenheiros sociais do Vale do Silício passam o dia se esforçando para introduzir esses conceitos em seus produtos. Maneiras de acessar nosso cérebro inconsciente e ativar o interruptor do centro de prazer e recompensa. Só o suficiente para que continuemos voltando incessantemente a uma ferramenta que nos causa mal (FELIX).

Os pais precisam ficar atentos ao uso que os filhos fazem das mídias sociais, pois elas influenciam sua maneira de pensar, sentir e agir e estão causando terríveis danos.

> O dr. Cristiano Nabuco de Abreu, psicólogo e coordenador do Grupo de Dependência Tecnológicas do Instituto de Psiquiatria do Hospital das Clínicas de São Paulo, acredita que a situação é preocupante, explica que o processo de amadurecimento cerebral é finalizado somente após os 21 anos. Ele adverte a todos os pais que existem operações mentais que precisam naturalmente ser feitas e o grau de estimulação de um tablet desrespeita essa "ecologia", essa natureza de desencadeamento da lógica. Quanto mais a criança ficar exposta

a tecnologia, piores serão suas funções cognitivas, como a memória e desenvolvimento da atenção (NABUCO, 2016).

Não podemos impedir que os nossos filhos utilizem as mídias sociais, mas temos o dever de ter clareza sobre os efeitos em suas vidas e de supervisionar o seu uso. Ignorar que há uma influência avassaladora é uma postura imatura.

Precisamos compreender e ensinar aos nossos filhos – sem ignorar a verdade da grande apelação das mídias sociais, programas de TV, cinema e o risco do seu uso indevido deturpar o caráter e a personalidade deles – que, para sobreviver neste século, eles precisam moderar o uso dos celulares, tablets e computadores que estão à sua disposição.

Precisamos ter claro, como afirma o filósofo Berman, que tudo o que era sólido se desmanchou no ar, tudo o que era sagrado foi profanado, e as pessoas são finalmente forçadas a encarar uma nova realidade.

O filósofo acredita que "não sabemos como usar o nosso modernismo; nós perdemos ou rompemos a conexão entre nossa cultura e nossas vidas" (BERMAN, 1986).

Vivemos em uma sociedade de consumidores, onde os indivíduos perderam suas raízes. Vivemos a era da economia da atenção, "essa foi a base sobre qual a internet se construiu e conseguiu se monetizar. As propagandas (*ads*) on-line que ainda movem grande parte do lucro dos sites pagam de acordo com essa lógica. Quanto mais acessos (*views*) um site consegue, mais ele recebe. E quais sites recebem mais visitas? Os mais eficazes em conquistar sua atenção. Isso levou a vários problemas como as manchetes enganosas, notícias escolhidas a dedo para gerar indignação, as listas do Buzzfeed. Todas estratégias buscando mais cliques. Ganha quem for capaz de criar um hábito, quem conquista o tempo do usuário. (FELIX)

Vivemos também a era das celebridades, com exposições exageradas nas mídias, uma identidade volátil e instável ditada pela moda, consumismo, uma liberdade opressora, uma vida a crédito, na qual gastamos mais do que podemos, fazendo dívidas e com a exclusão de quem não consegue se distinguir. Precisamos deixar de ser reféns da tecnologia e da publicidade.

Como afirma a filósofa Viviane Mosé,

> precisamos urgentemente ensinar aos nossos filhos a lidar com explosão da informação compartilhada. Eles precisam aprender a filtrar, interpretar, escolher informações para sobreviver nesse século.

Atualmente as crianças e jovens têm acesso a todo tipo de conteúdo produzido em rede. Isso é bom? Ruim? Depende.

Nas redes encontramos de tudo, conteúdos saudáveis e não saudáveis, inclusive conteúdos que promovem a morte, como o jogo da Baleia Azul, disputado pelas redes sociais, que propõe desafios macabros aos adolescentes, ou como o Tumblr, uma plataforma de blogging de adolescentes, que funciona como uma verdadeira escola para a automutilação, uso de drogas e outras práticas autodestrutivas e é um terreno fértil para pedófilos, além de tantas outras plataformas de exposição da violência que promovem a insensibilização crescente diante do impacto do absurdo.

Os pais precisam ensinar os filhos a serem capazes de fazer escolhas que não os prejudiquem.

Como afirma a filósofa Mosé os jovens precisam

> selecionar inclusive as informações recebidas pelos próprios amigos. Não acreditar em todas as informações advindas das mídias e do seu próprio grupo.

Se os pais compreenderem o alto grau de influência das mídias sociais na maneira de pensar e sentir dos filhos será mais fácil orientá-los.

Os pais precisarão ter sabedoria para perceber as influências que a sociedade causa na vida de seus filhos, e ajudá-los a lidar com as apelações psicológicas negativas e positivas, ambas prejudiciais.

É preciso ter cuidado também com as mídias que exibem padrões absurdos de felicidade que o ser humano deve ter para sentir-se pleno.

Um bom exemplo são como as mulheres devem ser lindas, magras e submissas e de como os homens devem ser machos, conquistadores e profissionalmente muito bem-sucedidos, verdadeiros heróis e campeões. Outro exemplo é como o relacionamento homossexual está sendo promovido como um estilo de vida "alternativo" e de certa forma essa experiência virou modismo entre os jovens.

Nesse sentido a orientação, o diálogo com os pais sobre esses temas é sumariamente importante para evitar imensas tragédias, pois muitos jovens motivados pelo modismo violam seus princípios e não dão conta de carregar seu emocional destruído.

No mundo atual muitas crianças e jovens crescem com ideais falsos, e se por ventura não fizerem parte desses estereótipos, são rejeitados, sofrerão bullying e terão baixa autoestima, insegurança, medos e depressão.

Pais maduros ensinam desde cedo e previnem seus filhos contra esses males, e quando percebem que seus filhos estão cabisbaixos, desanimados ou sofrendo algum tipo de transtorno emocional ou psicológico, são capazes de dialogar com eles e ajudá-los.

Poucas pessoas conseguem atingir os padrões de beleza e sucesso que as mídias, os comercias e a cultura do nosso país mostram como o ideal de felicidade.

Pais maduros devem treinar seus filhos para esse tsunami de exigências e cobranças que a sociedade impõe, eles devem saber aceitar-se como são, amar-se e sentir prazer em pequenos detalhes que a mídia não exibe!

O papel dos pais é proteger seus filhos e prepará-los para essa anarquia de exploração de sentimentos que pressiona crianças e adolescentes em todo tipo de propaganda e marketing.

Pesquisas[2] relatam que o ser humano é 95% emoção e apenas 5% razão. Os pais devem ter em mente que são os 5% que seus filhos deverão utilizar para qualquer tomada de decisão após refletir, sentir e pensar sobre o mundo em que estão vivendo.

Pais maduros não ignoram a exploração dos sentimentos por todos os canais de comunicação e sua banalização, ensinam os filhos a se protegerem das técnicas de persuasão e vendas, e seus gatilhos mentais, normalmente apresentados como ferramentas de persuasão infalíveis em anúncios na internet, em materiais promocionais e no discurso dos melhores vendedores das mídias sociais.

Pais maduros ensinam os filhos a gerenciar as próprias emoções e a não serem influenciados pelos gatilhos mentais dos outros. Você tem ideia do quanto isso é importante?

Todo homem é racional, mas todas as vezes que ele se deixa dominar pelas emoções corre um grande risco de agir de maneira compulsiva e impulsiva se não conseguir dominar a si mesmo e pensar antes sobre as suas escolhas.

A missão dos pais é induzir seus filhos e extrair deles o melhor que há em seu interior e incentivá-los a refletir antes de qualquer ação! Assim, ensinar

---

[2] BARONE, Suellen. Como você toma decisões? *Somos todos um*. Disponível em: <https://www.somostodosum.com.br/clube/artigos/autoconhecimento/como-voce-toma-decisoes-46240.html>. Acesso em: 21 nov. 2017.

sobre a importância do controle das emoções é fundamental para uma vida mais feliz. As emoções ajudam a construir o amor, mas se forem negligenciadas constroem o ódio e o rancor. E para finalizar este capítulo gostaria de compartilhar com você uma reportagem que ouvi.

Em uma certa cidade, uma garota de 13 anos postou sua foto nua nas redes sociais. Bonita, cabelos longos loiros, olhos verdes, com um corpo exuberante em desenvolvimento, foi completamente retalhada por alguns garotos. Desdenharam as fotos dela, fizeram um bullying terrível dizendo que ela era feia, gorda, que tinha celulite, entre outras mentiras. Se a intenção daquela jovem era ser admirada nas redes sociais, sua missão fracassou. Desgostosa com os comentários dos colegas da escola, ela se suicidou.

Por isso, atualmente ensinar os nossos filhos a pensar, refletir antes de agir, de falar, controlar os impulsos, analisar os riscos e os perigos a que estão expostos, como devem se comportar diante das mídias, é garantia para a sobrevivência neste século.

É preciso estar atento, dialogar muito e identificar sinais de angústia ou depressão, buscar indícios de automutilação e não romantizar as tragédias.

> "Viver é difícil. Heroísmo é sobreviver,
> é ficar no mundo e ajudar os outros, não ir embora."
>
> Mário Corso

Capítulo onze

Pais imaturos não conhecem a si mesmos e não ensinam os seus filhos a se conhecerem

As pessoas gastam uma vida inteira buscando pela felicidade; procurando pela paz. Elas perseguem sonhos vãos, vícios, religiões, e até mesmo outras pessoas, na esperança de preencherem o vazio que as atormenta. A ironia é que o único lugar onde elas precisavam procurar era sempre dentro de si mesmas.

Ramona L. Anderson

O grande problema de alguns pais é que eles, apesar das suas imensas responsabilidades e carreiras, no fundo se encontram insatisfeitos consigo mesmos. Raramente examinam a própria vida e descobrem o que os limitam, porque muitas vezes são apenas uma fração do que poderiam ser. Muitos não alcançam todo o seu potencial na vida profissional e familiar. Sonham em ser melhores, mas vivem presos em cordas invisíveis da inércia.

Como esses pais podem auxiliar seus filhos a desenvolverem o máximo do seu potencial e desempenho?

Se eles estão insatisfeitos consigo mesmos e perdidos, como podem desenvolver seus maiores dons e talentos, realizar seus sonhos, aproveitar a vida ao máximo? Como podem ser modelos para os filhos se não eliminam suas próprias limitações, se são reféns de comportamentos e formas de pensar que causam mais danos do que bem e não percebem?

Atendo semanalmente nas escolas em que atuo diversos tipos de pais. Pais que são submissos demais para educarem os próprios filhos. Mães com uma autocrítica exagerada que não conseguem enxergar o seu valor e o valor dos filhos e dos maridos, pais extremamente impulsivos e agressivos sem o menor controle emocional, mães extremamente sensíveis, sem resistência mental para qualquer tipo de problema, mães e pais inseguros, sem autoconfiança, mal-humorados, entre tantos outros.

Todos esses pais têm uma coisa em comum: suas atitudes e seus comportamentos comprometem seu potencial e são impeditivos na condução da educação dos seus filhos.

Esses pais não se conhecem, nunca praticaram o autoconhecimento para aprenderem a superar suas limitações e liberar seus talentos e se tornarem o melhor que podem ser para seus filhos.

Nesse sentido, o autoconhecimento é fundamental para que os pais possam ter sucesso nas vidas profissional e familiar e na educação dos filhos.

Conhecer os pontos fortes e os pontos fracos e os comportamentos limitantes, traçar um plano para superá-los e realçar os pontos fortes é o primeiro passo rumo ao autoconhecimento para ampliar as habilidades pessoais e sociais, para aumentar a produtividade, melhorar nos relacionamentos e conquistar mais felicidade.

É fundamental que os pais tenham metas, objetivos, um propósito na vida e uma missão, realizem o autoconhecimento, sintam-se preenchidos e ensinem isso para os filhos.

É fato que o ser humano não encontra mais um sentido para sua vida, a felicidade em pequenos detalhes, e está cada vez mais difícil satisfazer as necessidades humanas e resgatar a alegria pela vida.

Para alguns pais, arrancar-lhes um único sorriso ou alguma satisfação em viver é muito difícil, é preciso criar um evento gigantesco, extraordinário e ainda assim há o risco de muitos pais não se alegrarem, sentirem-se insatisfeitos, incompletos, infelizes e reclamarem do evento.

O autoconhecimento não está relacionado a grandes eventos e acontecimentos, ele é simples. Podemos começar com uma investigação sobre os nossos pensamentos.

O que pensamos durante o dia, durante uma semana? Quantos pensamentos positivos e negativos temos? Qual o percentual de pensamentos positivos?

E de negativos? Qual a qualidade do nosso diálogo interno? O que falamos para nós mesmos? Que história contamos sobre a nossa vida para nós todos os dias? E quanto aos nossos sentimentos?

Recentemente assisti a uma palestra do Tony Robbins aqui no Brasil e ele perguntou para a plateia:

– Quantos sentimentos experimentamos em uma semana? Quantos sentimentos positivos e quantos negativos? Qual o percentual? Ele afirmou que existem mais de 4 mil palavras positivas em inglês e ele perguntou quantas palavras positivas existem em português. Quantas nós usamos em nosso dia a dia? No dia seguinte da palestra pesquisei e encontrei mais de mil palavras positivas em português e refiz a pergunta: dessas mil palavras positivas que encontrei, quantas utilizamos? Quantas você utiliza?

O autoconhecimento começa com a investigação dos nossos pensamentos e emoções. É preciso uma autoanálise, um diálogo interno. Após descobrirmos o percentual de pensamentos e emoções positivas e negativas, podemos chegar a uma conclusão. O que pensamos e sentimos nos faz bem? Faz bem aos nossos filhos? O que precisamos mudar para ser mais felizes? Quais das nossas posturas são prejudiciais? Qual o impacto sua maneira de ser causa nas pessoas? Nos seus familiares e amigos? Nos seus filhos? Carrega mágoas, frustrações, tristezas? Situações mal resolvidas? Tem medo de alguma coisa? O que gosta e o que não gosta? Quais suas preocupações? Como acha que é visto pelas pessoas? Como gostaria de ser visto? Se sente vitorioso em qual área da sua vida? E fracassado em qual área? Como reage quando é rejeitado? O que mais irrita você? O que pode fazer para mudar isso? Tem desejo de vingança? Como é o seu mundo interno, calmo ou agitado? O que carrega dentro de você todos os dias? Qual seu maior sonho? Qual o peso da sua bagagem emocional? Está triste? Alegre? Irritado? Cansado? Estressado? O que sente? Como reage às banalidades do dia a dia? É equilibrado? Que sentimentos precisa ter hoje para mudar a sua vida? O que de bom pode dizer sobre si mesmo? Você contrataria você? O que você tem a agradecer?

Eu costumo perguntar nas minhas palestras aos participantes:

– A pessoa que você construiu te faz feliz no trabalho, na família, com os filhos e no mundo? Se te faz feliz em todas as áreas da sua vida, fica com ela, senão, se reconstrua! Se a bagagem emocional está pesada com mágoas e resentimentos, descarrgue-as perdoando e se perdoando.

Tenha coragem de descobrir seus pontos fracos e enxergar seus pontos fortes. Tenha coragem de não se apegar às suas limitações, de encarar seus problemas e parar de espalhar e colher infelicidade.

Como já lemos nos capítulos anteriores, é necessário mudar seu mindset para que haja uma evolução, é necessário tomar decisões, bater o martelo e agir.

O autoconhecimento nos remete a profundas reflexões sobre a nossa maneira de ser, pensar e sentir, agir e interagir e gera maturidade emocional, que não é algo que se encontra no mundo externo, no modismo, no consumismo ou nos prazeres banais.

Conhecer a si mesmo é um exercício diário que exige silêncio e momentos reservados, em que a própria presença será sua única companhia para poder ouvir o que o seu interior tem a revelar e permitir o fim das ilusões que alimenta sobre si mesmo.

Nessa jornada, descobrirá quem você é de fato, o que gosta, o que não gosta, o que te faz feliz, infeliz, se tem medo, se é governado por suas emoções ou se as governa, se é o que deseja ser ou se é o que os outros desejaram que fosse, que não são os seus erros que o definem, que é possível recomeçar e perdoar.

A felicidade não cai do céu, ela é fruto do esforço. O mesmo trabalho que temos para ser infelizes é o trabalho para sermos felizes. Depende de nós mesmos, do nosso diálogo interno, das histórias que contamos para nós diariamente. O que temos dentro de nós? O autoconhecimento permite essa análise que é muito importante para operarmos transformações necessárias no nosso modo de ser. A personalidade não é fixa, podemos mudá-la.

Dessa forma, estaremos preparados para ajudar os nossos filhos a conhecerem a si mesmos, a compreenderem que não são o que os outros pensam ou dizem que são, que não são apenas crianças que tiram uma nota alta ou baixa, mas são seres humanos com sentimentos, que choram, riem, sonham, pensam e agem. Vamos auxiliá-los a compreenderem que não são quem pensam ser, mas quem desejam ser, diante de esforço e labuta pessoal, que o seu futuro será determinado por suas atitudes e ações e não apenas por seus desejos, a compreenderem como concectar-se com o seu universo interior, compreenderem as suas emoções, analisar seus pensamentos e sentimentos para que consigam construir uma personalidade que os faça mais feliz e lhes permitam conquistar saúde e equilíbrio emocional.

Capítulo doze

Pais imaturos não conhecem a sua missão de vida e não ensinam os filhos a conhecerem a missão de vida deles

> *Ocorreu-me certa vez o pensamento de que se alguém quisesse arruinar e destruir totalmente um homem, infligindo-lhe o castigo mais terrível, algo que fizesse tremer o mais cruel assassino e o levasse a se encolher por antecipação, bastaria obrigá-lo a dedicar-se a um trabalho absolutamente desprovido de utilidade e sentido.*
>
> Fiódor Dostoievski

Quem nunca parou por alguns instantes e se questionou: Por que eu nasci? Por que estou aqui? Qual é a minha missão pessoal? Será que vim para este mundo apenas para comer, beber, aproveitar a vida e morrer? O que há depois? E quando tiver tudo o que desejo, o que irei querer?

Saber as respostas para essas perguntas é o primeiro passo que os pais precisam para conquistar uma vida mais equilibrada e a tal da felicidade.

Claro que para chegarmos a essas conclusões precisamos nos questionar muito e ter passado pelo autoconhecimento. O segredo para atingir a sabedoria sobre qual é sua missão pessoal inicia-se com questionamentos como: O que você gosta de fazer? O que tem valor para você? Como se sente exercendo as funções que exerce? Se pudesse mudar algo em você, o que seria? O que realmente você gostaria de fazer agora?

Por que você acorda a cada manhã e faz o que faz? Qual o sentido da sua vida? Você ama o que faz? Você está onde deveria estar? Se não, onde deveria estar neste momento? Quais são os seus talentos? O que você faz que te deixa emocionado? O que faz seu coração vibrar? O que você faz com prazer naturalmente? O que flui de você? O que você costuma fazer sempre pelos seus filhos e para o outro sem dificuldade nenhuma? Quais as atividades que você gosta de praticar? O que gosta de ler? Que legado deseja deixar para as próximas gerações?

Os pais precisam saber se estão vivendo o que de fato desejam viver, se são felizes com as escolhas que fizeram. Responder a essas questões dará um norte, um pontapé inicial para compreenderem qual a sua missão de vida de fato.

Confúcio já dizia: "Escolha um trabalho de que gostes e não terás que trabalhar nem um dia na tua vida". Ele foi muito sábio nessa colocação, pois realmente pais que sabem qual sua missão são realizados, plenos e alegres. E isso não tem a ver com riquezas e vida financeira acima da média, tem a ver com a satisfação pessoal, de saber qual a sua missão.

Você pode estar pensando "mas não sei qual a minha missão". Eu me formei no curso que consegui pagar e trabalho nele até hoje. Tudo bem, nem todo mundo descobre a sua missão com facilidade. Às vezes a missão fica camuflada na adolescência, algo que gostávamos de fazer e abandonamos. Às vezes fica camuflada em algo que gostamos de fazer para passar o tempo. Enfim, sua missão pode estar escondida em algum lugar no tempo e no espaço. Tentar descobri-la trará mais alegria e cor para a sua vida. Às vezes é algo em que você é muito bom, que o mundo precisa e você ama fazer. Investigue. Faça perguntas a você mesmo. Várias vezes, muitas vezes, até obter as respostas. Quando descobrir sua missão, defina metas e propósitos para conseguir rentabilizá-las. O mundo precisa do que você é bom! E quando descobrir sua missão, poderá ajudar seus filhos a descobrirem a missão deles também!

Pais que têm essa consciência criam filhos nesse padrão, os ensinam desde cedo a encontrar sua missão de vida, prestam atenção aos talentos dos filhos. Sabe aquele garoto que adora tocar violão, mas o pai o obriga a estudar Matemática? Aquela garota que adora desenhar, jogar basquete, mas a mãe obriga a estudar Física? Então, a missão de vida dele poderia estar ligada à música e a dela às pinturas.

Os pais que encontraram a sua missão com este nível de sabedoria não forçam seus filhos a seguirem profissões apenas que dão dinheiro como engenharia e medicina, ou seguir as tradições da família, não exigem que os filhos deem continuidade a uma empresa familiar no ramo de marcenaria se ele tem a missão de ser veterinário.

Pais que conhecem sua missão sabem reconhecer e respeitar a missão dos filhos, ainda que as decisões contrariem seu modelo de carreira perfeita e ideal a seguir.

Os pais que conhecem sua missão permitem que seus filhos escolham qual caminho irão percorrer nos relacionamentos, nos estudos e na carreira. Eles dão a liberdade para os filhos seguirem seus sonhos pessoais, ainda que não estejam de acordo.

Pais que reconhecem sua missão tomam decisões mais assertivas e exatas, não caem em erros, pois sabem o que querem, e consequentemente são exemplos para seus filhos.

São corajosos, ousados e destemidos.

Pais que sabem qual é sua missão, sem temor, abandonam seus empregos, pedem demissão e vão trilhar seus caminhos sem receio. Veja bem, não estou lhe induzindo a abandonar seu trabalho, mas exemplifico que pais que descobrem qual é sua missão, ainda que as descubram após vinte anos de carteira assinada, vão em busca de seus sonhos.

Veja este trecho do livro *Como encontrar o trabalho de sua vida* de Roman Krznaric:

> Eu achava que já deveria agradecer por ter um emprego, quanto mais um emprego "bom". Por isso, me empenhei ao máximo para tentar me enquadrar. Quando isso não deu certo, comecei a contar os dias para os fins de semana. Vivi assim por dez anos, trabalhando dia e noite, sem parar. Finalmente, paguei o preço. Passei a sofrer de estresse e ansiedade crônicos. Um dia, tive de pedir para o assistente pessoal do CEO chamar uma ambulância para mim porque achei que estava sofrendo um ataque cardíaco. Na verdade, era um ataque de pânico. Foi então que me dei conta de que não podia continuar assim. O problema era que todas as alternativas mudar de carreira, começar tudo de novo pareciam impossíveis. Como trocar o conforto da minha vida segura por algo tão incerto? Será que eu não estaria arriscando todo o progresso que já tinha alcançado até ali? Também me senti culpado por estar buscando luxos como "sentido" e "realização". A vida parecia oferecer uma terrível escolha: dinheiro ou sentido (KRZNARIC, 2012).

Pais que buscam e aceitam com maior clareza e receptividade a sua missão de vida, tendem a lidar melhor com a vida e o relacionamento com seus filhos.

Portanto, descobrir a sua missão o ajudará a ser um ser humano completo. Existem pais que ficam rodando no deserto, dando voltas em círculos. Eles não identificaram qual a missão de vida deles e são completamente imaturos emocionalmente para guiarem seus filhos a conhecerem sua missão também.

Os pais maduros lutam para saber qual é a sua missão de vida e eliminar de vez confusões mentais, insatisfação e comodismo.

Pais que conhecem sua missão são felizes porque exercem diariamente seu dom, talento e habilidade para o que foram feitos.

Capítulo treze

Pais imaturos não ensinam sobre a lei de causa e efeito para os seus filhos

Uma criança mimada será um adulto infeliz.
Leandro Karnal

Ralph Waldo Emerson disse: "Homens fracos acreditam na sorte e homens fortes acreditam em causa e efeito".

Victor Hugo disse: "O homem semeia hoje a causa, Deus amanhã amadurece o efeito".

Miguel de Cervantes afirmou: "Elimine a causa que o efeito cessa".

Paiva Netto disse: "Não adianta combater os efeitos, tem que eliminar as causas".

Albert Einstein disse: "A vida não dá nem empresta, não se comove nem se apieda. Tudo quanto ela faz é retribuir e transferir aquilo que nós lhe oferecemos."

Veja, observe sua vida, tire suas próprias conclusões sobre a causa e efeito, ela é um mito ou verdade?

Está lá na Bíblia: "Porque tudo o que o homem semear, isso também ceifará". (Gálatas 6:7)

Não precisamos ir muito longe, como citei acima observe sua própria vida e a vida das pessoas ao seu redor. Elas certamente já colheram o que plantaram em dado momento de suas vidas.

Quantas pessoas sofrem em sua velhice porque foram cruéis no decorrer da vida. Quantas pessoas fracassam ou se dão mal após causarem mal para outras pessoas.

Existem ditados populares que afirmam: "A vingança é um prato que se come frio", "O castigo vem a cavalo", "Você irá deitar na cama que arrumou", "Aqui se faz aqui se paga", "Aqui se planta e aqui se colhe".

Pode parecer uma grande ladainha para alguns, todavia a verdade é que existe, sim, a lei da causa e efeito! E mais dia, menos dia, colheremos as maldades e infortúnios que causamos a outrem.

O ideal é que haja arrependimento dos erros e reparação, pois as consequências poderão ser mais leves, mas ninguém poderá fugir da lei do retorno.

Quando os pais já têm a noção da missão que possuem, dos deveres em ensinar seus filhos, quando eles já sabem lidar com o sentir, pensar e depois agir, quando os pais compreendem a importância de conhecerem a si mesmos e ensinar seus filhos, muita semente ruim não é plantada.

Quando os pais decidem mudar seu mindset fixo para o de crescimento, para autoperdão, paz e alegria, certamente que não farão mal para o próximo, logo eliminarão as possibilidades de prejudicar o outro.

Por isso a importância de cada capítulo ter sido escrito em sua ordem, para que possamos a cada página evoluir em aprendizado e estatura mental.

Se os pais entenderem as consequências negativas que a imaturidade provoca, de como as emoções equivocadas fazem os filhos tomarem atitudes ruins para uma colheita ruim, eles dariam mais importância a esse fenômeno.

Quando os pais entendem que possuem responsabilidades, que são donos do poder de decisão e escolha dos sentimentos que carregam e que a imaturidade emocional cria filhos com personalidades frágeis e tiranas tudo torna-se mais fácil, inclusive ensinar aos filhos o seguinte: "Tudo que vai volta".

Os pais devem ensinar seus filhos a lei da causa e efeito. De que maneira? Não os poupando das consequências dos seus atos!

Já citei nos capítulos anteriores que a superproteção gera filhos mimados e sem noção da realidade da vida.

Os pais podem até passar a mão na cabeça dos filhos quando estes errarem, podem também arrumar a bagunça que eles fizeram inúmeras vezes, e quando agirem assim estarão dizendo a eles: "Podem fazer o que quiserem, burlar as leis, serem cruéis, não respeitar regras e autoridades nem amar o seu próximo. Podem ser indivíduos sem educação e nada respeitosos, porque eu arrumarei toda sujeira que vocês fizerem".

Pais imaturos não ensinam a lei da causa e efeito aos seus filhos porque não os deixam sofrer as consequências dos próprios atos.

Os pais maduros ensinam os seus filhos enquanto podem, pois sabem que a lei da vida é implacável.

O professor Leandro Karnal afirma que

> Temos medo de não sermos amados, por isso mimamos nossos filhos. As crianças nascem e são amorais, elas não sabem nada sobre moralidade, educação e regras, por isso devemos educá-las (KARNAL, 2017).

Aristóteles deixou registrado em sua grandiosa obra *Ética a Nicômaco* que:

> Nós podemos moldar o ser humano para que ele aprenda a respeitar o espaço do outro e aprenda que ele não é o único do mundo. Podemos moldar o ser humano, para que ele entenda que faz parte de um todo e que a felicidade é fruto de uma convivência virtuosa e ética com os outros.

Filhos que sentem medo, culpa, rejeição ou são mal-educados, agressivos serão os pais de amanhã, que continuarão gerando filhos com os mesmos sentimentos.

Mas o que isso tem a ver com lei da causa e efeito? Tudo, caro leitor! Se seus filhos quando criança não acatarem as regras e aprenderem sobre moralidade e valores, possivelmente eles serão adultos infelizes, rejeitados e irreverentes. Eles serão a maior vítima dos mimos, pois por falta de investimento dos pais em ensiná-los e educá-los, eles sofrerão todas as consequências que a vida lhes apresentar. E quando a vida resolve ensinar ela não é nada gentil. Quantos de nós já sofremos revezes na vida? De uma hora para outra perdemos o emprego ou nosso negócio faliu? Quantos de nós não sofremos um tipo de golpe? Um processo? O que será que a vida estava nos ensinando naquele momento? Será que paramos para refletir?

Crianças que são mimadas têm maior probabilidade em com a espada ferir e acreditar que por ela não será ferida. Elas se sentem as maiorais, donas da razão e sortudas, um verdadeiro "Comigo ninguém pode". Ledo engano!

Precisamos ensinar aos nossos filhos que a vida tem suas leis e que nada acontece por acaso, que o nosso mundo exterior é reflexo do nosso mundo interior, que atraímos para a nossa vida o que transmitimos e que colhemos tudo o que plantamos.

As causas dos nossos problemas somos nós mesmos, e os nossos filhos precisam aprender isso desde cedo. Quando mudamos as causas, mudamos os efeitos.

Quantos pais imaturos são infelizes porque não educaram seus filhos na infância. Por comodismo ou negligência deixaram que crescessem mal-educados, orgulhosos, egoístas, violentos, depois, na adolescência, colheram delinquência.

Pais imaturos colhem à revelia, porque não plantaram. Colhem indiferença pois esqueceram de plantar o carinho, o cuidado e a atenção, colhem o ódio porque não plantaram o amor.

Pais maduros ensinam para os seus filhos que somos livres para plantarmos o que desejarmos, mas devemos estar preparados para colher o que plantamos. Uma roseira não dá margaridas, uma laranjeira não dá limões. Se plantarmos vento colheremos tempestade, bem diz o ditado popular. Se semeamos o bem, colheremos o bem, se semeamos o mal de uma forma ou de outra, colheremos o mal.

Pais maduros ensinam para os filhos que quando tratamos bem as pessoas, somos por elas bem tratados, quando as maltratamos também somos maltratados, simples assim. Se reclamamos de tudo, se somos pessimistas, atraímos todo tipo de negatividade em nossa vida.

Se somos otimistas, entusiasmados, se persistimos, atraímos todo tipo de ajuda e realizamos os nossos sonhos.

Pais maduros ensinam para os filhos que o nosso temperamento, o nosso comportamento são como sementes que frutificarão. Se o nosso comportamento for agressivo, colheremos violência. Se o nosso comportamento for calmo, colheremos mansidão.

Capítulo quatorze
Pais imaturos não conhecem as máscaras dos seus filhos e não reconhecem as fraquezas que eles escondem por necessidade de aprovação, aceitação e amor

> *Tira a máscara que cobre o seu rosto. Se mostre e eu descubro se eu gosto, do seu verdadeiro jeito de ser. Ninguém merece ser só mais um bonitinho. Nem transparecer consciente inconsequente. Sem se preocupar em ser adulto ou criança.*
> *O importante é ser você*
> *Mesmo que seja estranho, seja você.*
>
> Pitty

O filme *Titanic*, um grande clássico do cinema internacional, comemorou vinte anos de estreia em 2017. Realmente é um filme que marcou época! Ele conta a história dos personagens Rose DeWitt Bukater e Jack Dawson que se apaixonam e assistem ao grande navio naufragar no oceano gélido.

Além disso, vemos também a tortura que Rose enfrenta ao mascarar suas emoções para agradar a mãe, que lhe obriga a casar-se com um noivo que a vê apenas como uma de suas posses. Em dado momento, Rose senta-se à mesa com um falso sorriso e boas maneiras calando suas emoções de insatisfação e desespero. Após esse jantar, no qual foi obrigada a comer a carne que o noivo escolheu, a apagar o cigarro que queria fumar e a sorrir após conversas monótonas, ela corre para o cais e tenta o suicídio.

O romance inicia-se quando Jack salva Rose desse terrível ato, e mostra a ela que a vida vale a pena!

Sabemos que se trata de um filme, contudo a história se repete em milhares de lares e famílias! Pais e mães que calam as vozes dos filhos. Pais e mães que até sabem o que o coração dos seus filhos deseja, mas não aprovam, negam, por suas vaidades, obrigando-os a usarem suas máscaras para satisfação dos seus caprichos.

O cenário a que mais assistimos são filhos que mascaram suas emoções para serem aprovados e amados, "mas por dentro estão gritando em uma sala cheia onde ninguém é capaz de ouvi-los", como se expressou Rose ao justificar para Jack o motivo de tentar suicidar-se.

As crianças são violentadas em suas emoções dentro dos lares, assaltadas em seus relacionamentos, e quando crescem mascaram suas emoções, aprendem a sorrir para o mundo e fingir que são pessoas vitoriosas, esplêndidas e interessantes.

Estamos rodeados de pais mascarados que não percebem as máscaras dos seus filhos!

As crianças sentem, mas escondem para serem aprovadas. Um bom exemplo é a sociedade polarizada que forma meninos extremamente machistas e meninas hiperfemininas que sofrem diante de suas preferências sexuais, guardadas a sete chaves.

Quer um exemplo? Homens não podem chorar, homens são fortes.

Enquanto as meninas são educadas para serem recatadas, sensíveis, competidoras entre si e viverem esperando o seu "príncipe encantado", os meninos, "os príncipes", são criados pelos seus pais e pela sociedade para serem machões, violentos, duros e rudes.

Somos e fomos condicionados a criar esse estereótipo de comportamento, o que faz muitas crianças e adultos mascararem suas emoções e sentimentos. Quem nunca disse ou ouviu frases como: "Vira homem", "Isso é coisa de menina", "Bichinha que mostra sentimentos e pede perdão", "Homem não chora."

Em função disso os relacionamentos entre homens e mulheres são bastante tumultuados, está muito mais difícil e cruel que o normal e nossos filhos é que "pagam o pato", pois convivem diariamente com relacionamentos abusivos e neuróticos.

Os filhos não têm a liberdade de expressão de expor quem realmente são e principalmente o que estão sentindo. Fazê-lo iria contra os padrões de masculinidade e feminilidade que os pais impuseram para eles. E então eles se calam, reprimem e omitem suas personalidades a fim de serem amados, aceitos e escolhidos.

Pais imaturos não reconhecem a dor em seus filhos, não identificam as máscaras em sua face diante da necessidade de aprovação.

O que importa para alguns pais imaturos é que seus filhos "sejam normais". Se eles estão tendo boas notas, bom comportamento e seguindo o fluxo para um futuro promissor, o que importa possuir máscaras e reprimir suas dores e os sentimentos, não é mesmo?

Pais que agem dessa forma não imaginam o mal que estão causando para os filhos, pois todas as vezes que eles usam máscaras para serem amados e aceitos, na verdade estão desenvolvendo padrões de comportamentos que os ajudarão no período da infância, mas que serão terríveis inimigos na sua vida adulta, que com certeza o prejudicarão no trabalho e nos relacionamentos.

A autora Shirzad Chamine, em seu livro *Inteligência positiva*, revela que durante a infância desenvolvemos sabotadores que fazem parte do nosso cérebro e são responsáveis por nos facilitarem a sobrevivência física e emocional diante da selva humana, neste mundo atual estressante. Porém, ela revela também que, quando nos tornamos adultos, esses padrões sabotadores desenvolvidos na infância impedem a nossa realização e felicidade, porque o nosso cérebro positivo (o inteligente) foi deixado de lado na maioria das vezes.

A autora revela ainda que as crianças que desenvolvem o sabotador crítico ou hiper-racional, aprendem a ignorar completamente os próprios sentimentos e os dos outros, aprendem a encontrar o tempo todo defeitos em si mesmas e nos outros, e assim se tornam pessoas frias, críticas, ansiosas e arrogantes, que aprendem a ocultar, ignorar, reprimir as próprias emoções, evitando que apareçam para os outros e não consideram de forma alguma as emoções dos outros. Essas crianças crescem com necessidade de punir, pressionar, criticar e cobrar. São infelizes e fazem todos a sua volta infelizes também.

As crianças que desenvolvem o sabotador vítima, tendem a carregar pela vida toda o sentimento de abandono, solidão, melancolia, às vezes raiva, são temperamentais, sentem que são os seres mais infelizes existentes sobre a face da terra e fazem de tudo para chamar a atenção. O sabotador esquivo é aquele que foge de qualquer situação adversa e jamais entra em conflito ou expõe a sua opinião.

As crianças que desenvolvem o sabotador controlador que tudo comanda e ordena na vida adulta, com o tempo não aguentam a pressão interna, tão pouco a competitividade a qual se submetem, crescem se achando donos da verdade, não aceitando que ninguém diga para eles o que fazer, não suportando ser controlado por mais ninguém.

Em todos esses exemplos citados de sabotadores internos desenvolvidos na infância para sobrevivermos, os sentimentos verdadeiros ficam guardados, mascarados e não são trabalhados.

O resultado é desastroso, essas crianças se tornarão adultos com terríveis conflitos emocionais internos, terão pouca flexibilidade, pouca intimidade, apresentarão quadros de depressão, perda da alegria de viver, síndrome do pânico e outras patologias, pois limitam e impedem a si mesmos a conhecerem seu mundo interno, o mundo dos seus verdadeiros sentimentos.

Mascarar emoções é viver com uma bomba dentro de si, que está prestes a estourar. E geralmente estouram nas emoções e causam problemas de saúde físicos e psíquicos também. Filhos que não podem expressar suas emoções têm maior tendência ao suicídio, à automutilação e aos vícios.

Pais maduros enxergam os reais sentimentos e necessidades dos seus filhos e permitem que expressem suas emoções. Eles ajudam seus filhos a removerem suas máscaras e viver a vida de cabeça erguida e de "cara limpa".

Pais maduros ensinam seus filhos a não temer opiniões alheias, não fundamentarem suas qualidades em reconhecimentos e méritos, mas em quem realmente são.

Pais maduros aceitam a personalidade dos filhos sem reprimi-los, sem constrangê-los e intimidá-los. Pais maduros abraçam seus filhos em suas fraquezas, dão a liberdade para que expressem suas aflições, angústias e receios.

Pais maduros estendem a mão para seus filhos, ainda que os mundos ao redor virem às costas para eles.

Se os pais não protegerem seus filhos emocionalmente, então quem os fará? Se os filhos não receberem conforto, carinho e proteção de seus pais onde construirão suas fortalezas?

Precisamos acolher nossos filhos levando em conta os valores que possuem, não os valores que a sociedade estipula, e dessa forma estamos garantindo a felicidade deles e a longevidade com a melhor qualidade de vida possível.

Capítulo quinze

Pais imaturos não compreendem as feridas emocionais infantis que acompanham os filhos pela vida adulta

As feridas emocionais são experiências dolorosas da infância que moldam nossas personalidades adultas, quem somos e como enfrentamos as adversidades.

Lisa Bourbeau

Os pais não querem traumatizar seus filhos, por isso evitam educá-los! O professor Leandro Karnal na palestra "Crianças mimadas, adultos imbecis" diz que Freud afirmava que o trauma traz maturidade. "A criança vai até a tomada e coloca o dedinho, leva um choque e nunca mais volta lá". "Ela aprendeu depois de ter vivenciado um trauma". Em outras palavras, muitas vezes só aprendemos e amadurecemos com a dor.

Há um comportamento insistente entre os pais que é tentar poupar os filhos de qualquer dor e trauma que a vida e as circunstâncias queiram trazer-lhes.

Proteger os filhotes é um instinto no reino animal e também no humano e é compreensível. Ainda que explicado os danos e as consequências de poupar exageradamente os filhos, os pais continuarão mantendo essas atitudes. E quem os julgará? Eu poupei, tu poupaste, nós poupamos nossos filhos em algum momento em que deveríamos ter deixado eles sentirem o trauma para evoluir! Mas e quando o cenário é o inverso?

E quando os pais não enxergam as dores, traumas e feridas emocionais que provocaram nos seus filhos? Nesse caso, não estou falando apenas de pais negligentes e ausentes, incapazes ou sem condições financeiras e psicológicas de criar e educar bem os seus filhos.

Estou falando de pais normais como eu e você, pais que enfrentam os desafios da vida e estão batalhando por seus filhos, mas que deixam escapar alguns problemas básicos, como as feridas emocionais que nós, adultos, impomos na psique dos nossos filhos com o nosso temperamento e comportamento muitas vezes abusivo.

Segundo o dicionário Wikipédia, feridas emocionais estão ligadas ao traumatismo (do grego trauma: ferida) mais ou menos extenso produzido por ação violenta de natureza física ou química, externa ao organismo.

Trata-se de uma experiência emocional intensa que deixa uma marca duradoura na mente do indivíduo.

Na infância, as feridas emocionais podem ocorrer quando os pais são imaturos, insensíveis às suas próprias emoções e consequentemente agem de forma insensível às necessidades emocionais dos filhos.

Quando um pai ou uma mãe age com negligência, fere seu filho e ele passa a se sentir abandonado. Quando um pai ou uma mãe age com estupidez ou violência, fere seu filho, que passa a se sentir humilhado e maltratado. Quando os pais agem com desdém e desvalorização, ferem seu filho, que passa a se sentir rejeitado. Quando os pais abusam dos filhos de alguma forma, estes passam a se sentir traídos. Quando fazem exigências absurdas, ferem seu filho, que passa a exigir demais de si mesmo também. Quando agridem fisicamente seu filho de forma violenta, ele o fere. Uns acabam criando muito medo da vida e outros acabam acreditando que a vida é regida pela lei do mais forte.

Pais imaturos não se dão conta que uma frase grosseira pode marcar toda uma vida. Muitos de nós carregamos memórias torturantes da infância.

A autora Lise Bourbeau, em seu livro *As cinco feridas emocionais*, afirma que os problemas vividos na infância definem como será a nossa qualidade de vida quando nos tornamos adultos e como eles podem influenciar significativamente como os nossos filhos enfrentarão as adversidades no futuro.

Segundo a autora, uma ferida emocional terrível que acompanha a vida adulta de nossos filhos é o MEDO DE SEREM ABANDONADOS.

A ONU revelou que existem mais de

> 150 milhões de crianças abandonadas, descartadas, rejeitadas e jogadas fora, em situação de rua em todo o mundo sofrendo grandes privações e violações de direitos.

Estimativa realizada pela Corregedoria Nacional de Justiça (CNJ), com base em declarações dos alunos no Censo Escolar revelou que mais de

> 4,8 milhões de estudantes brasileiros não têm o pai em seus registros e que atualmente, um terço das crianças e adolescentes brasileiros são filhos de pais separados, criados apenas pela mãe.

E revelou também que "milhões de filhos brasileiros não são reconhecidos pelos seus pais", ou seja, são abandonados.

Os dados acima citados são de assustar. Anualmente no Brasil milhões de crianças são negligenciadas por pais imaturos.

Essa experiência de negligência na infância provoca marcas profundas e gera feridas emocionais como o medo do abandono, rejeição e solidão.

Essas feridas acompanham muitas dessas crianças pela vida adulta, impedem sua felicidade, as deixam em estado de vulnerabilidade e não são nada fáceis de curar. Quando abandonadas na infância, crescem preocupadas se serão abandonadas pelos namorados, cônjuges, amigos ou chefes.

Todos nós sentimos medo em certo nível, é um sentimento primitivo que nos protege, mas o medo exagerado é prejudicial à nossa vida.

A questão não é o medo em si, mas como lidamos com ele. Existem casos de "autofobia", medo exagerado da solidão e isolamento. Crianças que se sentem sozinhas mesmo quando estão acompanhadas, pois não se sentem amadas. Existem casos de fobia do abandono e rejeição, crianças totalmente dependentes dos outros. O nível do medo do abandono e rejeição é que determinará a qualidade de vida e dos relacionamentos dessas crianças no futuro.

Muitas crianças que se sentiram rejeitadas na infância costumam se sentir indignas de amor, têm medo de reviver a rejeição e acabam se isolando. Provavelmente as crianças rejeitadas na infância se tornam adultos tímidos e evasivos.

Elas antecipam a rejeição e o abandono o tempo todo em sua vida adulta, não conseguindo dessa maneira firmar nenhum relacionamento amoroso ou projeto profissional.

Elas temem o abandono durante os relacionamentos e, ao "verem" sinais imaginários, agem de forma possessiva, ciumenta e controladora, o que de fato acaba gerando o abandono.

Outras crianças reagem de forma diferente e evitam relacionamentos para evitar a dor do abandono. Outras ainda se tornam carentes e aceitam qualquer tipo de relacionamento para não se sentirem abandonadas.

Algumas escondem seus medos do abandono e rejeição, mas não são autênticas nos relacionamentos.

Outra ferida é o medo da violência. Segundo alguns especialistas, as mensagens violentas da TV, cinema, jogos eletrônicos e mídias sociais podem provocar medo e ansiedade nas crianças. As constantes cenas violentas podem alterar a imagem e a compreensão de mundo, afetar seus sentimentos de bem-estar e influenciar no seu comportamento.

Algumas crianças acabam reproduzindo o comportamento violento que assistem e banalizando a violência. Entrementes, outras não, e são dominadas pela ansiedade, pelo medo de terem que aprender a ser fortes e valentes. A exposição constante à violência, influencia seus sentimentos, pensamentos e tomadas de decisões, aumentando a sua ansiedade e podendo gerar adultos com graves deficiências comportamentais e emocionais.

A violência familiar presente em milhares de lares brasileiros é tão nefasta como a violência na TV e mídias sociais. Apesar de estarmos no século XXI, muitas crianças são expostas a maus tratos.

> Está provado. Maus tratos na infância não provocam apenas traumas psicológicos reversíveis, mas também danos permanentes no desenvolvimento e funções cerebrais.
> (TEICHER, 2002)

Segundo Martin H. Teicher, os danos podem

> se manifestar de várias formas, em qualquer idade, internamente, pode aparecer como depressão, ansiedade, pensamentos suicidas ou estresse pós-traumático, pode também se expressar externamente como agressão, impulsividade, delinquência, hiperatividade ou abuso de substâncias. Uma condição psiquiátrica fortemente associada a maus tratos na infância é o chamado distúrbio de personalidade limítrofe (TEICHER, 2002).

Leia atentamente esse relato de um documento da UNICEF de 2014:

> Era possível sentir o vento da cinta saindo para fora do passador da calça em direção ao pequenino corpo. Sentir o tapa, a força das mãos, o verdadeiro mal que saía pelos poros daquele que deveria cuidar. Quando não estava possuído por tal gênio, era bom, calmo, confiável. Mas, quando estava dominado por algo que, talvez nem mesmo ele conhecesse o nome e a origem, aí era possível sentir a vida por um fio. Impossível não chorar, impossível não temer. Era briga de poder para qual ainda não se tinha tamanho para enfrentar. Só restava esperar, que o barulho do portão fosse daqueles dias calmos e silenciosos. Só restava esperar que não fosse preciso ficar quietinha para não cutucar o gênio mal. Só restava sentir que havia uma única fagulha de controle sobre a próxima cena. Prever, antecipar, suportar a ansiedade, se esconder nas veredas da fantasia... esperar passar o tempo... para poder crescer e se transformar numa pessoa boa e capaz de não repetir a história[3].

A autora Lisa Bourbeau fala também sobre a humilhação, outra ferida causada quando a criança é constantemente desaprovada e criticada pelos pais e pelos outros. Podemos citar exemplos de crianças cujos pais as chamam de burras, estúpidas, preguiçosas etc. Crianças que sofrem bullying na escola são crianças que desenvolvem baixa autoestima.

O medo de confiar nos outros é uma ferida aberta quando pais quebram suas promessas e enganam as crianças. Como consequência, surge a desconfiança que pode provocar sentimentos negativos, como a inveja.

O medo da injustiça é uma ferida aberta quando os pais são frios e extremamente autoritários. Esses pais exigentes geram sentimentos de impotência em seus filhos. Quando adultos, tornam-se rígidos e perfeccionistas, exigentes tal qual seus pais, passam a vida correndo atrás do poder e sucesso.

Você reconheceu alguma ferida do seu filho? Você se reconheceu em alguma ferida?

Não seja passivo, reflita, identifique as suas feridas emocionais e as feridas do seu filho. Lembre-se: as feridas emocionais não deixarão seu filho em paz, irão acompanhá-lo por toda a vida.

---

[3] ZUCCHELLI, Lilian Marin; BIANCO, Marcela Alice. As feridas de uma criança que sofreu violência física e/ou emocional. Psique em Equilíbrio. 07 set. 2017. Disponível em: <https://www.contioutra.com/as-feridas-de-uma-crianca-que-sofreu-violencia-fisica-eou-emocional/>. Acesso em: 7 fev. 2019.

Você pode neste momento se recusar a reconhecer e a aceitar que, mesmo sem querer, pode estar abrindo feridas profundas no seu filho, e eu compreendo, pois realmente a verdade dói e dói para mim também. Mas tente lembrar-se de quando você levou seu filho, do gênero masculino, para tomar uma vacina, e quando ele ameaçou chorar, quais foram as palavras que você disse e impregnou na cabecinha dele para que ele não expressasse sua dor? "Meninos não choram", "Meninos são fortes" etc.

O problema não é apenas essa repetição de padrão cultural e social que crescemos ouvindo e continuamos reproduzindo de geração em geração. O problema é calarmos as emoções de nossos filhos e não enxergarmos as feridas que causamos neles, ou que eles possuem, mas não permitimos que expressem.

Obviamente as meninas também fazem parte desse espetáculo de dor e silêncio. Enquanto os meninos são incentivados a serem machos, as meninas são incentivadas a serem fêmeas, procriadoras e submissas, além de portarem-se como princesinhas ricas.

Forjamos o caráter de nossas crianças, calamos suas emoções e silenciamos suas feridas, porque alguém disse que disseram que deveria ser assim e aceitamos passivamente.

> Minha memória mais antiga é do meu pai me levando ao porão, levantando as mãos e me ensinando a dar golpes e socos.
> Foi lá que ele me disse as palavras mais duras que ouvira até então: "Não se emocione", "Seja um homem duro e forte", "Pare de chorar", "É bom aprender a dominar e controlar as pessoas e as situações".
> Isso me deu uma vergonha tremenda. Saí de lá com lágrimas nos olhos, achando que eu não era homem o bastante. Ser jogador de futebol americano foi um ótimo esconderijo. Por traz do uniforme escondi minhas feridas e projetei uma imagem, uma fachada que a sociedade queria e meus pais gostavam e aprovavam. Eu era forte e homem para eles. Certamente meu pai valorizaria essa virtude falsa e me daria amor e atenção, que eu queria desesperadamente, mas ele não via.
> (Joe Ehrmann – Treinador e ex-jogador da NFL)

Esse relato faz parte de um documentário fantástico *The Mask You Live In*[4]. Uma reportagem que relata os abusos emocionais que as crianças sofrem e como não são enxergadas por seus pais.

---

[4] THE MASK YOU LIVE IN. Jennifer Siebel Newsom, 2015. Disponível em: <https://www.netflix.com/search?q=the%20mask%20&jbv=80076159&jbp=0&jbr=0>. Acesso em: 26 nov. 2017.

Crianças que não podem expressar suas emoções têm maior probabilidade de serem adultos infelizes que usam drogas pesadas, praticam a automutilação ou até pior, cometem homicídios, estupros, assaltos, violências ou se suicidam.

É a forma que eles encontram em dizer: "Há algo de errado comigo, você notou"? Claro que a mensagem não é dada conscientemente pelos filhos, na maioria das vezes eles sofrem com esse golpe também.

O documentário dirigido por Jennifer Siebel Newsom reuniu garotos e homens de 7 a 40 anos e o relato que cada um dava era uma ferida exposta, mas nunca vista pelos pais. Veja:

"Se me conhecessem de verdade, saberiam que me sinto excluído na escola e sofro bullying".

"Quando estou tendo um dia ruim, é difícil falar sobre isso".

"Se me conhecessem de verdade, saberiam que quando estou triste eu não falo nada".

"Mesmo quando estava bravo não falava, e meus pais não percebiam".

"Por muito tempo não tive amigos, então não tinha com quem conversar".

"Não falamos sobre sentimentos na minha casa".

"Se me conhecessem, teriam percebido que estou me cortando".

Com a voz embargada, um menino de 11 anos diz: "Se me conhecessem de verdade, saberiam que eu não conheço realmente o meu pai".

"Minha mãe teve muitos namorados, e eles abusavam de mim. Eu queria desistir de viver. Ela não acreditava em mim quando eu contava".

"Senti-me excluído por muito tempo", "senti-me sozinho inúmeras vezes".

Pais imaturos não reconhecem as dores, os sentimentos, as feridas dos seus filhos, entretanto pais maduros reconhecem, encaram as feridas dos seus filhos e procuram caminhos para curá-las.

Este capítulo tentou revelar algumas das feridas emocionais que as crianças carregam para a vida adulta, para que você como pai possa refletir como têm tratado o seu filho.

Por acaso tem criticado, ofendido e humilhado seu filho? Quebrou promessas, o enganou? Tem sido frio e autoritário? Tem provocado sentimentos de medo e raiva? É perfeccionista? Exige muito dele? Se irrita com facilidade? Explode com mais facilidade ainda? É negligente? Permissivo? Tem noção do quanto tem ferido seu filho?

Você sabia que as feridas mais profundas que carregamos em nossa alma não foram causadas pelos nossos inimigos, mas pelas pessoas que mais amamos, os nossos queridos pais imaturos?

Que essas feridas profundamente dolorosas não são visíveis e foram causadas pelas nossas lágrimas? Que para nos defendermos criamos muros que foram levantados com o alicerce da dor, blocos de rancor e com o cimento da desconfiança?

E que derrubar esses muros, desvelar essas feridas será sempre um trabalho árduo, que exigirá que nos encontremos com a criança que fomos um dia e sejamos capazes de olhar bem dentro dos seus olhos, confortá-la e acolhê-la?

Que somente nós mesmos, em profundo ato de solidão, poderemos enfrentar com coragem nossas dores e sairmos vitoriosos e mais fortes do horror do holocausto familiar, provocado pelos nossos pais imaturos, rumo ao perdão, para nos libertar de tudo o que nos feriu, e proteger nosso coração frágil do eterno sofrimento, fruto da falta de autoconhecimento das nossas sombras e vulnerabilidades infantis?

> Colocar a criança em situação humilhante, menosprezá-la ou tratá-la com desdém certamente provocará danos tão brutais quanto o uso da violência física (...). A vivência do descontrole emocional dos adultos com que convive, não ajuda a criança a aprender a regular seus próprios afetos e reações (...). Quando adultas, essas crianças feridas poderão acabar se engajando em relacionamentos que reproduzam o mesmo padrão disfuncional da infância, repetindo o ciclo de abuso e violência compulsivamente. E nessas relações poderão se tornar adultos violentos e abusadores. Portanto, crianças maltratadas poderão se tornar pais que maltratarão seus filhos. Ou seja, o adulto vive, inconscientemente, reflexos do seu passado. Sua personalidade e forma de viver e se relacionar com o mundo ressoarão as experiências positivas ou negativas vividas na infância, especialmente através do relacionamento com os pais e cuidadores[5].

Caso seus filhos tenham feridas emocionais, limpe-as antes que apodreçam. Faça declarações positivas quantas vezes você puder. Diga para eles o quanto são maravilhosos, o quanto se orgulha deles. Leve-os para realizarem trabalhos sociais, riam juntos, cantem, dancem, compreenda seus erros, livre-se das emoções negativas. Aceite o passado e transforme o futuro!

---

[5] ZUCCHELLI, Lilian Marin; BIANCO, Marcela Alice. As feridas de uma criança que sofreu violência física e/ou emocional. Psique em Equilíbrio. 07 set. 2017. Disponível em: <https://www.contioutra.com/as-feridas-de-uma-crianca-que-sofreu-violencia-fisica-eou-emocional/>. Acesso em: 7 fev. 2019.

Capítulo dezesseis

Pais imaturos não desvendam a autoimagem negativa do seu filho e não analisam sua autoestima

Algumas pessoas vão sempre atirar pedras em seu caminho.
Cabe a você usá-las para construir um muro ou uma ponte.

Camila de Azevedo

Os filhos poderão ter autoestima elevada quando a autoimagem deles for positiva. Doce, bravo, tímido, bagunceiro, preguiçoso, relaxado, irresponsável, estudioso ou recatado. Qual é a imagem que descreve seus filhos? Mas essa imagem é de fato quem eles são? Eles são confiantes, seguros e felizes? Eles são o que acreditam ser?

Os pais estão enxergando uma imagem projetada e idealizada ou a imagem real dos filhos? Estes agem conforme a imagem que acreditam ou como são em sua essência?

A psicologia tornou-se uma ferramenta útil para desvendar todas essas perguntas. Um método muito utilizado é o da hipnose, criado pelo psiquiatra e hipnoterapeuta doutor Milton H. Erickon.

A hipnose é uma programação neurolinguística, e sabe-se que alguns pacientes em estado de hipnose tiveram sessões nas quais eram impulsionados a acreditar que estavam com os braços imersos em baldes de água extremamente gelada.

A consequência é que, hipnotizados confortavelmente em cima de um divã, eles começaram a apresentar reações de hipotermia.

Existe uma parte do cérebro que não distingue o real do imaginário, logo o que imaginam ou vivenciam traz consequências e sintomas para o corpo, conforme Maxwell Maltz explica em seu livro *Psico cibernética*. Por isso, durante uma sessão de hipnose, é possível programar sua mente.

Esse fenômeno é comprovado cientificamente através do experimento de Alvaro Pascual-Leone, da Harvard Medical School.

> Alvaro descobriu que o cérebro tem neuroplasticidade, que é a capacidade de criar novos caminhos e um sistema nervoso que tem o poder de mudar, adaptar-se e moldar-se ao imaginário ou real. O experimento muito conhecido que Alvaro aplicou foram dois grupos de voluntários que treinaram uma sequência de músicas. Um grupo treinou no piano (realidade) e o outro grupo somente imaginou tocar o piano e as letras (imaginário). O resultado foi que ambos os grupos tinham a mesma área do cérebro estimulada, sem de fato um dos grupos terem praticado tocar o piano (LEONE, 2017).

Ou seja, o que nossos filhos projetam como autoimagem, ainda que seja uma mentira da essência da personalidade e do caráter, é o que o cérebro reproduz.

Os pais precisam enxergar qual autoimagem os filhos produzem sobre si mesmos para que os enganos sejam eliminados e permaneça apenas o que é real.

Seu filho pode criar uma autoimagem de força quando na verdade ele é frágil, de passivo quando é ativo, de calmo quando é nervoso, de feliz quando na verdade é solitário etc.

Pais imaturos não percebem esses rótulos que seus filhos carregam como barreiras de proteção para aceitação. Pais imaturos não percebem que os filhos criaram uma autoimagem de requisitados, orgulhosos e egocêntricos porque a realidade deles é solidão, tristeza, medo e abnegação.

Pais imaturos não detectam que a autoestima dos filhos está em decadência e que, por causa disso, eles criaram uma autoimagem de desprezados, rejeitados e feios.

Eles acreditam em uma imagem falsa de que para serem amados precisam ser o melhor em tudo, o bom, o primeiro colocado, o mais esperto, o mais inteligente, o mais querido, segundo os padrões da nossa sociedade.

Os filhos guiados pela autoimagem acreditam na ilusão de que, para ter algo e fazer parte de um círculo de amigos, devem ser iguais aos integrantes do grupo, ter as mesmas atitudes e hábitos. Aí que mora o perigo, nessa hora se submetem a tudo o que o grupo oferece, drogas, bebidas, orgias etc. E é justamente aí que os filhos guiados pela autoimagem e pela baixa autoestima se submetem a atitudes irresponsáveis.

Por exemplo, um filho que acredita que não é amado (ainda que seja) só terá comportamentos autodepreciativos, aceitará que outras pessoas lhes desdenhem e desvalorizem, pois em sua mente ele é indigno de amor.

Ele acredita que não merece nada que seja respeitoso, vive em uma autoimagem de rejeição. Logo, qualquer migalha em forma de amor os levam a fazer loucuras e ao apego.

A autoimagem errônea leva garotas a se entregarem a parceiros precocemente e abandonarem seus lares em busca de uma paixão.

A autoimagem negativa e a baixa autoestima levam ao uso das drogas e alcoolismo, a automutilação, homicídios e assassinatos.

São filhos que acreditam em uma mentira e agem segundo o que ela propõe, pois se um jovem acredita que não é aceito e amado por ninguém e carrega problemas emocionais que não consegue resolver sozinho, facilmente tenta o suicídio.

Veja o relato de um detento do Programa de Prisão Perpétua de San Quentin gerenciado pelo psiquiatra e educador doutor James Gilligan:

> Minha mãe me teve aos 17 anos, era muito jovem e isso projetou muitos traumas, autoimagem e baixa autoestima em mim. Ela me batia muito quando estava com raiva, o que era frequente. Mas a minha dor maior não era a física, pois esta eu já estava acostumado. Eu não conseguia entender o que havia de errado comigo? E especialmente naquela idade, o que eu havia feito para merecer aquilo?! Eu sentia culpa, vergonha e medo. Eu sabia que era suicida! Eu me cortava, uma vez fui parar no hospital por tomar uma cartela de remédio. Eu não achava que minha vida tinha valor e então quem iria se importar se eu estivesse aqui ou não?!
> A melhor maneira que eu encontrei de entender como pude matar outro ser humano é que eu não valorizava minha vida na época. Então eu não podia valorizar a vida de outro ser humano!.

Capítulo dezessete

Pais imaturos não sabem que seu filho carrega culpa, medo da rejeição e abandono

Os filhos não precisam de pais gigantes, mas de seres humanos que falem a sua linguagem e sejam capazes de penetrar-lhes o coração.

Augusto Cury

Todos os meios de comunicação divulgaram o caso do garoto de Goiânia que disparou contra outros alunos da escola, matando duas pessoas e ferindo quatro. As investigações afirmam que o motivo foi o bullying que o garoto sofria.

A coordenação e os pais ficaram espantados, pois desconheciam que o jovem era vítima do desprezo e do bullying.

Em 2003, o estudante Ediomar entrou na escola, cumprimentou os porteiros e inspetores normalmente, atirou em nove pessoas entre professores e alunos e suicidou-se em seguida.

Ele sofria de obesidade e, mesmo perdendo trinta quilos, continuava a ser ridicularizado pelos colegas como revelou a reportagem do G1[6].

A pergunta que não quer calar e se repete com frequência é: nossas crianças não são resilientes ou a sociedade em que estamos criando-as está

---

[6] RESENDE, Paula. Estudante que atirou dentro de escola está 'arrependido' e 'abalado', diz advogada. *G1*. 22 out. 2017. Disponível em: <https://g1.globo.com/goias/noticia/estudante-que-atirou-dentro-de-escola-esta-arrependido-e-abalado-diz-advogada.ghtml>. Acesso em: 26 nov. 2017.

extremamente hostil? Como uma tragédia como as das reportagens anteriores ocorrem e os pais são pegos de surpresa? E a coordenação que não percebia que existiam alunos vítimas de sentimentos abusivos?

O que houve com essas crianças que as fizeram acreditar que a única saída era matar e morrer? Os pais não estão com tempo suficiente para observar os sentimentos dos filhos. A correria do dia a dia exige uma demanda maior de tempo e, como consequência, traz a ausência.

Mas essa não é a única explicação apresentável para justificar crianças tão agressoras, violentas e incompreendidas.

Pesquisas[7] realizadas mostram que 70% das crianças que praticam o bullying com os colegas presenciaram agressões, sofrem abusos emocionais e físicos em seus lares, mas que 30% praticam bullying por diversão, ego e poderio.

O outro lado da história ocorre quando o opressor ataca, a vítima é explorada e a plateia aplaude os atos cruéis das crianças que agridem, roubam lanche, assediam sexualmente e debocham intencionalmente de outras crianças que geralmente são incapazes de se defender. O fato é que todos os envolvidos, tanto o agressor como a vítima e quem assiste precisa de respaldo e cuidados.

O que faz as crianças assistirem um agressor violentar as emoções de seus colegas sem reagir? Como podemos entender que crianças podem possuir e ter atitudes tão agressivas e cruéis sendo crianças?

Sabemos que há uma deficiência na educação, e infelizmente muitos pais e professores fogem do que é desagradável. Dessa forma, eles não querem bater de frente e admitir uma realidade tão deplorável como esta. Admitir que as crianças estão com problemas emocionais é inconveniente para muitos pais e estabelecimentos de ensino. Assim, nem os pais, tampouco a escola se preocupa em ajudar os jovens.

A televisão e o cinema estão mais preocupados em entreter e arrecadar seus bilhões de dólares a dar atenção para essas questões.

Os pais fingem que está tudo bem com os filhos, e que as reclamações que apresentam quando chegam em casa são irrelevantes. Isso quando os pais não os incentivam a pagar o mal com a mesma moeda. "Se te bateram vá lá e bata também", "Se te agredirem, revide".

---

[7] STEFANO, Isa Gabriela de Almeida. Bullying na escola e seus efeitos jurídicos. *Revista da Faculdade de Direito da Universidade São Judas Tadeu*. n. 2, 2014.

Essa é a cultura que impulsiona mais violência e a repetição sem solução dos problemas dos jovens. Os pais preferem saber que seus filhos bateram do que apanharam. Eles não querem admitir que seus filhos são frágeis e precisam de ajuda.

Precisamos compreender os sentimentos de nossos filhos nos primeiros sinais. Não podemos esperar acontecer uma tragédia para notarmos que havia algo os incomodando.

Quando notamos que a criança não tem acolhimento em casa, mudamos a ótica de agressor e agredido. Todos precisam de respaldo e prevenção. Quando a criança não conhece outro ambiente, ela acredita que relacionamentos abusivos são normais. Quando o diálogo dentro do lar é silenciado, ela não tem a quem recorrer.

Se os pais não desenvolverem uma conversa e falar sobre os sentimentos e abordar temas desconfortáveis, as crianças jamais irão expressar o que há de errado com elas.

Pais imaturos não percebem que seus filhos estão tornando-se suicidas, que sua autoestima está baixa e que eles não se sentem amados. Quem fere é porque foi ferido e não podemos ignorar esse fato. As crianças estão carregando fardos pesados, de um lado sentem-se abandonadas, excluídas, zombadas, e de outro sentem-se poderosas, egocêntricas e algumas delas se tornam cruéis ao ponto de praticar todo tipo de bullying, caçoar da fisionomia, vestimenta, condição financeira dos colegas. A verdade é, quem agride ou quem é agredido precisa de muita ajuda.

Os pais precisam aprender a identificar os sentimentos dos filhos, mesmo os mais obscuros. Afinal, de nada adianta negá-los e tentar escondê-los na caixa preta da ilusão, acreditando que o filho é perfeito.

Reconhecer as sombras deles, entrar no porão dos seus sentimentos e emoções, ter clareza dos pontos que precisam melhorar e ensiná-los a lidar com eles é um passo para corrigir falhas, imperfeições no caráter e equilibrar a personalidade.

Uma personalidade luminosa tem uma sombra imensa, porém tem plena consciência de seu lado escuro e lida com ele com maestria, adquirindo controle do próprio mundo interior e da própria vida.

Como diz Tony Robbins, e concordo com ele, "regra geral, mudança não é uma questão de capacidade, mas uma questão de motivação". Assim, cabe aos pais motivarem seus filhos para realizarem mudanças em seu comportamento de modo que aprendam a respeitar os outros e a conviver sem ferir.

"Na vida um monte de gente sabe o que fazer, mas poucos fazem, de fato, o que sabem que é preciso. Saber não é o suficiente. Você precisa agir."

Antony Robbins

Capítulo dezoito

Pais imaturos não percebem a frustração, a humilhação e a vergonha que seu filho sente

> *Eduquem as crianças, para que não seja necessário punir os adultos.*
>
> Pitágoras

A maioria dos pais tem dificuldade em gerenciar seus pensamentos. Logo, não são capazes de ensinar esse domínio aos seus filhos e, desta forma, vivenciam em todos os lugares um verdadeiro caos em seus relacionamentos em função do descontrole das emoções.

O livro *Inteligência positiva*, de Shirzard Chamine, como já citei anteriormente, esmiúça o tema "sabotadores mentais" de uma forma surpreendente e esclarecedora.

No livro ele relata um caso específico de uma garotinha que todos os dias chegava da escola e dizia para seu pai como estava incomodada com a zombaria que seus amigos praticavam com ela.

> Após ouvir as queixas da filha o pai que desenvolveu alguns Sabotadores Mentais pelo decorrer da vida, entre eles o hiper-racional, dizia a ela:
> – Deixe isso para lá, não é nada!
> No dia seguinte a garotinha voltava cabisbaixa, triste e reclamando novamente e seu pai repetia o mesmo discurso e comportamento, não levando em conta os sentimentos da filha e dizendo: – Deixe isso para lá, não é nada!
> No terceiro dia a menina não expressou mais seus sentimentos. Ela acreditou que suas emoções deviam ser silenciadas, e que era normal sofrer ataques

constantes. Acreditou que os seus sentimentos não deviam ser expressos. Ela entendeu erroneamente que devia sofrer e aguentar, afinal, seu sofrimento "Não era nada"!

Como mecanismo de defesa a menina desenvolveu o sabotador Pitágorasmental Hiper-Racional, repetiu a personalidade do pai e calou-se. Ela carregou esse comportamento até sua vida adulta (CHAMINE, 2013).

Essa história é verídica e além de apontar para a imaturidade do pai em lidar com as emoções da filha, ele também colaborou para que ela desenvolvesse sabotadores mentais que ela carregaria pelo resto da vida, até que aprendesse a combatê-los.

Pais imaturos não percebem a frustração, a humilhação e a vergonha que seus filhos estão sentindo. Não permitem que o tabu "sentimentos" seja discutido, enfrentado e esclarecido dentro de casa.

Outro caso interessante é a história mencionada pelo programa *Mamilos* disponível pelo podcast no Spotify, no qual a psiquiatra Laura Saad fala sobre "A menina brócolis".

Havia uma menina negra e com lindos cabelos afros. Certo dia essa criança quis passar uma pomada capilar para tonalizar provisoriamente suas madeixas, e o fez escolhendo a cor verde.

Após tonalizar seus cachos com esta linda cor ela foi para escola e lá se iniciou a zombaria de todos os lados. Apelidaram-na de brócolis.

Quando a garotinha retornou para casa disse: "Mamãe, não quero mais usar esta pomada em meu cabelo nunca mais!"

"Por que filha?"

"Meus amigos me disseram que pareço um brócolis!"

A mãe com maturidade refletiu e após uns instantes de silencio declarou: "Filha, veja bem, você não gosta de brócolis?"

"Sim!"

"Brócolis não é nutritivo e saboroso além de ser cheio de vitaminas?"

"Sim!"

"Então filha, é legal ser um brócolis! Se alguém lhe chamar de brócolis diga que você é um brócolis vitaminado, gostoso e saudável."

Passou alguns dias e a mãe perguntou:

"Filha, você vai utilizar a pomada outra vez?"

"Sim, mamãe, eu disse para meus amigos que eu era um brócolis mesmo, e que brócolis é saudável, gostoso e cheio de vitaminas!"

Após ela ter dado essa resposta aos colegas, eles ficaram sem graça e não a importunaram mais. A menina se assumiu, se aceitou e enfrentou seus colegas. Sua mãe ficou feliz em ter ajudado a filha a resolver o problema de bullying na escola.

São dois exemplos distintos de como os pais lidaram com os problemas dos filhos. Assim, ensinar as crianças a lidarem com as frustrações, com a humilhação e a vergonha que experimentam na vida é o que forjará um caráter reflexivo e inteligente.

Pais maduros permitem que seus filhos expressem suas emoções e sentimentos de maneira que possam refletir e agir de forma assertiva.

Os pais devem ensinar seus filhos a lidarem com adversidades, a canalizarem seus sentimentos de forma positiva. Eles precisam ter liberdade e atenção ao expor o que estão pensando, sentindo, idealizando e arquitetando.

"A verdadeira grandeza do homem é medida pela força dos sentimentos que ele domina e não pelos sentimentos que o dominam."

Ellen Gould White

Capítulo dezenove

Pais imaturos não observam o nível de submissão, agressividade, retraimento ou isolamento do seu filho

Só é possível ensinar uma criança a amar, amando-a.

Goethe

Segundo alguns especialistas, a agressividade, o retraimento e o isolamento têm inúmeras causas, entre elas podem ocorrer pelo fato do filho não ter recebido o que desejava, por não ter tido as suas vontades atendidas, por se sentir rejeitado e excluído em função do seu comportamento, após não conquistar algo que lhe era importante.

Crianças e adolescentes que não têm limites em casa normalmente não têm limites na escola, nos relacionamentos, se acham donos do mundo, não respeitam ninguém, apresentam comportamento agressivo, pouca empatia e impulsividade quando contrariados.

Inúmeras experiências de rejeição por falta de aceitação dos colegas, nas frustrantes interações e consequentes exclusões, levam essas crianças e adolescentes a retraírem-se. O mal comportamento gera rejeição e exclusão que evoluem para o retraimento e isolamento e em alguns casos agressividade.

A agressividade é própria dos adolescentes, afinal eles enfrentam o fato terrível que já não são mais crianças e estão aos poucos mergulhando em um novo mundo dos adultos, mas a agressividade precisa ser devidamente canalizada para gerar iniciativa, decisão e coragem.

É um sentimento natural que objetiva nos defender, entrementes, a agressividade, a autoagressão e a agressão dissimulada, como o sarcasmo e o cinismo, têm causas variadas, mas precisam ser evitadas para não gerarem danos.

Os agressivos costumam encarar o mundo como um lugar hostil, repleto de disputas, mas se verificarmos a fundo a história deles, provavelmente encontraremos algumas crianças e jovens carentes e que sofreram todo tipo de privação se sentiram inseguras, outros que não tiveram limites e outros ainda que sofreram abusos emocionais repletos de mágoas e ressentimentos, e que em algum momento o seu potencial humano foi destruído, uma reação de insatisfação com o ambiente, um sentimento exagerado de culpa e ansiedade. Assim, lutam para evitarem a submissão, se imporem e não serem mais feridos e excluídos.

São crianças e jovens que, em função dos seus sofrimentos emocionais, perderam os parâmetros dos sofrimentos e direitos dos outros. Normalmente reagem precipitadamente, são muito criticados e sofrem por serem como são.

> Quando os pais ferem-se mutuamente, abandonam as famílias ou ameaçam suicidar-se, a ansiedade dos filhos é esmagadora. Eles podem desenvolver um padrão crescentemente agressivo em suas relações familiares, escolares e sociais (WOLFF, 1985).

Se o ambiente familiar é violento, as crianças e jovens podem optar pela introversão: se recolhem e passam a viver em um mundo próprio subjetivo. É uma forma de lidar com a triste realidade que não aceitam, se tornam indiferentes.

Recuperá-los da introversão exige ajudá-los a retornarem para o mundo, mas como essas crianças se sentem negligenciadas, maltratadas e perseguidas, normalmente ao retornarem se tornam agressivas.

Os pais precisam estar atentos ao seu comportamento, evitando brigas na frente dos filhos, bem como estarem atentos ao comportamento dos seus filhos, aprender a ler seus sentimentos, suas reações e orientá-los para que lidem com os sentimentos e reajam de forma adequada, para que na vida social os seus filhos possam conviver harmoniosamente com os grupos.

Nas escolas é muito comum crianças e adolescentes serem mimados, narcisistas e por isso não respeitarem ninguém, apresentarem comportamento agressivo com os colegas, professores e funcionários. Desta forma são rejeitados e muitos pais ficam indignados com os colegas e com a escola. Esses pais passam a vida trocando de escola, buscando uma que aceite a falta de educação dos seus filhos.

Muitos pais imaturos não tem noção da péssima educação que ministram para os seus filhos. Deixam eles fazerem tudo o que quiserem em casa, depois esperam que o mundo faça o mesmo.

Essas crianças, quando adultas, não conseguiram lidar com a mínima contrariedade e usam a agressividade a seu favor, para conseguirem o que desejam dos outros.

Este são os casos de crianças e jovens que agridem todo mundo verbalmente e até fisicamente, para obrigarem os outros a fazerem o que querem, atenderem seus caprichos e nem elas nem os pais enxergam tal comportamento como uma agressão.

Existe uma multidão de adultos que se comporta dessa forma, como verdadeiras crianças mimadas. Filhos que cresceram sem a devida orientação e o seu emocional não desenvolveu de acordo com a idade. Eles têm 15, 16, 17 ou 50 anos de idade, mas agem como se tivessem 3 ou 4 anos, por isso são rudes e reagem com violência ao serem contrariados.

Pais imaturos não conseguem reconhecer essas características e acreditam ignorantemente que o isolamento e o retraimento dos filhos se dão única e exclusivamente por culpa dos outros. Grande engano!

Filhos agressivos, retraídos e isolados sofrem no mundo as consequências da educação que não receberam de seus pais. Os pais precisam compreender que seus filhos precisam receber uma educação capaz de discipliná-los e socializá-los com os padrões culturais aceitos, para que consigam ter uma conduta de convivência harmônica.

É preciso ensiná-los habilidades sociais na infância e, desde cedo, a lidar com a raiva, insatisfação e frustração. Precisamos ensinar nossos filhos a liberar as frustrações de maneira que não prejudiquem nem machuquem ou ofendam ninguém.

Na maioria dos casos os pais imaturos, com sua própria postura, acabam incentivando esse comportamento hostil nos filhos. Em outros casos não são os pais, mas as companhias. Às vezes os pais são bondosos demais e não percebem o nível da sua permissividade que também é esmagadora para a formação da personalidade das crianças e jovens.

Os pais precisam fazer de tudo para amadurecerem e promoverem o crescimento emocional de seus filhos e, dessa forma, terão resultados incríveis. Sabemos que é uma longa jornada, mas é preciso atravessar todas as fases da infância e da adolescência, conscientes da importância de sermos maduros o suficiente na educação dos nossos filhos para ajudá-los a terem estabilidade nas suas personalidades e uma vivência de plenitude, prazer e felicidade.

Capítulo vinte

Pais imaturos não percebem a autorrejeição, a autopunição e a autossabotagem do seu filho

... defrontei-me com o caso de um respeitável senhor, professor universitário, que nutria havia muitos anos o desejo natural de ser o sucessor do mestre que o iniciara nos estudos. Quando esse professor mais antigo se aposentou e os colegas informaram ao pretendente que ele fora escolhido para substituí-lo, começou a hesitar, depreciou seus méritos, declarou-se indigno de preencher o cargo para o qual fora designado, e caiu numa melancolia que o deixou incapaz de toda e qualquer atividade durante vários anos.

Sigmund Freud

O fenômeno da autossabotagem foi alvo dos estudos de Freud descrito em seu artigo intitulado "Os que fracassam ao triunfar". Freud chegou à conclusão que a autossabotagem é uma doença da alma e a esclareceu em 1916 quando escreveu o segundo artigo polêmico no qual o intitulou de "Os arruinados pelo êxito".

O tema referia-se às pessoas que possuíam medo da felicidade, e para impedi-la, encontravam maneiras de fazer tudo dar errado, para sentir-se aliviadas e justificar a impossibilidade de poder realizar tais atividades.

A autossabotagem acontece justamente quando essas pessoas acreditam inconscientemente ou conscientemente que não serão capazes de suportar a felicidade. Desta forma, adiam ou impedem a concretização dos desejos, vontades e realizações que anseiam por anos.

Freud ainda concluiu seu raciocínio da seguinte forma: Expandir-se, competir, vencer, em quaisquer tipos de atividades, pode significar para o indivíduo crescer, tornar-se adulto e consequentemente, apavorado com a possibilidade desse triunfo, via de regra, ele fracassa após um ganho ocasional, vindo assim inibir sua potência, seu crescimento.

E Freud foi feliz em sua descoberta, pois vivenciamos muitos sintomas de autossabotagem em algum momento do percurso da nossa vida. De alguma forma já nos autoboicotamos.

Mas o problema é sério quando se torna repetitivo e constante. Esses são os casos dos filhos que encontram maneiras de bloquear e impedir a felicidade e a realização de seus projetos e planos.

Por que nós e os nossos filhos temos atitudes de autossabotagem quando na verdade desejamos ser felizes e encontrar o sucesso?

Desde criança, assimilamos ideias, informações, regras, modelos de condutas de comportamento impostos principalmente pela família, que nos fez cristalizá-los em nosso funcionamento. Com o decorrer do tempo, eles comandaram o nosso mecanismo psicodinâmico e foram inseridos em nosso funcionamento inconsciente. Veja alguns exemplos:

– Você não sabe fazer nada direito!

– Você estraga tudo! Incompetente!

– Você faz tudo errado! Preguiçoso! Estúpido!

– Você não está merecendo ganhar presente!

– Você é burro! Atrapalhado! Imbecil! Idiota!

Quando as crianças e jovens desenvolvem a baixa autoestima, a falta de amor próprio e a falta de autoconfiança, em função de uma crença ligada ao "não merecimento" que surge do inconsciente e abala o seu mundo emocional, é comum se manifestar a autossabotagem e a autopunição. Esses padrões atrasam ou bloqueiam o sucesso financeiro, a felicidade na vida afetiva, o desempenho na escola, no trabalho e a saúde como um todo.

Os principais problemas que levam à autossabotagem são as crenças errôneas e inconscientes que colocam as crianças e jovens no papel de vítima e assim não conseguem ser os autores do próprio destino.

Desde criança, assimilamos ideias, informações, regras, modelos de condutas de comportamento impostas principalmente pela família, que nos fez cristalizá-las em nosso funcionamento. Com o decorrer do tempo, elas comandaram o nosso mecanismo psicodinâmico e foram inseridas em nosso funcionamento inconsciente. (D'ANNA, 2013)

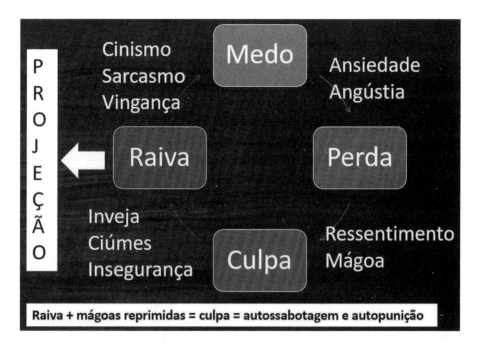

A vida se torna um negócio mal administrado, sem critério de preço. Aquilo que tem valor é vendido abaixo do custo, e as bugigangas a preços altos. Continuar a se sabotar significa falir (D'ANNA, 2013).

Pessoas que funcionam dessa forma têm inúmeros projetos, textos, ideias, porém nenhum deles chega a ser finalizado, e passam a vida toda procrastinando, lamentando sua sorte em um oceano de desmotivação, preguiça, desculpas e falta de vontade.

Filhos que se sabotam possuem sentimentos de culpa, desvantagem, abalos emocionais e desvio de personalidade como sentimentos de desproteção, desdém, rejeição e insatisfação que carregam desde pequenos.

Pais sem maturidade não conseguem compreender os sinais que os filhos apresentam em se autossabotar, se punir e se rejeitar.

A verdade é que os filhos estão assustados, ansiosos e preocupados em enfrentar qualquer tipo de mudança e novidade.

Os filhos, neste caso, estão presos em suas zonas de conforto e lhes falta coragem para serem felizes. Eles não se sentem preparados para enfrentar seus objetivos.

A probabilidade dos filhos com esses sintomas passarem uma vida inteira sem realização e evolução é enorme, maior do que se pode imaginar.

Isso justifica os casos de homens e mulheres acima de 40 anos que nunca deixaram a casa dos pais.

A autossabotagem anda de mãos dadas com a autopunição e autorrejeição. Os sintomas são dos mais variados, contudo os mais comuns são automutilação e autoflagelo. São os filhos que sempre acham que os outros têm razão, nunca estão do seu próprio lado, se submetem a relações abusivas e de degradação.

Nunca se impõem, se rejeitam e sempre se inferiorizam em comparação aos outros.

A autorrejeição, autossabotagem e autopunição têm início na fase infantil, em momentos em que os filhos por algum motivo se sentiram desqualificados, desvalorizados e insignificantes diante da família. São crianças que não se sentem plenas em serem elas mesmas, e se julgam não merecedoras.

Pais imaturos não ensinam seus filhos a fazerem uma troca compensatória de padrão, que é mudar e impedir pensamentos destrutivos por pensamentos de esperanças. A autopunição não é apenas uma atitude dos filhos que se machucam fisicamente, mas também sentimentos, situações e emoções que os ferem. Eles acreditam que merecem sofrer para compensar alguma suposta infração, pecado ou erro.

Muitos pais também se sabotam e se autopunem.

> Apenas aparentemente o ser humano deseja a si mesmo o bem, a prosperidade, a saúde, a felicidade. Se ele escutar a canção que toca dentro da sua alma perceberá dentro de si o canto da negatividade, suas crenças limitantes, assustadoras, trágicas e doentias, oração desventurosa, repleta de angústias e medos, preocupações com imagens doentias, expectativas de eventos terríveis, desgraças, doenças terminais prováveis e até improváveis. Vivemos sem ter noção que os eventos negativos se repetirão até que os estados psicológicos que os produziram sejam alterados. Nossos estados emocionais nos curam ou nos matam, nos enriquecem ou nos empobrecem. Somos anões psicológicos, menores que um inseto. Transitamos no mundo com o rabo entre as pernas, porque alimentamos sentimento de culpa e sustentamos monstros internos alimentados pelos nossos medos (D'ANNA, 2013).

É preciso mudar a nossa mentalidade para mudarmos a mentalidade dos nossos filhos!

A terapeuta Ione Aires Yananda no artigo "Crenças limitadoras e crenças impulsionadoras" para o blog O segredo, explicou que

> o nosso cérebro compreende o Medo e o Desejo como forças IGUAIS. O que acaba acontecendo é que uma força anula a outra.
> O medo anula o desejo.
> Exemplos:
> Eu desejo, eu quero ser rico! (Desejo)
> Não serei rico porque sinto MEDO.
> Desde a infância ouvimos frases do tipo:
> – Quem nasce pobre, morre pobre.
> – Dinheiro demais não é bom.
> – Somos pobres, mas honestos.
> – Nunca ganho o suficiente para guardar.
> – Meu chefe não me valoriza.
> – Se eu tiver para pagar as contas, já está bom demais.
> – Riqueza não traz felicidade.[8]

Essas crenças adquiridas ao longo da nossa vida nos sabotam. Desejamos muitas coisas, mas na maioria das vezes não temos a iniciativa, as ações necessárias para realizar os nossos desejos.

Assim, para quebrar esses padrões enraizados na nossa mente, precisamos reformular completamente as nossas crenças e alimentar pensamentos positivos, mas principalmente nos conscientizar que somos merecedores de tudo o que é bom. Precisamos abandonar a mentalidade de vítimas, superar a baixa autoestima e lidar com os nossos medos.

Que crenças você passa para os seus filhos? Pense nisso.

---

[8] YANANDA, Ione Aires. Crenças limitadoras e crenças impulsionadoras: sua vida começa hoje, agora, e dentro da sua mente!. *O segredo*. 27 mar. 2017. Disponível em: <https://osegredo.com.br/crencas-limitadoras-e-crencas-impulsionadoras-sua-vida-acontece-hoje-agora-e-dentro-de-sua-mente/>. Acesso em: 8 fev. 2019.

Capítulo vinte e um

Pais imaturos não conhecem um dos maiores inimigos do seu filho: o fantasma da carência

Aquele que olha para fora sonha. Mas o que olha para dentro acorda.

Jung

Existe um conceito psicológico que foi trazido pelo psiquiatra suíço criador da psicologia analítica Carl Gustav Jung (1875-1961) chamado de "A sombra".

Ele explicou que na personalidade humana existem dois lados, o lado aparente, conhecido também como persona, e a sombra.

A persona é o que mostramos para as pessoas, a imagem de "bom moço" feliz e prestativo, já o lado sombrio, maléfico, desagradável e maquiavélico é o lado sombrio e interno que escondemos.

As sombras são o lado interior que todo ser humano possui, mas que quase ninguém gosta de expor por ser feio e sombrio. É o lado podre que todos, sem exceção, possuímos.

Os traumas também fazem parte da nossa sombra e da sombra dos nossos filhos. Tudo aquilo que nós e eles vivenciamos e que foi muito dolorido.

Se as lembranças sombrias das experiências dolorosas não forem identificadas, serão utilizadas contra nós mesmos.

Para lidar com as sombras da personalidade dos nossos filhos, primeiramente devemos ter a consciência de que elas existem e precisam ser identificadas. Ter a noção do lado sombrio de cada um de nós sem resistências é imprescindível.

Um lado sombrio que as crianças e jovens possuem é a carência afetiva que é prejudicial para o seu desenvolvimento. Essa sombra surge quando as crianças não recebem carinho suficiente ou quando se sentem solitárias, isoladas, negligenciadas, rejeitadas e abandonadas.

Muitos pais lutam pela sobrevivência, dão de tudo para os filhos, a melhor escola, as melhores roupas, sapatos, alimentos, brinquedos, todos os tipos de cursos, mas às vezes, por falta de tempo, não conseguem dar carinho e atenção suficiente. Mesmo quando estão em casa, não dialogam e não estabelecem vínculo emocional com os filhos. Nesse contexto, os pais se sentem culpados e os filhos carentes e abandonados.

Por outro lado, ao contrário do que acreditamos, o excesso de carinho também gera a carência afetiva, pois a criança passa a depender dos outros, passa a acreditar que sua felicidade vem do mundo exterior. A carência afetiva gerada tanto pela falta ou excesso de carinho é um problema que precisa ser identificado e trabalhado.

Crianças carentes ficam doentes, sofrem atraso no seu desenvolvimento físico, apresentam transtornos no comportamento, instabilidade emocional, doenças cognitivas, obesidade, tiques nervosos, tristeza, apatia, agressividade, baixa autoestima, dificuldades para se relacionarem, ficam suscetíveis a pessoas mal intencionadas, acabam fazendo escolhas errôneas, envolvem-se em relacionamentos destrutivos, se entregam aos vícios e apresentam depressão.

As crianças têm necessidade de afeto, atenção, estímulos, limites e segurança. Como dar o carinho que as crianças e jovens precisam?

Devemos aprender a expressar bons sentimentos, diminuir as críticas e os julgamentos.

As crianças e jovens precisam se sentir importantes na vida dos pais e receber muita atenção e carinho. Passear em um parque, andar de bicicleta, ir a pé até a padaria de mãos dadas, receber um abraço, um beijo, sorrisos, são coisas simples, mas que pode fazer toda a diferença.

Todas as pessoas, segundo o autor Roberto Shinyashiki em seu livro *A carícia essencial*, têm diversas fomes, fome de contato, fome de reconhecimento, fome de estímulos, entre outras.

O autor afirma:

> Só sabemos nos tratar bem, se formos bem tratados, só sabemos fazer o que fizeram conosco, se só formos ignorados, só saberemos ignorar, ou aprendemos a nos tratar bem ou nos destruiremos (SHINYASHIHI, 1991).

Roberto Shinyashiki informa que a falta de estímulos pode levar as pessoas a quadros psicopatológicos graves e até a morte, e que aquelas que não tem estímulos perdem a motivação para prosseguir crescendo. As crianças necessitam ser tocadas, acariciadas, beijadas, olhadas e percebidas! O afeto é tão importante para a saúde quanto os alimentos.

Segundo o autor, muitas crianças para receberem atenção dos pais escolhem ter o pior comportamento. "A ideia é: faço qualquer coisa para você prestar atenção em mim!" (SHINYASHIKI, 1991).

Crianças que não recebem o carinho de que precisam testam vários comportamentos, começam a ficar doentes, a serem boazinhas demais ou rebeldes demais, por uma questão de sobrevivência. Fazem de tudo para ter o carinho dos pais.

Assim, o autor nos convida a refletir sobre a importância do afeto, de distribuirmos carícias para os nossos filhos, sem medo de demonstrarmos os nossos bons sentimentos.

Outros autores afirmam que para estarmos plenos emocionalmente, precisamos de dez abraços por dia! Imagine, dez abraços! Quantos abraços costumamos dar e receber? Acredito que estamos bem defasados.

O cientista Sheldon Cohen, após algumas pesquisas[9] revelou que "aqueles que ganham mais abraços estão, de alguma maneira, mais protegidos de infecções".

Portanto, abraço é conexão e faz bem ao coração!

Assim, espero que este capítulo tenha deixado claro as consequências nefastas da carência afetiva na vida dos filhos, sobre a importância do carinho, dos afagos e da necessidade de arrumar tempo para eles, de estabelecer vínculo emocional, de ser acolhedor, caloroso, estar mais presente e, quando não for possível, dialogar com sinceridade, explicando as suas razões, para que eles sintam a sua atenção e preocupação com eles.

"A maneira como você trata os seus, reflete o que verdadeiramente você é."

Roberto Shinyashiki

---

[9] COHEN, Sheldon apud TERAPIA DO ABRAÇO. *Bayer Jovem*. 19 mai. 2016. Disponível em: <https://www.bayerjovens.com.br/pt/fique-ligado/viver-bem/visualizar/?materia=terapia-do-abraco>. Acesso em: 23 ago. 2018

Capítulo vinte e dois

Pais imaturos não reconhecem que o mau comportamento do seu filho é uma forma de chamar a atenção

> *O melhor ângulo para a compreensão do comportamento humano é a partir do quadro de referências internas da própria pessoa. Quando isto é feito, os comportamentos estranhos e sem sentido são vistos como sendo parte de uma atividade significativa e dirigida para um objetivo.*
>
> Carlos Adriano

Reconhecer o mau comportamento das crianças e jovens é uma tarefa árdua. Exige maturidade por parte dos adultos, a capacidade de ver o lado bom de qualquer situação aparentemente negativa e suas mensagens subliminares.

Não podemos fazer milagres e mudar o comportamento das crianças e jovens de uma hora para outra, o que podemos fazer é descobrir o verdadeiro propósito do mau comportamento deles, desmascarar os personagens que interpretam no cotidiano escolar, compreender sua mensagem e agir de acordo.

O dicionário Aurélio define a palavra "mau" como moralmente repreensível, pecaminoso e maléfico. Será que as crianças, os jovens e os adultos fazem coisas que são repreensíveis, pecaminosas e maléficas?

Hitler, Idi Amin, Khomeini e Saddam Hussein são exemplos de que os adultos fazem coisas que são moralmente repreensíveis e maléficas. Mas esses adultos um dia foram crianças e jovens. E qual foi a natureza da sua maldade? De onde ela vem? Como ela se desenvolve nas crianças e jovens? Será que vem de pais viciados em álcool? Drogas? Viciados em trabalho? Da violência familiar? Das relações tóxicas e abusivas entre os adultos que eles diariamente testemunham?

O homem é bom e a sociedade o corrompe? O homem é um lobo, como defendia Tomas Hobbes?

Quais as causas da maldade humana? Como podemos eliminá-la? Seria a maldade humana responsável pela infelicidade?

Por que será que os jovens estão cada vez mais se tornando dependentes químicos? Por que o número de divórcios está tão elevado? Por que tanta gravidez precoce, por que tantos abortos? Estamos vivendo na era da informação sem reflexão? Vivendo na era da permissividade, sem limites, e de outro lado o autoritarismo?

Será que os adultos têm falhas em seu caráter e, como as crianças e jovens aprendem por meio do exemplo, do que eles os veem fazer e não por meio do que simplesmente falam, elas acabam reproduzindo o comportamento falho do adulto? Será que a maneira como falamos, nos expressamos, nos relacionamos, influenciam na formação do caráter e da personalidade dessa geração?

Somos responsáveis por eles, pela maneira como estão encarando a vida e se comportando?

Será que uma grande parte de nossas crianças e jovens apresenta um comportamento egoísta e mesquinho? Será que estão cada vez mais violentos, agressivos e rancorosos? Agem de forma para provocar o sofrimento nos pais, nos amigos, nos familiares e no mundo sem motivo, apenas por que são maus ou por vingança? Com certeza eles não são maus intencionalmente!

Não são maus o tempo todo, mas o quanto de maldade carregam dentro de si sem ao menos se darem conta? De onde vem a maldade que se expressa no comportamento deles? De onde vem a violência, agressividade, o bullyng que cresce a cada dia?

"Não importa o que fizeram de mim, mas o que eu vou fazer com o que fizeram de mim."

Sartre

Estamos educando esta geração para que sejam capazes de serem responsáveis por todos os seus atos, os bons e os maus? Será que, quando apresentam um mau comportamento, eles têm consciência da dor que geram para com eles mesmos, seus entes queridos, amigos, professores e para com o mundo?

Eles são culpados ou são inocentes? Será que eles são o que fizemos com que fossem? Reconhecemos o mau comportamento ou fingimos que tudo está bem, fugimos da realidade? Aceitamos o mau comportamento, lidamos com ele de forma madura, transformamos esse comportamento? Amamos nossos filhos apesar do mau comportamento?

No cotidiano escolar, basta observar os olhos sem brilho das crianças, seus rostos cheios de medos e preocupações para verificarmos que colhem da vida muito mais sofrimento do que felicidade.

A maioria deles são lindos príncipes e princesas, que se sentem e agem como sapos. Ao contemplar seus olhos, lembro-me de Nietzsche que afirmava:

"Nada existe. O que existe é a expressão da vontade humana se mudarmos o que existe?"

Como anda o comportamento dos pais? Como se refletem nos nossos jovens? Será que encaramos como de fato são? O temperamento com os seus impulsos e motivos? Conhecemos nossos filhos, seus defeitos, suas falhas de caráter? Conhecemos a nós mesmos?

Só podemos vencer o mau comportamento se tivermos consciência de que se origina em nós e depois nas crianças e jovens, por isso precisamos primeiramente conhecê-los, aceitá-los, amá-los, para então transformá-los.

Os nossos filhos são o nosso reflexo, eles aprendem com o que fazemos e não com o que falamos. Vamos refletir sobre algumas questões:

Quando você é chamado na escola porque os seus filhos se comportaram mal, você se sente frustrado, irritado ou aborrecido? Mau comportamento chama a sua atenção, não é? Fica furioso, com raiva e ferido com a coordenadora ou professora? Costuma culpar sempre os filhos dos outros pelos problemas do comportamento do seu filho, afinal ele é maravilhoso?

E os seus filhos, será que nesse momento tinham um objetivo, estavam buscando a sua atenção, se vingando, desejando poder, denunciando a sua falta de liderança, a falta de autoestima e autoconfiança deles mesmos ou estavam tentando se sentirem importantes?

É notório e conhecido por todos desde muito tempo que o mau comportamento resulta de vários fatores, entre eles a falta de atenção.

Nesse caso, algumas crianças pensam que o mau comportamento é capaz de colocá-las em evidência, de se tornarem o centro da atenção dos seus pais. Assim, elas se comportam mal tentando ganhar nada mais, nada menos que atenção da mãe ou do pai, às vezes da tia, avó, professora e do mundo!

Por esse motivo, costumam deixar seus pais e professores malucos, pois para chamarem a atenção para si mesmas, não param quietos, dão risadas durante as explicações nas aulas, provocam os amigos, arrumam brigas, não concluem as tarefas, não estudam e sempre têm a sua versão dos fatos. São eternas vítimas dos colegas, dos professores, coordenadores e diretores.

A falta de atenção por parte dos adultos é a causa do mau comportamento e isso, claro, incomoda demais os pais e os educadores.

Podemos considerar como mensagem do mau comportamento um pedido de socorro da criança e adolescente dizendo:

Preste atenção em mim. Eu preciso de mais cuidados, preciso também de atenção, fale comigo, pergunte-me sobre minhas atividades, planos e como foi meu dia. Dialogue comigo, me perceba, me veja, arrume tempo para mim. Estou aqui. Me ame, me dê atenção. Cuide de mim, por favor.

Por incrível que pareça, nos atendimentos escolares, podemos perceber que muitas outras crianças encontram o seu lugar no mundo quando são odiadas, muitas vezes por acreditarem que não merecem serem amadas. Essas crianças costumam se sentir inferiores aos amigos e irmãos.

De alguma forma, podem ter sofrido maus tratos, pois carregam algum tipo de trauma, não se sentem dignas de amor e, por isso, se identificam com o seu oposto, o ódio.

Infelizmente, essas crianças encontram satisfação pessoal ao serem cruéis e violentas. Esse comportamento denota vingança contra o mundo, contra os professores, amigos e contra seus pais.

São as crianças e os jovens que agridem de forma violenta os colegas, vandalizam os ambientes, provocam o tempo todo sentimentos de medo ou de raiva e não se preocupam com as consequências de seus atos, não se importam com as punições.

Podemos considerar a mensagem do mau comportamento gerado pela vingança como:

Eu sou digno do seu amor, me valorize, preciso da sua ajuda para superar um problema, preciso de carinho, de afeto, me ame pelo que sou e não pelo que gostaria que eu fosse.

Não aprovo a forma como você me trata ou como fui tratado.

Pare de me comparar com meus irmãos, com os vizinhos e com os outros.

Nos atendimentos às famílias, percebemos que muitas crianças e jovens têm uma educação extremamente autoritária, manipuladora e intimidadora, assim, aprendem a apreciar o poder. Desejam o poder sobre os que estão a sua volta e sentir-se importante, donos da situação.

Testam o tempo todo a autoridade dos adultos e querem se sentir vitoriosas. Para elas, vencer é sinônimo de fazerem o que desejam, sem cumprir regras, normas, determinações dos adultos.

Normalmente desafiam, intimidam e se sentem derrotadas ao terem de acatar algum tipo de ordem. Acreditam que a falta de poder, de total domínio sobre os outros é a causa de dos problemas do mundo. Nesse cenário, todos a sua volta costumam se sentir ameaçados e desrespeitados.

Podemos considerar a mensagem do mau comportamento gerado pela busca de poder como:

Não seja tão autoritário, não dê ordens, solicite, aprenda a pedir. Não me intimide, me oriente, me ajude a compreender o jogo da vida.

No cotidiano escolar, percebemos que existem crianças que apresentam mau comportamento por falta de autoconfiança e autoestima. Elas não gostam de si mesmas, não acreditam em si mesmas, acreditam que não são belas e boas o bastante, que são incompetentes para as atividades escolares, e com isso desistem de si mesmas, desistem de aprender e se sentem completamente inadequadas.

Seus pais constantemente se sentem frustrados, afinal seus filhos não conseguem lidar com as atividades mais simples da escola e não apreciam a si mesmas. Essas crianças escapam de todas as atividades individuais e em grupo, se rotulam de "feias", de "burras", "lerdas" e dão desculpas para não fazerem suas tarefas e não fazerem amigos.

Podemos considerar a mensagem do mau comportamento gerado pela falta de autoconfiança e autoestima como:

Acredite em mim, confie em mim, me ache belo, me ensine a confiar em mim mesmo, a superar meus limites, a lidar com minhas dificuldades, me estimule, não me deixe desistir de mim mesmo, tenha paciência comigo, eu também não quero ser assim.

Muitas crianças apresentam mau comportamento porque seus pais são permissivos demais, não são seus líderes. Por falta da liderança deles, elas acreditam que não são amadas, são renegadas a segundo ou terceiro plano.

O fato dos pais permitirem que façam tudo o que desejam é interpretado pela maioria delas como abandono, desleixo, descaso. Elas se sentem totalmente inseguras, vulneráveis e sem orientação. Sentem que não há quem lhes definam limites e as ensinem o que é certo ou o que é errado.

Podemos considerar a mensagem do mau comportamento gerado pela falta de liderança como:

Diga-me o que é certo e o que é errado, me ensine a me comportar, me diga o que fazer, coloque limites, diga não para o meu próprio bem.

É claro que reconhecer o mau comportamento dos filhos, a princípio, parece assustador, pois queremos ter filhos bem-comportados, perfeitos e felizes, mas cabe a nós adultos reconhecermos o mau comportamento para encontrarmos o seu propósito a fim de que possamos lidar melhor com ele.

Reconhecer as causas é tarefa para herói, mas precisamos diagnosticar, verificar, dialogar com as crianças e jovens e buscar descobrir suas motivações.

A observação, a busca da causa do mau comportamento costuma significar um primeiro passo rumo ao encontro do antídoto para todos os tipos de mau comportamento.

Quando estamos cientes de que possuem baixa autoestima, falta de autoconfiança, que procuram chamar nossa atenção, se vingar, buscar poder e testar nossa liderança por meio do mau comportamento, podemos dar mais atenção, mais amor, incentivar e apoiar de forma a ensinar comportamentos positivos, como responsabilidade pelos seus atos, cooperação, tolerância e coragem para fazer o que precisa ser feito.

Quando não ensinamos as crianças e jovens a se comportarem de forma positiva elas se comportam de forma negativa e se tornarão cada vez mais negativas e tirânicos à medida que crescem.

Os seus filhos não podem ser definidos por seu mau comportamento, eles são muito mais que isso. O mau comportamento é um sinal, um alerta de que alguma coisa não está funcionando e precisa ser revista, que eles precisam da sua ajuda, da sua atenção, liderança, do seu apoio, da sua fé e do seu amor principalmente.

Capítulo vinte e três

Pais imaturos não previnem a formação dos padrões negativos e os hábitos destrutivos, não percebem quando seus filhos estão usando drogas ou se automutilando

*Não importa quanto meus pais queiram,
eu jamais serei o filho perfeito deles.*

Autor desconhecido

O padrão negativo surge como autodepreciação, crença limitante, baixa autoestima, rejeição e desvalorização, entre outros pensamentos desonrosos, que são constantes e insistentes na mente dos filhos até que se tornam um hábito.

São pensamentos que estão há tanto tempo impregnados na pessoa que atuam no piloto automático e ninguém percebe.

"Eu já desisti de mim!"

"Nós suicidas só queremos alguém que nos entenda, não que nos julgue."

"Eu estou bem, só não sinto vontade de viver, ando desanimada, estou machucada, estou sem ânimo."

"Eu tenho muita raiva de tudo."

"Não sinto vontade de fazer a barba nem cortar o cabelo, não ligo se estou usando roupas velhas, não faço questão de agradar ninguém!"

"Eu não me importo com os estudos e não vejo sentido em trabalhar, não há nada que realmente me interesse."

"Não tenho muitos amigos e tudo bem!"

"Eu passo horas e horas sentado em um parque vazio vendo o movimento e esperando alguém chegar para se unir a mim e não fazer nada."

"Uso drogas mesmo, assim esqueço de mim."

"Não tenho paciência, me sinto abandonado e não ligo para beleza. Eu choro em silêncio, sofro em silêncio e morro em silêncio".

"Queremos pessoas que vejam nossas qualidades, não nossos defeitos, mas como isso é raro me drogo para me divertir."

Esses são relatos de garotos e garotas que usam drogas, praticam a automutilação, que têm depressão e são suicidas.

Jovens e adultos de diferentes idades sofrem em silêncio porque ninguém os vê. Eles se escondem, sorriem e fingem que estão bem, mas estão se acabando com as drogas, pensando em suicidar-se. Eles mantém uma certeza falsa de que, se morrerem, ninguém sentirá falta deles!

A cada quarenta segundos uma pessoa comete suicídio segundo as pesquisas da OMS[10].

Pessoas com depressão não costumam demonstrar os mesmos sintomas, pois a doença tem muitas faces.

Entre os sintomas da depressão estão a agressividade, violência, drogas, automutilação e o suicídio.

Segundo o relato de vários jovens, eles sentem uma profunda dor e, para aliviá-la, usam drogas e praticam a automutilação para que alguém lhes note, ou lhes amem.

O quadro se agrava quando esses jovens têm problemas escolares, familiares e amorosos ou ainda quando sofrem bullying e estão emocionalmente abalados.

Suzan Bolanho (17 anos) em seu canal sobre assuntos alternativos trouxe um pouco da sua história e contou como foi que se cortava e feria seu cacto nos momentos em que sentia muita raiva. Veja:

---

[10] UMA PESSOA COMETE SUICÍDIO A CADA 40 SEGUNDOS NO MUNDO, DIZ OMS. *O Globo*. 04 set. 2014. Disponível em: <https://oglobo.globo.com/sociedade/saude/uma-pessoa-comete-suicidio-cada-40-segundos-no-mundo-diz-oms-13826787>. Acesso em: 29 nov. 2017.

> Eu tenho um cacto desde pequena, e então quando eu sentia raiva, culpa ou vergonha eu cortava-o. Eu sofri muito bullying e para ajudar havia muitas brigas em meu lar. Eu precisava descontar minha raiva e grito de socorro em alguma coisa, e foi no meu cacto.
> Mas com 10 anos de idade eu descobri que eu poderia parar de ferir o cacto e me machucar. Então eu comecei a me cortar, eu era uma boa aluna, mas problemática. Sempre estava metida em encrenca e brigas para me defender.
> As marcas que possuo no meu corpo jamais se apagarão, as roupas podem escondê-las ou até mesmo uma tatuagem, mas as marcas da alma não se apagam. Eu sempre tive problemas e me feri muito com a automutilação (BOLANHO, 2017).

Susan Bolanho faz tratamento para depressão, toma seus medicamentos diariamente e incentiva outros jovens a não desistirem da vida e buscarem ajuda.

Cortar-se foi a forma que ela encontrou para aliviar sua dor, e isso a feriu ainda mais. Contudo outra forma de fuga que os jovens encontram para esquecer os problemas e a dor é com o uso das drogas.

Seja qual for a forma que os filhos encontram como fuga, os pais devem compreender que não se trata de "melindre", ou como alguns definem, "safadeza". Se seu filho está passando por esses problema, está precisando de ajuda.

Os valores da sociedade, a litúrgica dos valores morais e os princípios ditam como os pais devem agir com severidade e autoritarismo com os filhos desobedientes, viciados em drogas e problemáticos, contudo somente o amor transforma, constrói e educa.

Os pais devem atrair seus filhos para si e deixar as armas da punição, crítica e julgamento de lado, para abraçá-los, apoiá-los e ajudá-los.

> É urgente nos dias de hoje resgatar nos seres humanos a dimensão da carícia essencial. Ela está dentro de todos nós, embora encoberta por grossa camada de cinza de materialismo, de consumismo e de futilidades. A carícia essencial nos devolve a nossa humanidade perdida. Em seu sentido melhor, reforça também o preceito ético mais universal: tratar humanamente cada ser humano, quer dizer, com compreensão, com acolhida, com cuidado e com a carícia essencial (BOFF, 2014).

Parte 3

Compreendendo a importância do resgate dos valores do coração para formar filhos éticos, honrados, equilibrados, mais felizes e bem-sucedidos

"Pais maduros ensinam os filhos a extraírem a força do poder da humildade, ensinam sobre a importância de ouvirem os outros, a serem receptivos, sinceros, gratos, dedicados, cientes de suas limitações, capazes de reconhecerem seus erros e aprenderem com eles com bom senso, buscando sempre a superação de si mesmos com força, coragem e simplicidade."
Tania Queiroz

Capítulo vinte e quatro

Pais imaturos não incentivam a autoaceitação e o autoperdão

Assim que você confiar em si mesmo, você saberá como viver.

Goethe

Na década de 1970 as cientistas Pauline Clance e Suzanne Imes, da Universidade Geórgia em Atlanta, descobriram o fenômeno chamado síndrome do impostor.

Após estudarem seus alunos elas perceberam que, por mais que eles estudassem, se dedicassem e fossem competentes nas tarefas, eles ainda se sentiam incapazes e indignos de assumir novas responsabilidades.

Além disso, os alunos não se sentiam dignos de elogios e permaneciam estagnados sem avançar para outros objetivos e patamares. Eles de fato não avançavam em seus potenciais.

Quando a inteligência, competência e experiência dos alunos eram postas à prova, eles fracassavam. Não o faziam por incapacidade, mas pela crença de inutilidade que possuíam sobre si mesmos.

Os filhos que sofrem com essa deficiência carregam a crença que são uma fraude gravada em seu subconsciente e agem segundo esse estereótipo mental enganoso.

O fenômeno atinge mais de 70% dos alunos em diversas escolas. O resultado dessa síndrome é que os jovens que carregam estes sentimentos de desmerecimento, insignificância e falta de importância da qualidade dos seus feitos não evoluem.

Os filhos atingidos por ela não acreditam em seu potencial, ainda que com muito esforço, determinação e empenho tenham bons resultados nas avaliações escolares.

Por mais que estudem consecutivamente, participem de cursos, se capacitem e se graduem, sentem-se com demérito diante dos outros.

Um bom exemplo é quando os jovens iniciam a fase profissional do primeiro emprego, ou na escola quando devem apresentar um projeto ou trabalho.

A síndrome do impostor entra em cena destruindo qualquer possibilidade de crescimento e reconhecimento pessoal. Ela é formada por algumas características, e a primeira dela é o desmerecimento do seu próprio sucesso.

Eles trabalham muito bem, têm competências, são inteligentes e qualificados, contudo não se sentem dignos de aceitar qualquer promoção, elogio ou sucesso na área que atuam.

Chegam a justificar o sucesso ou o elogio como a "mera sorte", "favor de alguém" ou "coincidência", não aceitam que eles realmente eram aptos, capazes e especialistas para tal situação descartando a ideia de mérito próprio.

Mas esse fenômeno não acontece apenas nas escolas, dentro dos lares também. Neste caso são os filhos que são muito prestativos, fazem tudo para todos, trabalham arduamente com os serviços domésticos, ajudam seus pais e colaboram com as atividades do lar, mas nunca se sentem bem e com seu devido valor.

Pais imaturos não detectam este fenômeno nos filhos. Os primeiros sinais que os filhos estão sendo atacados por esta síndrome da falta de autoaceitação é não saber ser elogiado e reconhecido, sempre transferindo o mérito para outrem ou à sorte.

É fácil os pais detectarem se seus filhos possuem a síndrome do impostor, geralmente eles terão comportamentos extremistas em tudo. Ou eles querem trabalhar em excesso, ou trabalham de menos.

Por não acreditarem nas suas competências, eles trabalham demasiadamente, além do limite, para compensar, ou não trabalham por medo de não conseguir, superar as expectativas e propostas estipuladas.

Outro bom exemplo é, suponhamos que haja um projeto a ser feito, os jovens com essa síndrome não agirão, não tentarão realizar o projeto por medo de falhar. Na mente doentia deles, causada pela síndrome do impostor, eles preferem justificar para as pessoas que não conseguiram porque não tentaram, do que dizer que tentaram e falharam. Olha que loucura!

Arquivam seus talentos, calam o dom e impedem qualquer exposição das aptidões que eles possuem.

Outra postura comum de quem sofre a síndrome do impostor é a simpatia ou arrogância exorbitante, agindo como superior, "o sabe tudo" e com soberba, pois a arrogância é uma capa protetora para a sua insegurança.

Existe também a postura tímida, eles querem passar despercebidos, nunca atuam, aparecem ou se manifestam para não serem notados, geralmente trabalham por trás dos bastidores, quietos e despercebidos.

Pais imaturos não se importam com a prestatividade em excesso dos seus filhos, não impedem o ativismo exagerado e não instruem seus filhos a terem equilíbrio.

Já dizia os provérbios de Salomão: "Achaste mel? Come só o que te basta; para que porventura não te fartes dele, e o venhas a vomitar". A mensagem da frase é: tenha equilíbrio!

Os pais devem auxiliar seus filhos para que tenham equilíbrio e autoaceitação. Eles devem ajudá-los a combaterem a síndrome e o primeiro passo é não ceder a ela.

Se os filhos errarem, eles devem ter a noção do autoperdão, afinal ninguém é perfeito, somos aptos a erros constantes.

Os pais devem observar as atitudes e comportamentos dos seus filhos. Identificar se eles se sabotam, se perdem oportunidades propositalmente, se forjam doenças em situações que devem decidir algo e se fogem de situações de honra. Essas atitudes são máscaras para camuflar o medo da rejeição, medo de não serem escolhidos e de errarem.

Talvez em algum momento da vida deles, eles possam ter fracassado em algo ou com alguém, e não se perdoam por este erro. Por causa disso se punem e desencadeiam a síndrome do impostor.

E o pior estágio da síndrome é acreditar que são uma fraude e que a qualquer momento serão desmascarados. Uma ilusão que os definham aos poucos, mas que jamais acontecerá.

Dialoguem com seus filhos e tentem notar se em algum momento eles se traumatizaram ao fracassar ou decepcionar as expectativas de outras pessoas. Questionem o motivo de se comportarem assim com sabedoria e amor. Deixe seus filhos na liberdade para expor o que lhes afetam. E os incentive ao autoperdão.

O autoperdão está ligado à autoaceitação. É aceitar quem somos como seres únicos e raros. É aprender a se perdoar diante dos erros e aprender com eles. É ser capaz de mudar o que podemos e aceitar o que não podemos mudar.

Capítulo vinte e cinco

Pais imaturos não reconhecem a força do seu amor maduro

*Grande são a poesia, a bondade e as danças...
Mas o melhor do mundo são as crianças!*

Fernando Pessoa

"Ele agora está bem!"

Essa era a frase favorita de Eleonor, na época garotinha, hoje mulher e mãe. Eleonor cresceu sem receber a devida atenção dos pais, que precisavam trabalhar, ou quando não, estavam ocupados com seus próprios problemas emocionais.

O pai da Eleonor sempre foi atacado pela mãe, e ela por muito tempo sofreu com a alienação parental, que é quando os pais denigrem a imagem um do outro para os filhos.

Ela foi separada emocionalmente do pai muito cedo e então passou a ignorá-lo e a reprimir todo amor que sentia por ele! Assim ela foi crescendo. E ao contrário do seu irmão que muito usufruiu da companhia do pai e de alguns lazeres juntos, ela distanciou-se dele.

Eleonor cresceu sentindo muita falta do pai, mas ela não sabia disso, e descobriu as consequências do vazio que houve em sua vida após os 30 anos de idade.

Seu pai já havia falecido nesta ocasião e para ela só restou à experiência de cometer os mesmos erros com seus filhos.

Ela compreendeu que a ausência do pai se deu também pela negligência dele. Além de Eleonor evitar o pai (ainda que desejasse fortemente ser amada por ele), ele também não se empenhou em amá-la como ela merecia.

As consequências da ausência emocional foram uma vida inteira em que Eleonor buscou ser amada e reconhecida nos empregos, nos estudos e por qualquer pessoa que demonstrasse qualquer tipo de afeto ou respeito por ela, ainda que fosse insignificante.

Ela entregava o coração, as expectativas e os sonhos por migalhas de expressão de amor (o que nem sempre era amor de verdade).

Os resultados da atitude obviamente foram inúmeras frustrações, decepções e desenganos. Ela jamais iria encontrar em outras pessoas algo que precisava ser resolvido dentro dela.

Seu pai teve grande participação nesse vazio que Eleonor sentia, mas culpá-lo não consertaria seus problemas.

Ele sequer estava vivo para que ela pudesse desabafar e colocar em pratos limpos os anos em que fora roubada na relação entre pai e filha.

O pai de Eleonor foi imaturo e não sabia que a força do seu amor e o resgate de valores seria o suficiente para mudar a trajetória e felicidade de sua filha.

Embora ele tivesse muitos problemas pessoais, vícios e uma grande desestabilidade emocional, ele nunca tomou nenhuma providência quanto a isso. Foi um pai imaturo que não assumiu suas responsabilidades não revendo seus valores!

Se o pai de Eleonor tivesse assumido sua filha e reconhecido a força do seu amor, bem como a capacidade que esta força tinha, ele teria mudado de comportamento e mentalidade. Eleonor teve um casamento frustrado, criou seu filho sozinha e se tornou extremamente prestativa.

Ela buscou amor e refúgio em muitos lugares, porque seu pai imaturo não reconheceu a força do amor maduro.

Pais imaturos ignoram o fato de que o amor tem o poder de mudar as rotas e o futuro dos seus filhos.

Se o pai de Eleonor tivesse amado mais sua filha, lutado para combater a separação e as barreiras que foram construídas entre eles por brigas, egoísmos, incompreensões e medos, certamente Eleonor não buscaria suprir esse vazio em outras coisas e pessoas.

Fernando Pessoa disse:

> A criança que fui chora na estrada. Deixei-a ali quando vim ser quem sou. Mas hoje, vendo que o que sou é nada, quero ir buscar quem fui onde ficou.

A força dos valores, da harmonia, da paz, do amor constrói filhos fortes, ousados e confiantes!

De cinderela às avessas, de príncipe a sapo é o que se tornam a maioria dos filhos criados sem o amor e bom senso de pais imaturos.

Os filhos crescem, sentem-se adultos, e até os são biologicamente, mas emocionalmente não, param no tempo, ainda são garotinhos indefesos de cinco anos que choram escondido.

A força do amor maduro dos pais muda as histórias dos filhos. A revista *Veja São Paulo* no ano de 2014 trouxe a polêmica reportagem da ex-modelo Loemy Marques, 24 anos que vivia na Cracolândia.

Em entrevista para a revista ela contou:

> Fui abusada sexualmente dos meus 4 aos 10 anos pelo meu padrasto. Dormia no mesmo quarto que a minha irmã, que também era atacada por ele. Certo dia eu não aguentei mais a situação, e minha irmã e eu contamos tudo à nossa mãe.
> Na época, minha mãe ficava a maior parte do tempo fora, cuidando de duas casas para nos sustentar.
> Minha mãe não queria acreditar em nós, mas um dia ela pegou no flagra meu padrasto nos atacando e depois do episódio, ela o expulsou de casa, mas não procurou as autoridades para denunciá-lo.
> Até hoje, tenho muita mágoa. Eu era uma criança, e não se fez justiça.[11]

A força do amor maduro dos pais para com os filhos impediria traumas como esse. Loemy esperava que sua mãe a defendesse, que tomasse partido pelo dano que lhe havia ocorrido como forma de cuidado, proteção e amor. Seria uma forma de dizer a Loemy: "Eu me importo com você"!

Para Loemy não bastou apenas mandá-lo embora ileso e impune, ela queria que fosse feita justiça. Ela era uma criança vulnerável e incapaz de defender-se dos ataques, e ele simplesmente saiu livre dos seus atos.

---

[11] FARIAS, Adriana. Ex-modelo Loemy Marques luta contra o crack. *Veja São Paulo*, São Paulo: 21 nov. 2014. Disponível em: < https://vejasp.abril.com.br/cidades/loemy-modelo-cracolandia/>. Acesso em: 14 fev. 2019.

Os filhos anseiam e possuem grande expectativa nos pais, ainda que não seja pronunciada e declarada verbalmente. Eles desejam que os pais os amem, protejam e cuidem deles com toda a força do amor maduro que detêm.

Elizabeth, como se chama a mãe de Loemy, possivelmente tenha agido com imaturidade ou ignorância ao evitar a denúncia. Mas para Loemy a atitude foi um descaso.

Este é um pequeno exemplo de como a força do amor define o futuro dos filhos e traça rotas que se estenderão por um longo tempo. As feridas e traumas causados nos filhos pela ausência do amor maduro dos pais são muitas vezes irreversíveis.

Essas feridas levam os filhos a percorrerem caminhos tortuosos e escorregadios em busca de algo que nunca encontrarão. Foi o caso de Eleonor e Loemy. Sabemos que existem casos de filhos que fracassam e isso nada tem a ver com os pais, mas nestes casos houve traumas que acarretaram em acontecimentos e escolhas tristes em ambas garotas.

Histórias mal resolvidas da infância formam adultos problemáticos e sem controle das próprias emoções. Os pais que reconhecem a força do amor maduro se importam com o que é importante para os filhos.

> "O amor maduro não ama visando seus próprios interesses, mas o bem do outro.
> O amor maduro não se porta com leviandade, não busca apenas seus interesses e para finalizar o amor maduro não alegra com a injustiça, mas alegra com a verdade."
>
> Parafraseando Coríntios 13:4-7

Capítulo vinte e seis

Pais imaturos não ensinam o filho a superar frustrações, mágoas e ajustar expectativas

> *Criança é esse ser infeliz que os pais põem para dormir quando ainda está cheio de animação e arrancam da cama quando ainda está estremunhado de sono.*
>
> Millôr Fernandes

Crianças são indefesas! São fisicamente fracas, emocionalmente vulneráveis, intelectualmente crédulas e financeiramente dependentes.

Muitos pais, diante de separações e divórcios, praticam a alienação parental, denigrem a imagem do pai ou da mãe para os filhos. Sem pudor, difamam o outro genitor, não levam em conta que, o que eles pronunciam para os filhos sobre o pai ou a mãe deles, afeta o seu mundo emocional.

Possuir boas relações com os pais é o pilar para uma vida equilibrada, harmoniosa e que forma adultos felizes.

A ausência de empatia, elogios, respeito e amor provoca um estrago tão intenso nos filhos, que descaracteriza a personalidade deles de maneira fugaz e é capaz de alterar a percepção que os filhos têm deles mesmos.

As consequências da descaracterização é o transtorno de ansiedade, a incapacidade de adaptação em ambientes psicossociais normais, a baixa autoestima, o transtorno da identidade, sentimento incontrolável de culpa e isolamento, comportamento hostil, falta de organização, dupla personalidade e em caso extremo suicídio.

Filhos que, além de presenciarem brigas, separações e a dor das mudanças, não podem expressar o amor pelo pai, pois tem a sensação de estarem traindo a mãe, caso amem o pai que foi embora. Filhos que cresceram ouvindo histórias de como a mãe não presta, e como ela foi fria ao abandoná-los, sofrem absurdamente.

Podemos nominar também esses casos como relações abusivas, quando o pai ou a mãe se sente no direito de destruir as emoções dos filhos contra um dos pais.

Geralmente quando acontece um divórcio e essa ruptura não é bem elaborada pelos pais, as dores da mãe traída, ou do pai rejeitado torna-se uma questão que os filhos devem vingar.

Não é levado em conta que um mau marido ou uma má esposa, não é necessariamente um pai ruim, ou uma mãe degenerada.

Relações abusivas são quando um dos pais destroem as pontes de relação dos filhos com o outro genitor. Os pais que fazem isso acreditam ter a posse dos filhos e são extremamente imaturos e egoístas.

Essas relações abusivas acontecem sorrateiramente e silenciosamente, quando o filho percebe já se passaram anos e a relação foi perdida, porém os traumas são reais.

Pais imaturos que obrigam seus filhos a se esquecerem de que possuem um pai ou mãe por capricho, ego e egoísmo, que proíbem visitas ou a ter qualquer tipo de contato, roubam a saúde mental dos seus filhos e certamente no futuro colherão os frutos dos seus atos.

Leia esse texto que a doutora Ciça Maia, especialista em saúde mental e sexualidade, relatou:

> Alice tinha um pai maravilhoso que sempre a abraçava, beijava e a fazia sentir-se amada.
> Quando Alice tinha 10 anos, seus pais se separaram, sua mãe foi traída. Na ocasião a mãe de Alice foi embora de casa com ela sem dar maiores explicações. A partir daí Alice só ouvia horrores sobre seu pai. Ele parecia um verdadeiro monstro e Alice passou a odiá-lo (MAIA, 2016).

A mesma doutora afirma que no Brasil a maioria das alienadoras são as mulheres, mas os homens também cometem alienação parental com os filhos sem ter noção das consequências nefastas na vida emocional e psicológica deles.

Pais imaturos manipulam, usam e expõem os filhos contra o outro genitor, incutindo neles o ódio, a raiva e afastando-os de qualquer contato e convívio. Eles fazem uma "lavagem cerebral" na mente dos filhos e não se importam com a fragilidade, frustração e expectativas dos filhos, apenas com seus interesses egoístas.

O ideal era se importar com os sentimentos dos filhos e ensiná-los a superar as separações, os traumas e dramas com segurança, sem acusar, denegrir e atacar o genitor, mas não é bem assim que muitos adultos resolvem o fim dos seus relacionamentos.

Filhos de pais imaturos ficam desamparados emocionalmente, e o episódio se estende pelo decorrer da vida. As consequências só ficam claras quando os filhos crescem e não conseguem estabelecer vínculos afetivos estáveis e duráveis.

Quando não se estabilizam em nenhum emprego, quando se tornam carentes e necessitados de afeto e atenção alheia, quando necessitam ser aprovados constantemente.

No Brasil, sofremos uma grande resistência em reconhecer que existe a "alienação parental", ao contrário dos Estados Unidos que já têm tratamento para as doenças causadas por esse abuso em crianças e jovens que desenvolveram comportamentos antissociais.

A síndrome parental não ocorre apenas em pais divorciados, inclui também avós, tios, primos e outros que falam mal uns dos outros para crianças e lamentavelmente está presente em muitos lares tradicionais, com pais que ainda vivem juntos, contudo se odeiam e se depreciam o tempo todo.

Geralmente o pai ou mãe que está sendo atacado não sabe que a sua imagem está sendo transmitida de forma deturpada para os seus filhos. A partir disso, nasce então o afastamento e a indiferença entre os filhos para com o genitor atacado.

Uma rixa que os filhos não sabem ao certo de onde veio e nem porque começou, só sabem que de uma hora para outra, sem se darem conta, começaram a odiar a quem tanto amavam.

O conflito está no ar, e as relações estão completamente abaladas. Será que os pais têm noção dos traumas e da dor que estão provocando em seus filhos com tais atitudes? É imaturidade demais...

Pais maduros, ainda que sejam lesados em seus relacionamentos, não magoam os seus filhos com os seus problemas amorosos e os ensinam a superarem as frustrações de uma separação ou divórcio, a não guardarem mágoas e a diminuir as expectativas.

Capítulo vinte e sete
Pais imaturos não ajudam o filho a mudar os sentimentos imaturos, a enfrentar os seus erros, resolver os seus problemas, a superar suas experiências negativas

> *Independente do que estiver sentindo, levante-se, vista-se e saia para brilhar.*
>
> Paulo Coelho

Na obra *O desígnio*, Mike Murdock afirma que "o amor é mais forte que a doença, que o desânimo, que a pobreza".

A lição que os pais podem levar com este capítulo é ensinar seus filhos que grandes homens também vieram de lares com poucos recursos, todavia decidiram utilizar a inteligência emocional para mudar o seu futuro.

É dever dos pais ter maturidade para ensinar os filhos a reverterem suas histórias de melancolias, frustrações e de experiências negativas.

Os pais maduros incentivam seus filhos a se levantarem após uma queda na vida, superarem suas frustrações e a dominarem as suas emoções.

Pais imaturos só falam sobre problemas emocionais e não conseguem buscar soluções e mudar seus sentimentos negativos.

Segundo Daniel Goleman que deu origem ao livro *Inteligência emocional*, podemos compreender um pouco mais a fundo as emoções dos filhos, os sentimentos imaturos e como eles podem resolver seus erros, as experiências negativas e os problemas com superação.

A inteligência cognitiva e a inteligência emocional podem ser desenvolvidas e aprimoradas independentes das ocorrências de fracassos e decepções.

Goleman explica que o QI de uma pessoa não é garantia de sucesso e felicidade. E para comprovar esse fenômeno temos o exemplo de Steve Jobs, que superou as expectativas negativas que a sociedade e os valores ditavam sobre quem ele se tornaria quando adulto.

Para quem não sabe, Steve foi deixado para adoção por sua mãe que não tinha condições de cria-lo. Ela almejava um futuro melhor para seu pequeno homem. Steve Jobs passou por algumas tentativas frustradas de adoção. Muitos em uma ocasião como essa poderiam apontar o dedo para o pequeno órfão e ditar qual seria o futuro dramático, fracassado e marginalizado que ele teria.

Contudo não foi bem assim que Steve Jobs lidou com as suas condições ruins. Enfrentou suas dificuldades, sonhou e se tornou um exemplo de sucesso para a humanidade.

Leia o discurso que ele apresentou na Universidade de Stanford no ano 2005.

> Lembrar que estarei morto em breve é a ferramenta mais importante que já encontrei para tomar grandes decisões. Porque quase tudo como expectativas, orgulho e medo, caem diante da morte, deixando apenas o que é importante. Não há razão para não seguir seu coração. [...] O seu tempo é limitado, então não o gaste vivendo a vida de outro alguém. Não fique preso pelos dogmas, que é viver com os resultados da vida de outras pessoas. Não deixe que o barulho da opinião dos outros cale a sua própria voz interior. E, o mais importante: tenha a coragem de seguir seu próprio coração e sua intuição. De alguma forma, eles já sabem o que você realmente quer se tornar. Todo o resto é secundário[12].

O cientista Goleman realizou pesquisas cerebrais e comportamentais que quebraram as crenças antigas sobre inteligência. Elas revelaram que pessoas de QI alto muitas vezes fracassam na carreira por falta de inteligência emocional, e muitos com QI mais modesto se destacam e alcançam grandes cargos em função de terem sua inteligência emocional desenvolvida. Assim, ele quebrou o mito da inteligência.

Segundo Goleman, a forma como lidamos com as nossas emoções é que nos permite alcançar o sucesso ou o fracasso.

A autoconsciência, o controle das emoções, a resiliência, persistência, a tolerância, a empatia, a paciência e a flexibilidade são qualidades importantes

---

[12] JOBS, Steve. Você tem que encontrar o que você ama. *Trabalhos de RH*. 31 ago. 2011.

para o sucesso profissional, definem o grau de inteligência emocional e podem ser ensinadas na infância.

Com base na teoria da inteligência de Goleman, podemos constatar que é possível ensinar as crianças e jovens a superarem as experiências negativas, aceitarem os erros e enfrentarem os problemas, fazendo uma "deliciosa limonada com os limões azedos que a vida dá".

Foi assim com Steve Jobs que após ouvir uma música melancólica em um apartamento minúsculo decidiu mudar a trajetória das suas emoções e construir uma nova vida e acabou deixando uma mensagem maravilhosa antes de morrer.

> "Não eduque seu filho para ser rico, eduque-o para ser feliz. Assim, ele saberá o valor das coisas e não o seu preço."

Os pais precisam ensinar aos filhos desde cedo que a família, o amor é mais importante que tudo e que as decepções, experiências e os problemas fazem parte da vida de qualquer ser humano e eles têm o poder de enfrentar os seus erros, resolver os seus problemas, a superar suas experiências negativas, enfrentá-las com coragem e confiança. Os pais precisam ensinar aos seus filhos a importância de não terceirizar os seus erros, ou seja, sempre encontrar um culpado para as situações constrangedoras inerentes ao convívio humano.

Um exemplo claro disso é quando os filhos reclamam dos professores. Pais maduros explicam que ainda que o professor tenha sido ríspido ou tenha cometido um erro, na vida ele encontrará chefes, gerentes, diretores com personalidades bens difíceis e terá que aprender a lidar com eles.

Dessa forma, ensinam aos filhos que aprender a conviver com vários tipos de personalidades exige tolerância, perdão, paciência e superação.

Sabemos que não é fácil conviver com pessoas difíceis, porém é muito importante, pois muitos jovens atualmente não se adaptam no trabalho. Alguns, com quase 30 anos, não param no emprego porque não se adaptam, não sabem conviver com outros, aceitar ordens e lidar com seus superiores.

São jovens adultos cujos pais mimaram e satisfizeram seus caprichos e não compreenderam que o mundo não faz o mesmo.

O resultado é um número considerável de jovens adultos desempregados e que ainda são sustentados por seus pais. Pense nisso. Não permita que seus filhos terceirizem os próprios erros. Ensine-o a assumi-los, encará-los e resolvê-los.

Capítulo vinte e oito

Pais imaturos não desenvolvem o altruísmo, deixam que seu filho seja um egoísta

> No cotidiano descobri que o vinho de uma hora para outra, num processo muito rápido, sem que possamos perceber e socorrer pode virar vinagre, que o leite pode azedar e que a vela pouco a pouco vai se apagando e, assim, nossas crianças e jovens vão ficando egoístas, deprimidos, ansiosos, desmotivados, agressivos, sem vida, sem luz, sem sabor e sem alma, imersos nas trevas da depressão, da infelicidade, e o que é pior, em alguns casos nas trevas da delinquência, dos vícios e da ignorância sem perceberem a preciosidade da vida.
>
> Tania Queiroz

Possivelmente você já se perguntou sobre sua missão, propósito, valores e o que deixará para as próximas gerações. O que você deixará para seus filhos de exemplo e referência?

Infelizmente muitos pais estão criando crianças para serem verdadeiros adultos egoístas. Como referências estão deixando um legado de egocentrismo, frieza e individualismo. Sem dúvida, um tripé de imodéstia com essas atitudes.

"Egoísmo", segundo o dicionário Aurélio, é um substantivo masculino que nomeia um amor próprio excessivo, que leva um indivíduo a olhar só para os suas opiniões, interesses e necessidades, e que despreza as necessidades alheias.

Egoísmo é um exclusivismo que faz o indivíduo se concentrar em si mesmo ignorando os outros. É um orgulho, uma presunção.

A pessoa que trata só de seus interesses, que carrega consigo os sentimentos do egoísmo é adjetivada de egoísta. Na psicologia, a atitude intelectual daquele que tudo se refere ao próprio eu, é chamada de egocêntrica.

Este é o caso de Danilo que irei compartilhar com você.

Danilo sempre fora poupado pela mãe em todos os âmbitos. Ela era compassiva todas as vezes que ele ia para a diretoria por praticar bullying com os amigos, por pichar as carteiras da escola, ou por quebrar algum objeto público.

Toda semana ela era convocada para ir à sala da diretoria buscar Danilo. A mãe não impunha nenhuma regra, punição nem aplicava algum tipo de castigo para corrigir e educar seu filho.

Ela mantinha a certeza de que seu filho era inocente das acusações dos professores, diretores e da gestão escolar. Ela justificava tal comportamento delinquente como perseguição por parte das autoridades escolares.

Danilo não tinha exemplos de delinquência em seu lar, mas também não tinha nenhuma correção e noção do certo e errado por parte dos pais, que sempre passavam a mão em sua cabeça e o tachavam como um coitadinho e incapaz de praticar tamanha depredação na escola.

A mãe de Danilo também o poupava dos deveres domésticos, das obrigações de suas tarefas individuais e das responsabilidades em um todo. Em um lar de quatro pessoas, a filha mais velha devia dar conta, enquanto Danilo jogava vídeo game ou brincava.

Quando a mãe era questionada pela filha sobre a injustiça de delegar a ela todas as tarefas enquanto o irmão não fazia nada, a mãe respondia com desculpas esfarrapadas: "Ele ainda é pequeno", "Ele é homem", ou "Deixe seu irmão em paz".

Quando Danilo ficou jovem, começou a trabalhar, mas não lhe era cobrado nenhum valor para ajudar no orçamento do lar. O pai de Danilo se desentendia com a mãe, pois ele não achava correto o filho não colaborar.

Ele queria ensinar o filho as responsabilidades e a união familiar, contudo era impedido pela mãe que sempre o favorecia e o mimava de forma inconsciente. Ela dizia não precisar do dinheiro dos filhos, ignorando que a atitude iria construir o caráter dele e o preparar para o futuro.

Assim, os anos foram se passando. Obviamente que as consequências chegaram tão certo quanto dois mais dois são quatro.

Um dia o pai de Danilo lhe faltou, sua mãe se tornou viúva e o orçamento da casa estava escasso. Enquanto a filha, após o trabalho, passava no supermercado para fazer compras para a casa, Danilo esbanjava seu dinheiro com amigos, restaurantes e passeios.

Ele tinha grandes dificuldades em ser responsável e compreender que devia fazer parte do círculo de colaboradores. Nos momentos em que ele era o único que possuía dinheiro, esquivava-se egoistamente, tinha dificuldades em dividir, doar e se unir as responsabilidades em geral.

Ele não colaborava com as contas e se a mãe precisasse dele em outra situação, ficava a "ver navios".

Após muitas situações na qual não teve o apoio do filho e constatar que seu filho era um egoísta, ela se questionou: "Onde foi que errei?" O livro de Provérbios de Salomão disse: "Instrua a criança segundo os objetivos que você tem para ela, e mesmo com o passar dos anos não se desviará deles".

Pais imaturos não ensinam seus filhos enquanto eles são ensináveis e moldáveis. O papel dos pais é ensinar os filhos a serem adultos cooperativos, responsáveis, humanitários e generosos.

Ele tornou-se egoísta, egocêntrico e sem noção de altruísmo, de troca ou generosidade. Tornou-se mais um adulto imaturo e irresponsável. Sua mãe colheu o que não plantou.

Capítulo vinte e nove

Pais imaturos não ensinam sobre humildade, deixam que seus filhos sejam orgulhosos e arrogantes

A arrogância é o reino sem a coroa.
Textos Judaicos

Estaríamos na era da arrogância?

Os gregos dizem que o único pecado irremissível é a arrogância, pronunciada como *hubris*.

"A arrogância é vista como falta de consciência de limites, uma ambição demasiada, como desejo incontrolável de posse e de poder a qualquer custo"[13]. Grande verdade!

A arrogância levou muitos homens à penúria e a grandes fatalismos. Dizem que John Lennon, em um ato de insanidade, blasfemou e afirmou: "Sou mais famoso que Jesus Cristo". Todos sabem que tempos depois ele foi brutalmente assassinado por um fã com cinco tiros.

O mesmo aconteceu com Tancredo Neves, dizem que ele também fez uma afirmação arrogante quando disse: "Nem Deus é capaz de me tirar da presidência!" Ele não pôde exercer sua função, foi impedido um dia antes da data de tomar posse da presidência.

---

[13] PELLEGRINI, Luis. Arrogância. Os frutos amargos da perda da consciência de limites. **Luis Pellegrini**. Disponível em: <http://www.luispellegrini.com.br/arrogancia-os-frutos-amargos-da-perda-da-consciencia-de-limites/>. Acesso em: 30 mar. 2019.

A empresa que construiu o navio Titanic, Harland and Wolff, em resposta a uma repórter quando fora questionado sobre a segurança do navio disse: "Nem Deus poderia afundar este navio!". O resultado foi o maior naufrágio que aconteceu em todo o mundo. Coincidência ou não, castigo ou não, o fato é que alguns exemplos são exibidos pelas mídias ao retratar esse tema.

Realmente a arrogância procede à ruina!

Pais imaturos não previnem a formação da arrogância no caráter dos filhos. É quase impossível notar que aquele bebê recém-nascido, indefeso e ingênuo se tornará um adulto soberbo, arrogante e orgulhoso.

Os pais devem ensinar seus filhos a humildade, a mansidão e a modéstia. Sabemos que ensinar a modéstia e o humanismo não é tarefa fácil, mas os pais devem empenhar-se nessa empreitada.

A competição está a cada dia mais presente nas escolas, nos esportes e nos ambientes sociais. Para ser notado e bem-sucedido se destaca quem é mais popular, rico e poderoso, pois essas características financiam desejos, conquistas e sonhos.

Estamos vivendo a era do império dos holofotes, em que ter sucesso significa estar em evidência, ser aplaudido e cobiçado.

O dicionário Aurélio diz que "arrogância" é um adjetivo que expressa uma característica negativa de um indivíduo que carece de humildade, que se sente superior aos outros.

Ser arrogante significa ser altivo, prepotente, ter a convicção que é esperto em vários assuntos e, por isso, não ter interesse em ouvir outras opiniões. De modo geral, uma pessoa arrogante é considerada orgulhosa, soberba, presunçosa e extremamente vaidosa.

Os pais imaturos ignoram essas características nos filhos, os pais maduros incentivam e ensinam os filhos que a vida vale mais do que o possuir e obter. Eles auxiliam os filhos a desenvolver a empatia com o próximo.

Acredito que quando os pais auxiliam creches, asilos, visitam pessoas doentes, doam roupas usadas, sapatos, móveis, auxiliam alguém a arrumar um emprego, dão atenção a alguém que está sofrendo, orientam, motivam, auxiliam os seus filhos a sentir empatia e compaixão pelos necessitados, do ponto de vista material, emocional e espiritual.

Outro fator importante é não supervalorizar os filhos. Não exagerar nos elogios. Excesso de elogios gera orgulho, ausência de elogios gera insegurança, mas elogio na medida certa gera autoconfiança.

Um erro comum dos pais é idolatrar seus filhos como deuses e criarem filhos que inferiorizam os outros, portanto é preciso equilíbrio.

Pais maduros mostram aos seus filhos o valor das coisas, ainda que sejam ricos e bem-sucedidos financeiramente. Ensinam aos seus filhos que os bens materiais, fama e poder não farão deles melhores do que ninguém e que as maiores riquezas estão em coisas que não se pode comprar e exibir.

Pais maduros não realizam todos os desejos desenfreados dos filhos, ainda que os possam suprir. Não dão tudo o que seus filhos ambicionam pois sabem que eles nunca aceitarão um "não" quando adultos. Eles sabem que não há convivência agradável, amável e harmoniosa com pessoas arrogantes e orgulhosas.

Pais maduros observam o comportamento dos seus filhos e detectam quando existe um ego elevado. Notam quando os filhos nunca admitem erros, pedem desculpas ou voltam atrás nas suas decisões.

Pais maduros identificam quando os filhos preferem ganhar uma briga a ser feliz sem ter razão. Percebem que seus filhos usam de jargões como justificativas para sua soberba: "Eu sou assim mesmo e não vou mudar", "Você me conheceu assim", "Ninguém é obrigado a viver ao meu lado", "As pessoas vão ter que me aceitar assim".

Pais maduros ensinam a seus filhos que podem mudar a qualquer hora, basta decidirem compreender que não são os donos da verdade. Eles não dão tudo de "mão beijada", mas ensinam que a humildade e o trabalho dignificam o ser humano.

Pais maduros ensinam os filhos a extraírem a força do poder da humildade, ensinam sobre a importância de ouvirem os outros, a serem receptivos, sinceros, gratos, dedicados, cientes de suas limitações, capazes de reconhecerem seus erros e aprenderem com eles com bom senso, buscando sempre a superação de si mesmos com força, coragem e simplicidade.

Capítulo trinta

Pais imaturos não ensinam sobre a importância de ter uma autoimagem realista e criam filhos narcisistas e solitários

> *Eu me amo, eu me amo.*
> *Não posso mais viver sem mim.*
> Trecho da música "Eu me amo", Ultraje a Rigor

A mitologia grega conta que havia um belo jovem chamado Narciso, que despertou o amor da ninfa Eco. Contudo, Narciso rejeitou esse amor e por isso foi condenado a apaixonar-se pela sua própria imagem refletida na água como praga. Após se olhar tanto através das águas, Narciso se afogou. Depois disso, a mãe Terra o converteu em uma flor chamada narciso.

Eis que surge então a palavra narcisista, narcisismo e seus derivados. Pessoas narcisistas, em sua maioria, acabam afastando os outros, tornando-se insuportável e sem conteúdo, uma vez que os assuntos dela são sempre elas mesmas.

O dicionário Aurélio informa que

> Narcisismo é um conceito da psicanálise que define o indivíduo que admira exageradamente a sua própria imagem e nutre uma paixão excessiva por si mesmo.

Filhos mimados, cujos pais exageram na satisfação dos seus desejos, ou filhos negligenciados que sofreram falta de afeto, tornam-se narcisistas, supervalorizam sua imagem, sua beleza e inteligência ao ponto de agir cegamente, não vendo nada além deles. A grandiosidade invade suas personalidades.

Os indivíduos narcisistas são frequentemente fechados, egocêntricos e solitários, pois quase ninguém os suportam. Pais maduros evitam esse mal antes que ele se forme em seus filhos.

Mas e quando os pais possuem essas características? Precisam se conscientizar de quem o são e despojarem-se dessa postura pelo bem dos próprios filhos.

Para que os jovens construam relacionamentos saudáveis, os pais precisam identificar se seus filhos são narcisistas, observando se gostam de serem sempre o centro das atenções e se precisam ser elogiados constantemente, se utilizam um linguajar obsceno e sensual, se não pedem desculpas, se acham que todos os amam, se acham maravilhosos, nunca falham, não precisam cumprir regras, são manipuladores, prepotentes, se suas necessidades e desejos vem sempre em primeiro lugar, se não tem empatia, sentem necessidade de serem admirados, possuem um senso exagerado de importância, consideram-se superiores aos outros, exageram seus talentos ou tiram vantagens dos outros.

Os narcisistas gostam de pronunciar palavrões e chamar atenção com palavras de duplo sentido e erótico.

"Narcisistas gostam de falar alto, gesticulam em excesso, mantêm conversas que giram em torno deles e demostram profundo desinteresse quando os outros falam", afirma a psicóloga Anita Vangelisti da Universidade do Texas.

Muitos pais desatentos agravam o narcisismo dos filhos quando reagem a um colega da escola que exclui seu filho ou não quer ser amigo dele, ou quando sua filha é trocada por um namoradinho da idade dela.

O que geralmente esses pais dizem nessas ocasiões? "Você é muito melhor que ele", "Você era mesmo muita areia para o caminhão dele". "Você é linda demais para ele" "Seu amigo não te merece, por isso ele não quis brincar com você", "Ele é um bobão" etc.

Esses pais desatentos não ensinam seus filhos a simplesmente terem autoestima e serem resilientes nessas circunstâncias, mas para elevarem o ego rejeitado dos seus filhos desdenham os outros, ensinam os filhos a se sentirem superiores. É uma forma deturpada de ensinar os filhos a lidarem com as rejeições e suas emoções.

As crianças e jovens precisam aprender que ninguém é obrigado a nos amar, a querer a nossa companhia e a desejar ardentemente nossa presença, e quando forem rejeitados não devem menosprezar as pessoas dizendo:

"Bobão", "Sou melhor que ele (a)" ou "Sou mais eu". Devem apenas seguir em frente sabendo que existem diferenças de gostos e escolhas.

Pais maduros ensinam os filhos a respeitarem a opinião alheia e a ter autoconfiança para aceitar que eles não serão amados, desejados e queridos por todos no universo o tempo todo, e que ainda assim, está tudo bem!

É só uma questão de gosto e não rejeição. Pais maduros ensinam os filhos a não serem melindrosos, a terem autoestima, o que é saudável, mas não os ensina a ser narcisistas.

Pais maduros observam seus filhos, analisam o seu comportamento e os corrigem, combatem o narcisismo que leva a solidão e exclusão. Ensinam os filhos a terem uma autoimagem realista, ajuda-os a aprender a ouvir os outros, a terem empatia, a não serem o centro das atenções, para que construam relacionamentos saudáveis e sejam felizes.

Capítulo trinta e um

Pais imaturos não ensinam sobre tolerância, superar os preconceitos e administrar a raiva

Muito melhor é o homem paciente do que o guerreiro, mais vale controlar as emoções e os ímpetos do que conquistar toda uma cidade!

Provérbios

A raiva é um sentimento humano normal e útil de defesa, um alerta e proteção quando alguma coisa está machucando. É também um sentimento gerador de energia e ação.

Bárbara Bettencourt em seu blog Activa, apresenta um texto de Alexander Lowen, um psicanalista norte-americano que afirmou

> que a raiva ajuda a manter e a proteger a integridade física e psicológica do organismo e que sem ela ficamos impotentes face aos ataques a que a vida nos sujeita. Apesar disso, ela é uma das emoções mais reprimidas desde a infância. Para Lowen e outros autores da mesma linha, a raiva não expressa do passado pode ser a causa de muitas das tensões e rigidez[14].

Ela apresenta

Horácio Lopes que subscreve: "Se temos raiva porque nos sentimos limitados ou temos poucos amigos, essa emoção ajuda-nos a sair para o mundo e mudar

---

[14] BETTENCOURT, Bárbara. Conheça o lado bom da raiva. *Activa*. 05 abr. 2014. Disponível em: <http://activa.sapo.pt/saude-e-beleza/2014-04-05-Conheca-o-lado-bom-da-raiva>. Acesso em: 14 fev. 2019.

o que não gostamos", explica este psicoterapeuta, lembrando que não nos devemos afastar nunca do sentido positivo das emoções. "Precisamos ter em mente que sentir uma emoção desagradável não faz de nós piores pessoas. Perante um acesso de raiva, podemos ter a tentação de dizer 'fiquei possuída, não era eu'. Mas "acharmos que as emoções não são nossas abre caminho à dissociação. O primeiro passo da integração é reconhecer que as emoções nos pertencem. O segundo é perceber que podemos manifestá-las adequadamente"[15].

Em seu livro *A arte da felicidade*, Dalai Lama explica os tipos de raiva:

Quando pensamos na raiva, pode haver dois tipos. Um pode ser positivo. Isso se deveria principalmente à nossa motivação. Pode haver alguma raiva que seja motivada pela compaixão ou por uma sensação de responsabilidade. Nos casos em que a raiva é motivada pela compaixão, ela pode ser usada como um impulso ou um catalisador para um ato positivo. Nessas circunstâncias, uma emoção humana como a raiva pode agir como uma força para provocar a ação urgente. Ela cria um tipo de energia que permite a um indivíduo agir com rapidez e decisão. Pode ser um poderoso fator de motivação. Logo, esse tipo de raiva pode às vezes ser positivo (LAMA, 2000).

Infelizmente a raiva torna-se destrutível quando gera rancor e ódio e é expressada de forma violenta. Basta um minuto de raiva descontrolada para destruir uma vida.

Nessa hora a raiva é tão destrutiva como uma bomba nuclear. As pessoas que não controlam a sua raiva se prejudicam no trabalho, no casamento, com os amigos, vizinhos, enfim, destroem todo tipo de relacionamentos.

Precisamos ensinar as crianças e os jovens a lidarem com esse sentimento de forma que não destruam suas vidas.

Os cientistas dizem que sentir raiva, ódio e também o medo constante é um caminho para a autodestruição, pois o medo traz a insatisfação, e a insatisfação traz a raiva. A raiva e o ódio enfraquecem o sistema imunológico.

Se existe algo que os nossos filhos devem aprender é lidar positivamente com a raiva. Ela pode ter inúmeras causas e geralmente ou quase sempre explode dentro de casa com os entes queridos.

O grande problema da raiva é a injustiça, quando descarregamos toda a irritação e fúria do nosso interior em alguém que não tem nada a ver com os nossos problemas.

---

[15] Idem.

Existem inúmeros tipos de personalidade de crianças e adolescentes. Existem aqueles que diante de uma contrariedade isolam-se facilmente e podem até ser hostis, mas são mais tolerantes e superam com mais facilidade as suas emoções de ira e ódio.

Outros que já são teimosos, independentes, autossuficientes, agitados, egoístas e arrogantes, geralmente apresentam indiferença e insensibilidade nos momentos de raiva. São impulsivos e frios. São firmes em suas decisões, na hora da raiva pensam muito antes de ofender, mas se ofenderem, possivelmente não se arrependerão!

Outros ainda são sociáveis, animados, enérgicos, concentrados e disciplinados. No entanto, são bonzinhos demais, crédulos, exagerados e fantasiosos. São inconstantes e indisciplinados. Explodem no momento de raiva, ofendem e magoam outras pessoas sem pensar nas consequências. São intensos, impulsivos e briguentos. Não sabem lidar com o ódio e mandam ver nas agressões verbais e até físicas. Além disso, quebram objetos, esbravejam com gritarias e uma ira muito forte.

Quando estão cegos de raiva, fazem besteiras e depois que a adrenalina volta ao normal, se arrependem, choram e se desculpam e a briga termina ali. Contudo, se ficarem irados novamente, repetem o mesmo comportamento, fazem tudo igual, mas sem outras consequências maiores.

Existem também jovens e crianças mais calmas, tolerantes, confiáveis, estudiosas e honestas, mas indecisas e desconfiadas. Desmotivam-se com facilidade e não sonham com o futuro. Gostam da zona de conforto e não querem sair do comodismo, mas conseguem se controlar em momentos de ira, não são explosivas, mas para expressar sua raiva podem se automutilar, drogar-se ou expressar sua raiva de forma sutil e silenciosa.

Os estragos da intolerância e da raiva são evidentes em todos os perfis, uns mais gritantes que outros, contudo nenhuma forma de raiva é boa, senão aquela que dominamos.

Pais maduros conhecem profundamente os perfis de seus filhos e os ajudam a lidar com os momentos de raiva, ódio e fúria. Eles auxiliam seus filhos a compreenderem que a raiva é um sentimento e que por isso eles têm o direito de senti-la, mas não de expressá-la machucando os outros.

Pais maduros ensinam os filhos que a raiva dá energia, nos impulsiona a fazer as coisas diferentes, mas é um sentimento de alerta que vem nos dizer que as coisas poderiam ser diferentes. Nesse momento os pais ensinam os filhos a dialogarem com a própria raiva para que possam verificar o que está por trás desse sentimento A raiva é sinal de impotência, algo fora do nosso controle aconteceu. Como lidar com o que não podemos controlar? Parando, pensando, analisando, respirando.

Pais maduros ensinam aos seus filhos a importância de reconhecerem os fatos, as situações, os eventos que desencadeiam a raiva neles, em seguida ensinam a refletir sobre a interpretação que dão a eles.

Dessa forma, permitem que seus filhos aprendam a "esfriar a cabeça" diante de um problema e a controlar o seu comportamento raivoso.

Pais maduros ensinam seus filhos a ter autocontrole. Eles devem saber que não podem bater, dar chutes e agredir outras pessoas sempre que achar que devem. Eles mostram a seus filhos como administrar suas raivas e expor suas emoções através do diálogo.

Pais maduros elucidam a seus filhos que o diálogo interno é que muitas vezes define se o que aconteceu é motivo suficiente para a raiva. Assim, analisar as causas desse sentimento e fazer perguntas a si mesmo é uma forma de se acalmar. "Por que fiquei irritado?", "Porque a irritação está ficando cada vez maior?", "O que pode me acalmar?", "Por que estou com vontade de explodir?", "Estou me sentindo desvalorizado?", "Diminuído"?, "Rejeitado?", "Não consegui o que eu queria?", "Me sinto prejudicado?", "Me sinto desamparado", "Não aceito a morte do..?", "Não aceito a perda de...?".

Pais maduros ensinam sobre a importância do diálogo. "Você gostaria de falar como está se sentindo agora?" Desta maneira os pais dão a liberdade dos filhos se expressarem, mas limitam suas ações raivosas. Em outras palavras, os pais estão dizendo: "Eu te entendo, compreendo suas emoções, mas não é adequado sair por aí expressando sua raiva. Assim, a melhor maneira de expor a sua raiva é falando para mim sobre ela e não batendo nos outros".

Os pais maduros incentivam a comunicação verbal, não comportamentos agressivos, evitando bater em seus filhos para corrigi-los.

Quem nunca ouviu a frase popular: "Violência gera violência"? Na cabecinha dos seus filhos eles não entendem só o que você fala, eles entendem como você age.

Não parta para violência física todas as vezes que seu filho aprontar, ou ele entenderá que na vida, para corrigir outras pessoas, ele deverá bater.

Não dê exemplos de atitudes impulsivas, a violência física gera nas crianças comportamentos de agressividade e a faz acreditar que essa é a forma correta e normal de corrigir e se relacionar com os outros.

Pais maduros ensinam o autocontrole, não ensinam seus filhos a serem durões. É comum vermos pais sendo agressivos, impacientes e intolerantes no trato com os filhos, principalmente com os meninos.

Alguns pais gostam de incentivar seus filhos a serem machões, cruéis e rudes. Mas encorajar os filhos a serem durões pode gerar uma criança agressiva. Contornar esse dano no futuro será quase impossível, uma vez que o caráter já está formado.

Pais maduros ensinam seus filhos que é importante perceber quando a raiva está saindo do controle e a não permitir que isso ocorra, dominando os pensamentos e ações, fazendo imediatamente algo para se acalmar, como relaxar, respirar fundo, ouvir uma música, assistir a um filme, ler um livro, escrever.

Pais maduros ensinam os filhos que o sofrimento faz parte da vida e que nem sempre os outros são culpados pelo que nos acontece. Muitas vezes a nossa maneira de ser provoca dores nas pessoas que estão a nossa volta. Por isso precisamos ensinar os nossos filhos a lidar com o sofrimento para não ferirem os outros. Quando sofremos sentimos raiva, isso é natural, mas precisamos aprender a lidar com os nossos sentimentos, sendo sinceros e verdadeiros, falando o que nos machuca, o que nos incomoda.

Pais maduros ensinam os filhos a dizer a verdade com respeito. "Estou com raiva", "Meus amigos tiram sarro da minha cara", "Acho que a professora não gosta de mim", "Acho que não faço nada acerto", "Acho que o pai gosta mais do meu irmão", "Não tirei uma nota alta, mas fiz o meu melhor", "Estou com um problema, preciso de ajuda", "A morte do vovô está doendo em mim e não tenho com quem falar sobre isso".

Quando a criança está raivosa, algo dói dentro dela, e quando ela consegue falar para os pais sobre a sua dor, o que está machucando, automaticamente a raiva se esvai, é como quando uma bexiga se esvazia. No processo do diálogo elas se sentem ouvidas, compreendidas, amparadas e respeitadas, dessa forma aprendem sobre a aceitação, o respeito, compreensão, aceitação e compaixão.

Crianças e adolescentes raivosos tornam-se adultos infelizes e desequilibrados que dificilmente têm sucesso em suas vidas com um temperamento explosivo, perdem empregos, casamento, amigos. Ninguém aguenta conviver com pessoas explosivas, frustradas, que geram danos.

Assim, o diálogo sincero entre pais e filhos é um dos antídotos para a raiva, mas isso não basta. É preciso que os pais ensinem os filhos a reconhecerem que estão sentindo raiva, a não expressá-la de forma violenta machucando os outros – tanto verbal ou fisicamente, mas expressá-la de forma assertiva, a reconhecer o que desencadeia a raiva, a pensar para falar, a contar até dez antes de reagirem, a aceitarem as derrotas, a diminuírem expectativas, a entenderem que nem sempre tudo é do jeito que desejamos, a lidar com perdas, frustrações, a pedir ajuda, a tentar resolver os problemas antes de se desesperar, a analisar a própria postura, a não culpar apenas os outros e a verificar se não provocou a situação, a escrever sobre o que está sentindo acalmando as próprias emoções, a analisar e controlar os pensamentos.

Dessa forma, com essas atitudes os pais ensinarão os seus filhos a usarem a raiva de forma positiva, a terem energia para seguirem em frente, a não terem medo de expor as suas dores, a se conhecerem melhor e, apesar do sentimento de indignação diante de algo que aconteceu, aprenderão a procurar soluções para os seus problemas sem violência.

Pais maduros são calmos e pacientes, eles não gritam e não perdem o controle. Ainda que seus filhos estejam em uma crise de agressividade, a mansidão dos pais acalma seus corações.

Sabemos que os filhos imitam e repetem o comportamento dos pais, logo a frase que diz: "Quem fere com ferro com ferro será ferido" é verdade. Seus filhos farão o que você faz e não o quer você fala, entenda isso.

Capítulo trinta e dois

Pais imaturos não ensinam sobre a perseverança para que seus filhos entendam que os fracassos são degraus para o sucesso

Ninguém baterá tão forte quanto a vida. Porém, não se trata de quão forte pode bater, se trata de quão forte pode ser atingido e continuar seguindo em frente. É assim que a vitória é conquistada.

Trecho do filme *Rocky Balboa*

Se você conversar com alguns dependentes químicos ou adictos e questionar o porquê eles estão se deteriorando nas drogas e bebidas, certamente ouvirá respostas como: "Tudo era muito difícil para mim", "A vida era dura", "Nada dava certo", "Meus pais não me entendiam", "A minha casa era um inferno", "Cansei de ver meus pais brigarem", "Minha mãe me odeia".

O que muitos ignoram é que os jovens que se envolvem em vícios não o fizeram apenas por curiosidade, mas por causa da pressão do grupo, baixa autoestima, tédio, depressão, para fazer amigos e em função dos sentimentos contrários e pendentes que não conseguiram enfrentar e solucionar em suas vidas familiares, amorosas e profissionais.

Lulu Santos cantou: "Quando eu saí de casa, minha mãe me disse: Baby, você vai se arrepender, pois o mundo lá fora num segundo te devora".

Se libertar do uso das drogas exige muita perseverança por parte do usuário e da família. É uma guerra terrível.

Raul Seixas disse em uma de suas mais conhecidas músicas:

> Não diga que a canção está perdida! Tenha fé em Deus, tenha fé na vida. Tente outra vez! Tente! Levante sua mão sedenta e recomece a andar. Não pense que a cabeça aguenta se você parar. Não! Não! Não! Queira! Basta ser sincero e desejar profundo, você será capaz de sacudir o mundo. Vai! Tente outra vez! Tente! E não diga que a vitória está perdida, se é de batalhas que se vive a vida.

Pais maduros estimulam seus filhos desde pequenos a perseverar em seus objetivos. Por isso é muito importante não ceder a todas as vontades dos filhos, ainda que os pais tenham boas condições financeiras.

Dar tudo o que os filhos pedem e na hora que eles querem não ajuda a formar adultos responsáveis, mas sim adultos emocionalmente deficientes que não perseveram, e, portanto, que têm maior probabilidade de tornarem-se adictos.

Adicto é toda pessoa que possui vícios, seja em bebida alcoólica, drogas, pornografia, jogos ou sexo. Tudo que escraviza entra na lista de adicção.

Pais imaturos constroem filhos despreparados para a batalha da vida. Eles poupam seus filhos, nunca dizem "não" e não os deixam passar por dificuldades que os amadurecem. Pais imaturos que agem dessa forma criam filhos emocionalmente fracos e que jamais perseverarão em nada.

No dicionário[16], a palavra grega "perseverança" significa "capacidade de aguentar ou manter-se firme em face de dificuldades".

Um exemplo de persistência é o engenheiro inglês James Dyson, conhecido por suas variadas invenções, entre elas, o aspirador de pó que não tem aquele saco descartável onde a sujeira fica depositada. Ele deposita o pó em um recipiente transparente, após separá-lo. Quando o recipiente fica cheio é só jogar a sujeira no lixo. Para conseguir revolucionar os aspiradores de pó e conseguir essa proeza, ele levou cinco anos e construiu um império.

Uma frase dita por ele foi:

> Eu queria desistir quase todos os dias, mas não desisti. Muita gente desiste quando acha que o mundo está contra ela, mas é nesse ponto que você tem que insistir um pouco mais e seguir em frente, forte[17].

---

[16] "PERSEVERANT". In: *Glosbe*. Disponível em: <https://pt.glosbe.com/ca/pt/perseverant>. Acesso em: 30 mar. 2019.

[17] BIOGRAFIA DE JAMES DYSON. *Wiki Culturama*. Disponível em: <https://edukavita.blogspot.com/2015/05/biografia-de-james-dyson-quem-e.html>. Acesso em: 05 dez. 2017.

Pais maduros ensinam para os seus filhos sobre a importância de perseverarem na vida, diante de problemas, desafios, com força e coragem, determinação, paciência e que somente com persistência alcançarão sucesso, pois é a perseverança que dá forças para o homem suportar todo tipo de dificuldades, porque faz enxergar além do momento presente e ter forças para realizar os seus sonhos.

Muitas pessoas se frustram na vida por que não terminam o que começam. Iniciam um projeto de forma eufórica e, no meio do caminho, desanimam, desistem, não persistem e fracassam.

O filme *À procura da felicidade*, baseado em fatos reais, deixa claro o quanto a persistência remete ao sucesso. Conta a história de Chris Gardner, um homem que passou por muitos infortúnios, mas, persistente, nunca perdeu as esperanças de superar seus problemas financeiros e oferecer para o seu filho uma vida com qualidade. Apesar de sua triste história, ter sido despejado, abandonado por sua esposa e não ter onde morar, nunca perdeu a fé em si e na vida, dormiu no banheiro do metrô e em abrigos para mendigos, trabalhou durante o dia em um estágio, estudou à noite, enfrentou todo tipo de dificuldades e jamais deixou de ser carinhoso com o seu filho. Durante a sua triste jornada passou preciosas lições de perseverança e honestidade. A sua luta, seu posicionamento foi um verdadeiro exemplo de valores para o seu filho e deixou claro que o sucesso é fruto da integridade de um homem que não desiste dos seus sonhos nas piores circunstâncias.

As crianças e os jovens precisam aprender o valor da persistência e que a receita para o sucesso está dentro de nós mesmos.

Capítulo trinta e três

Pais imaturos não ensinam sobre a gratidão e o perdão para que seus filhos desenvolvam compaixão

A gratidão é a virtude das almas nobres.
Esopo

Um ditado popular diz que: "Em barriga cheia, goiaba tem bicho". Nos jornais, nas mídias e no nosso dia a dia vemos pais de família a até crianças aguardando o fim da feira para então recolherem os legumes, frutas e verduras estragadas para se alimentarem. Essas crianças não se importam com nada, elas só querem comer aqueles tomates passados e são gratos por tê-los.

A realidade dos condomínios é totalmente diferente, pois as crianças já não se satisfazem com o playground que têm disponível no prédio, as salas de jogos e a piscina já não são suficientes para que não se sintam entediados e infelizes.

E por que eles estão tão infelizes se moram bem, têm o vídeo game do momento, tablets, celulares e liberdade para irem e terem o que querem?

Os filhos estão infelizes porque têm tudo o que querem! Há uma frase muito interessante de um autor desconhecido que diz: "E depois que você tiver tudo o que almejava, o que irá querer depois"? São os excessos de presentes surpresas e mimos que estão tornando os filhos ingratos, incompassivos e insatisfeitos.

Por que estamos na era da ansiedade, tédio e insatisfação? Por que crianças são diagnosticadas com síndromes e depressões na fase da vida em que elas deveriam ser mais felizes, despreocupadas e livres?

Somos bombardeados constantemente pelas mídias e pela sociedade a ter o que dizem que devemos para sermos de fato felizes.

Muitas crianças estudam em colégios caríssimos, têm roupas de marcas, frequentam os melhores restaurantes e desfrutam da companhia de amigos que possuem a mesma classe social deles, mas exalam um ar de insatisfação total, ingratidão e desvalor de todo o esforço que os pais fazem para criá-los.

Seu filho já passou fome? Seu filho já enfrentou necessidades? Seu filho já ficou sem aquele brinquedo que tanto queria por falta de condições financeiras? Ele já andou rasgado, com tênis furado ou com a mochila com a alça arrebentada? Se sua resposta for sim, possivelmente seu filho é grato e valoriza o que tem!

Agora se sua resposta for não, obviamente que ele não terá noção do que é ser grato e valorizar algo que nunca lhe faltou. E nem podemos culpá-lo por isso. Mas essa realidade confortável que ele vive é a única experiência que ele possui, logo é comum, rotineiro e normal ter e não compreender o que é não ter.

Mas o que os pais deveriam fazer para que eles sejam gratos e valorizem mais o que possuem? Os pais devem fazê-los padecer necessidades? Claro que não! Já lemos que os pais precisam ter o equilíbrio em dar e não ceder todas as vontades dos filhos para que eles não cresçam ingratos e incompassivos. Mas aqui não se trata disso.

Trata-se de ensinar os filhos que eles precisam aprender a conquistar algumas coisas por mérito.

Pais maduros ensinam seus filhos sobre a história da família, como foi que venceram na vida, mostram que as economias e a posição social da família de hoje se devem ao trabalho e esforço do passado.

Pais maduros contam aos filhos como foi que estudaram e se empenharam em proporcionar a eles a herança que possuem hoje, como foram exemplos de garra e coragem. As crianças e os jovens aprendem com o exemplo dos adultos. Pais gratos, filhos gratos.

Pais maduros contam histórias positivas e compartilham como foi o seu dia, citando os melhores momentos, somente as coisas boas que aconteceram, como estão gratos e ensinam os filhos a fazerem o mesmo, a agradecerem as pequenas coisas boas que aconteceram no dia e tudo de bom que eles têm na vida, a família, a casa, a escola, os amigos.

Uma ótima estratégia para as crianças é citar cinco fatos do dia pelo que são gratos. Isso as estimula, além de criar o hábito de enxergar o lado bom da vida.

Carolina Canazart, em um artigo para o blog Família relatou que a bondade leva à felicidade e que esse exercício é tão eficaz que o *Jornal of School Psychology* mostrou que mais de duzentos adolescentes que agradeciam cinco fatos diariamente tinham bons resultados nos estudos e encontravam satisfação. Ela sugere que

> as crianças podem começar a conhecer a empatia quando os pais e responsáveis as ajudam a identificar os sentimentos e observar as consequências deles. Um exercício para fazer com os pequenos é, quando vir alguém triste, por exemplo, pergunte para ela qual sentimento a pessoa está expressando e porque a criança acha que ela está assim. Assim, o pequeno poderá reconhecer no outro um sentimento e começar a pensar no que poderá fazer para ajudar.

Pais maduros não reclamam das contas a pagar, do trânsito, não falam mal das pessoas ao seu redor, não reclamam da vida para os filhos. Dão bons exemplos.

O filme *Sim, senhor* com Jim Carrey mostra como a mudança de comportamento e crenças alteram os resultados da vida. A história conta que Carl Allen (Jim Carrey) é um rapaz sem sorte, pessimista e deprimido.

Um dia é convidado por seu amigo para ir a uma reunião que revolucionou sua vida, e ele resolve mudar suas atitudes e pensamentos. Ao invés de dizer "não" para tudo, e reclamar da vida e das situações, ele muda suas atitudes e troca pela palavra "sim".

Ao adotar tal postura, sua vida muda para melhor e as oportunidades surgem juntamente com novas possibilidades.

Pais maduros entendem que reclamar é atraso de vida e ensinam seus filhos o lado negativo da vida. Eles são gratos pela própria vida e agradecem até as dificuldades que surgem, pois sabem que essas mesmas dificuldades podem ser portas para algo novo, bom e grandioso.

Pais maduros utilizam em seu dia a dia, em todas as situações, as palavras mágicas "muito obrigado". Desta forma, os pais ensinam a gratidão aos filhos de maneira sutil e eficaz.

Pais maduros agradecem a garçonete, o motorista, o lixeiro, a empregada, e observam se os filhos estão sendo gratos e recíprocos com todas as pessoas das várias classes sociais e profissões.

Pais maduros ensinam os filhos a pedir desculpas quando erram e a desculpar os outros quando erram também, deixando claro que neste mundo não existe ninguém perfeito e que todos nós cometemos erros, que nosso comportamento tem consequências, que precisamos repensar nossas atitudes para que não machuquemos ninguém.

Pais maduros repreendem os filhos com firmeza diante de seus erros e os ensinam sobre a importância do arrependimento e da reparação, que às vezes pode ser um simples abraço. Eles incentivam reconciliações entre irmãos, colegas e familiares, ensinam sobre a importância de não guardarmos rancores e ressentimentos, julgarmos e condenarmos os outros e a sempre enxergarmos o lado positivo das pessoas e da vida.

Pais maduros ensinam os filhos a terem compaixão e a perdoar. Crianças que sabem pedir desculpas e são gratas têm maior facilidade em perdoar os erros dos outros, aceitar diferenças e construir bons relacionamentos. Se alguém errar com elas, elas se lembrarão de que a pessoa um dia foi generosa ou agradável e logo colocarão na balança o perdão e não a mágoa. A compaixao, o perdão e gratidão falam mais alto em filhos que sabem agradecer os pequenos detalhes da vida.

Pais maduros ensinam seus filhos através das atitudes, perdoam, são gratos, têm compaixão e por isso levam seus filhos para visitar orfanatos, alimentar moradores de rua ou doar roupas para crianças carentes.

Certamente eles terão um choque de realidade e poderão dar mais valor ao que possuem, além de se compadecer de quem é menos favorecido.

Capítulo trinta e quatro

Pais imaturos não ensinam seus filhos a sonhar, definir metas, ter disciplina e eliminar a preguiça

Tenho em mim todos os sonhos do mundo.
Fernando Pessoa

Observe a formiga, preguiçoso, reflita nos caminhos dela e seja sábio! Ela não tem nem chefe, nem supervisor, nem governante, e ainda assim armazena as suas provisões no verão e na época da colheita ajunta o seu alimento.
Até quando você vai ficar deitado, preguiçoso? Quando se levantará de seu sono? Tirando uma soneca, cochilando um pouco, cruzando um pouco os braços para descansar, a sua pobreza o surpreenderá como um assaltante, e a sua necessidade lhe virá como um homem armado (Provérbios 6:6-11)

Não é à toa que o Rei Salomão ficou conhecido pela Rainha de Sabá e por todos como o rei mais sábio e próspero de toda a história. Autor dessa citação acima, ele nos ensina que devemos correr atrás dos nossos sonhos, objetivos e conquistá-los através do trabalho e da persistência. Note como ele se refere ao preguiçoso: "Tirando uma soneca, cochilando um pouco" e, quando vê o dia já se foi e a pessoa ficou ociosa, infrutífera e alienada.

Pais maduros ensinam seus filhos a conquistarem seus objetivos, metas e sonhos através do esforço. É verdade a frase popular que diz: "Nada cai do céu".

Infelizmente ainda encontramos inúmeras pessoas que esperam ganhar na loteria para realizar seus sonhos, mas não arregaçam as mangas para conquistarem a viagem dos sonhos, a casa própria ou o emprego ideal.

Pais maduros delegam tarefas paras seus filhos desde cedo para que tenham responsabilidades e aprendam que a felicidade é fruto do esforço.

Pais imaturos, ao contrário, fazem tudo para os seus filhos e não exigem que tenham responsabilidades em casa e aprendam a cuidar do espaço familiar que pertence a todos.

Pais maduros sabem que se incentivarem seus filhos a executarem pequenas tarefas como ajudar a fazer o almoço, arrumarem suas camas, lavarem seus pratos, organizarem o guarda-roupa, varrer a casa, tirar o lixo, limpar o quintal, guardar seus brinquedos, colocar as roupas sujas no cesto, ajudar a guardar as compras, pendurar as roupas no cabide, fortalecerão o seu caráter, aprenderão sobre o respeito, disciplina, dedicação, higiene, os deveres e obrigações de cada um de nós.

Alguns pais são bem conscientes na importância de ensinar aos filhos o valor do trabalho e o valor do estudo. Orientam os jovens sobre a importância de estudarem para construírem um futuro brilhante. Por isso não temem ensiná-los a fazer as tarefas de casa, entregar os trabalhos escolares nas datas, a criarem hábitos de estudo.

Pais maduros ensinam sobre as consequências de seus filhos negligenciarem os estudos na escola e suas tarefas domésticas. Recompensam com elogios seus esforços quando cumprem com seus deveres, mas também são capazes de tirar os privilégios como TV, celular ou vídeo game se vão mal em uma prova por falta de esforço.

Quem não se lembra do clássico *Karatê Kid: a hora da verdade*? Esse filme é um dos maiores exemplos sobre disciplina. Lançado no ano de 1984, conta a história do adolescente Daniel, um menino que se apaixona pela ex-namorada de um lutador temido e mau caráter na época de escola. Por isso, Daniel passa a ser perseguido e atormentado pelo ex-namorado e pela gangue dele.

Por sorte Daniel conhece o senhor Miyagi que o ensina autodefesa através do karatê. Esses ensinamentos vão muito além da autodefesa e da vitória de um grande campeonato.

Daniel aprende sobre o esforço e a disciplina com o senhor Miyagi. No início, Daniel reluta e se nega a pintar cercas nos movimentos orientados pelo mestre, a pendurar roupas, limpar onde ele morava, além disso, Daniel se irrita ao extremo em encerar o chão e lavar os carros entre outras tarefas.

Em uma discussão com o senhor Miyagi, Daniel diz que estava lá para aprender karatê e não ser escravo dele. É nesse momento que seu professor mostra os golpes de karatê que o menino Daniel já havia aprendido através do seu esforço e da tarefas domésticas, bem como com a disciplina. O sonho de Daniel de ser um grande lutador de karatê se realizou.

A vida real não é muito diferente do filme. Alguns pais acreditam que sonhos, metas, objetivos e disciplina são ensinadas apenas de formas tradicionais, padrão. Contudo há diversos meios de se ensinar esses valores aos filhos.

Pais maduros ensinam os filhos a sonharem com um futuro promissor, a terem metas e objetivos, disciplina e a fazerem autoafirmações positivas. "Eu posso fazer isso", "Eu consigo", "Eu aprendo".

O projeto Âncora, fundado pela arquiteta Regina Steurer ensina crianças entre 3 a 16 anos a sonhar. Um lindo e exemplar projeto para incentivar crianças carentes a "atingirem suas metas". O projeto Âncora é uma escola onde crianças não são separadas por idades, mas por maturidade, grau de inteligência e competência. O espaço é aberto para crianças carentes, onde elas são incentivadass a aprender a conquistar sonhos, além das matérias como português, história e matemática. Uma iniciativa bela e plausível!

Regina Steurer diz que:

> A criança escolhe o sonho que quer realizar e então, depois disso começa a trabalhar para realizá-lo. Uma criança que faz parte do projeto diz: Nós pesquisamos, depois elaboramos um projeto e metas, depois vamos trabalhar duro para conquistar o que queremos.
> Quando chegamos de manhã organizamos um roteiro com as metas que nos levaram para onde queremos chegar, após aprovação do nosso tutor começamos a trabalhar. (SESI, 2018)

Pais maduros não financiam todos os sonhos dos filhos, mas os ensinam a conquistá-los através do esforço, trabalho, projetos e metas. Pais maduros não dão o peixe, eles ensinam a pescar.

Se tornar o banqueiro dos seus filhos não permitirá que eles valorizem o dinheiro, economizem nem planejem investir em projetos e planos maiores.

Pais maduros conversam com seus filhos sobre sonhos, incentivam seus filhos a dizer seus maiores desejos, ensinam como comprar um brinquedo, a fazer uma viagem.

Ensinam os filhos a fazerem um caderno dos sonhos, a colarem fotos, figuras do que desejam em um caderno com os seus custos e a traçarem um plano para conseguirem alcançar seus objetivos.

Se os filhos recebem mesada, seus pais ensinam o preço dos seus sonhos e sobre a importância dos sacrifícios, que é importante poupar uma parte da mesada para conseguirem realizar seus sonhos, ainda que seus pais ajudem.

E para finalizar este capítulo, pais maduros examinam-se para serem modelos para os filhos. Se os pais só reclamam da sua sorte, se não têm sonhos, metas e objetivos, certamente os filhos também não terão.

Lembra-se de quantas vezes mencionei neste livro a importância de ser um bom exemplo? Pois bem, "filho de peixe peixinho é". Pense nisso, e seja o exemplo de que você se orgulharia para os seus filhos.

Capítulo trinta e cinco

Pais imaturos não ensinam seus filhos sobre a importância de amar e ser amado para evitar as drogas

> *Amar é o esforço de escalar a montanha do nosso ego para poder se deleitar apreciando a vista das pequenas grandes coisas.*
>
> Eduardo Siqueira Filho

Você sabia que 28 milhões de pessoas possuem familiares, na maioria filhos, que são dependentes químicos?

Quando questionados os motivos de se iniciarem no uso das drogas, eles respondem: "Eu não me sentia amado e feliz o suficiente".

O neurocientista africano Carl Hart, polêmico e conhecido por usar dreads, ser ex-traficante e o primeiro professor negro de ciências da Universidade Columbia, escreveu o livro chamado *Um preço muito alto*.

Em sua obra, ele apresenta pesquisas pioneiras e polêmicas que estão redefinindo nossa compreensão sobre o vício.

O autor aborda os mitos sobre as drogas, o grande erro da sociedade e dos pais em prevenir o uso colocando medo nos filhos, ou mostrando a Cracolândia como suposto novo lar para quem se vicia.

É a frustrada prevenção de colocar uma foto com pessoas cancerosas no verso do maço de cigarros e esperar que aquela cena elimine o vício de fumar. "O exemplo que ele utiliza é quando os pais dizem: 'Fume o crack apenas uma vez e você ficará viciado', ou 'a maconha vicia' etc." (HART, 2014).

Ele nos ensina que para prevenirmos nossos filhos devemos banir os mitos e mentiras. Não adianta colocar medo, pânico nos filhos para que eles não usem drogas, devemos dizer a verdade e quebrar os paradigmas que a sociedade vem repetindo e repetindo até que pareça uma verdade.

Baseado nesse raciocínio o escritor Paulo Coelho em entrevista ao documentário "Quebrando o tabu"[18], disponível no Youtube e na Netflix, afirmou o seguinte:

> O jovem usa drogas porque todos dizem que é proibido.Os pais devem ser honestos na abordagem contra as drogas. O grande problema da droga é que ela mata o seu poder de decidir, e a única coisa mais importante que temos na vida é o poder de decisão.
> Realmente a droga é fantástica, você vai gostar! Mas cuidado, depois que usá-la, você não poderá decidir mais nada.
> O dano é grande e cruel.

Dráuzio Varela disse:

> Não adianta você dizer para seu filho que as drogas matam, porque aí seu filho fuma um baseado e vê que ficou no estado de nirvana e vai achar que os pais mentiram.Foi daí que nasceu a história "meus pais não sabem de nada", e vão confiar mais no amigo que diz que o crack também não mata. Diga a ele que a droga provoca sensações boas, porém efêmeras, momentâneas. Diga que, no início, pouca quantidade liberará o hormônio do prazer, mas com o tempo esse prazer diminuirá, então será necessário aumentar a dose. A droga causa dependência, e isso quer dizer que você vai passar o resto da sua vida atrás das drogas.

E chegamos ao ponto crucial:

> filhos que se sentem amados e realizados, que têm um bom diálogo e relacionamento com os pais, ainda que experimentem as drogas por curiosidade diante da pressão dos amigos, em algum momento abandonarão o seu uso contínuo, pois o amor dos seus pais falará mais alto no seu coração e não sentirão necessidade de continuarem a usar drogas.

Precisamos falar sobre drogas, precisamos instruir nossos filhos de maneira inteligente, de forma que os convençam, pois a pressão dos amigos é intensa.

---

[18] COELHO, Paulo; VARELA, Drauzio apud QUEBRANDO o tabu. *YouTube*. 12 dez. 2012. Disponível em: <https://www.youtube.com/watch?v=tKxk61ycAvs&t=39s>. Acesso em: 08 dez. 2017.

**O amor, o carinho e a atenção dos pais é o maior antídoto
de prevenção às drogas na vida dos filhos.
Pais presentes, drogas ausentes!**

Pais imaturos não reconhecem a força do seu amor, pais maduros sabem que não possuem o controle total de todas as áreas das vida dos seus filhos, mas entendem que, se algo sair do eixo, estarão do seu lado, amando e cuidando com todas as forças dos seus filhos.

Esta é uma história que quero compartilhar com você, como a sensação de desamor arrasta os filhos para um precipício.

Por falta de amor C., como irei me referir a este jovem, entrou no mundo das drogas. Ele começou usando maconha até que foi parar no crack.

Vendeu muitos objetos do seu lar, abandonou sua carreira, destruiu relações familiares e tornou-se mais um nas tristes estatísticas de usuário de drogas. Mas o que aconteceu com C?

Ele fora criado em um lar estruturado e não lhe faltou nada no percurso de sua vida. O que explica o fato então? O crack tem efeito rápido e intenso, a droga tem alto poder viciante após o primeiro uso.

Depois de tragada, a fumaça do crack é absorvida em grande quantidade pelo pulmão e cai rapidamente na corrente sanguínea. Em dez segundos, o cérebro é inundado de dopamina, neurotransmissores relacionados a sensação de prazer, e a pessoa já fica viciada.

O corpo então começa a pedir mais pedra, e a pessoa não tem mais o domínio do seu querer. Quando C. usou sua primeira pedra, foi para aliviar a sensação de desamor.

Ele não se sentia amado. Ele sempre usara outras drogas por diversão, mas desta vez foi pego de surpresa. O que era diversão já não lhe trazia mais alegria, satisfação e nem prazer.

Quando pensamos em drogas, principalmente em cocaína ou em crack, pensamos logo nas pessoas que ficam na Cracolândia, ou no problema familiar do vizinho. Os pais que enxergam o crack desta maneira possivelmente têm uma miopia gigantesca da realidade.

Jovens e até crianças que não se sentem amados acabam em situação de vulnerabilidade e são presas fáceis dos traficantes de drogas.

Eles entram no embalo por curiosidade ou porque é moda, ou ainda porque estão sentindo muita dor emocional e assim, ingenuamente, tirando onda, por diversão ou por dor, assinam sua sentença de escravidão e dependência.

C. só conseguiu sair dessa situação de calamidade pessoal da dependência química e das recaídas quando se sentiu verdadeiramente amado e querido por seus pais.

Um fator importante é que C. sempre fora amado, mas ele tinha grandes dificuldades de acreditar, entender e receber este amor dos seus pais.

C. se perdeu por um tempo, e quando reconheceu que era amado iniciou o movimento de recuperação. Ele tinha um objetivo para se apegar e ali encontrou forças. O amor sempre esteve ali, ele sempre foi amado, mas não enxergava e não sabia amar também.

Na maioria das vezes os vícios estão relacionados a baixa autoestima, problemas emocionais, psicológicos, ao desamor e desânimo.

Pais maduros sabem que se, por ventura, os filhos se perderem pelo caminho da autoconfiança, do valor pessoal ou da autoestima e caírem nas garras dos vícios, eles terão o seu amor e auxílio.

Pais maduros amam seus filhos incondicionalmente e ensinam a seus filhos que o princípio para ser amado é amar também.

Capítulo trinta e seis

Pais imaturos não falam sobre sexo e fazem desse tema um assunto proibido

O que temos de fazer é instruir e não proibir.
Sócrates

Após a apresentação de uma matéria sobre pedofilia no portal B.9, alguns pais escreveram para as apresentadoras dizendo:

"Eu não gosto de pedofilia, eu não gosto de ouvir sobre pedofilia. Mas sendo pai de três meninas e tendo a pedofilia como o maior medo da minha vida, então decidi ouvir esta reportagem."

"Eu odeio esse assunto por isso não ouço nem leio nada relacionado à pedofilia e abuso infantil. Esses assuntos são os que geralmente pulo." "Não queremos falar sobre isso, não queremos sequer pensar em pedofilia, sexo e estupro."

O ser humano tem a tendência de fugir de todo e qualquer assunto que seja desconfortável, em que ele não tenha o controle ou que lhe incomode de alguma forma.

O sexo faz parte dos assuntos proibidos, desconfortáveis e silenciados dentro de alguns lares e ainda dentro da sociedade. Falar de sexo para alguns pais é como promover a promiscuidade, sujeira e pecado. O que nem sempre é verdade, uma vez praticado na forma e idade correta e de maneira segura.

O fato é que muitos pais não falam de sexo com seus filhos e, por falta de comunicação, informação e diálogo, muitos jovens prejudicam a sua vida com gravidez indesejada e doenças sexualmente transmissíveis.

Vamos falar de sexo?

Você sabia que o abuso sexual é o segundo maior tipo de violência no Brasil? Que cada vez mais jovens estão fazendo sexo de forma desprotegida e o número de ocorrências de doenças sexualmente transmissíveis tem aumentado consideravelmente no Brasil, como HIV, HPV, gonorreia, sífilis, herpes genital, hepatite B ou C?[19]

Você sabia que o Brasil tem gravidez na adolescência acima da média latino-americana e o número de adolescentes grávidas chega a 7,3 milhões?[20] Que apenas 48% da geração Z (13 a 20 anos) se identifica como heterossexual, 6% como homossexuais e 44% se identifica como bissexual?

Um dos fatores coerentes com este aumento é a percepção de que se pode ou até se deve experimentar mais as vivências sexuais, portanto, muitos podem se encontrar num rótulo bissexual neste momento, porém, podem mudar daqui a cinco ou dez anos. Na pesquisa, 60% dos entrevistados da geração Z acham que as pessoas exploram mais sua sexualidade hoje, 7% a mais do que a geração Y.

Você sabia que uma estimativa aponta que o número de brasileiros homossexuais já chega a 17,9 milhões? Que o Brasil é campeão mundial em assassinatos de homossexuais? Que 11% da população são pedófilos?

Devido aos dados apresentados, não podemos deixar de instruir nossos filhos, informar e dialogar sobre esses "tabus". É dever dos pais instruir desde cedo suas crianças para defenderem-se do abuso infantil, da pedofilia, evitar a gravidez indesejada, as doenças sexualmente transmissíveis e aprender a lidar com equilíbrio com as escolhas sexuais. Não dá mais para adiar, é agora ou nunca. Varrer os problemas para debaixo do tapete não farão que eles desapareçam.

As pesquisas apontam que 33% dos abusos sexuais com as crianças e adolescentes são praticados pelos familiares e pessoas conhecidas. Exatamente pais, tios, avôs, primos, amigos e colegas.

O doutor Altay de Souza, neurocientista, afirmou que chegou a seu consultório um senhor de idade e ele dizia: "Doutor ajude-me, pois eu sinto uma terrível atração sexual pelos meus netos".

Segundo Altay este senhor, apesar de sentir atração pelos netos, não cedeu ao desejo. Pedófilo é todo aquele que sente atração por crianças, inde-

---

[19] BLOG DA SAÚDE. Abuso Sexual http://www.blog.saude.gov.br/index.php/promocao-da-saude/30223-abuso-sexual-e-o-segundo-maior-tipo-de-violencia. Acesso em 30 março 2019.

[20] BLOG DA SAÚDE. Abuso Sexual http://www.blog.saude.gov.br/index.php/promocao-da-saude/30223-abuso-sexual-e-o-segundo-maior-tipo-de-violencia. Acesso em 30 março 2019.

pendente de consumar o ato de pedofilia ou não. O caso do senhor acima é de pedofilia, contudo ele não agiu em função do desejo, mas buscou ajuda.

A doutora Caroline Marafiga, que atende pedófilos no sistema penitenciário, afirma que

> a pedofilia não é algo biologicamente determinado, e existe tratamento para a pedofilia com medicamentos D.S, que diminui o desejo sexual chamado também de castração química.

O problema é que existe pouca informação e diálogo aberto sobre esse tema, logo os pedófilos se escondem, por medo, vergonha e por falta de acolhimento.

Quando o senhor chegou até o consultório do doutor Altay de Souza, falava baixo, envergonhado e pedindo socorro. Ele não queria sentir aquela atração, mas não havia onde recorrer, com quem falar e nem onde se tratar, pois ainda há uma escassez no acolhimento das pessoas transtornadas com parafilia.

Segundo a doutora Caroline Marafiga,

> devemos quebrar o tabu, e precisamos pensar não apenas nas vítimas da pedofilia, mas no pedófilo também. Em como tratar, prevenir e combater essa doença mental.

Só poderemos combater se falarmos sobre o assunto abertamente. Após toda essa explicação valiosa, os pais devem ter a noção de que o silêncio não impedirá que seus filhos sejam presa fácil dos pedófilos.

É dever dos pais orientar as crianças a partir dos 3 anos de idade de que em seus órgãos genitais quem deve mexer apenas para higienização são os pais (em caso de certeza absoluta que o pai não é o agressor sexual).

Os pais devem orientar suas crianças que nenhum amigo, nenhum familiar ou conhecido deve pôr as mãos em suas partes íntimas e nem ela deve colocar as mãos nas partes íntimas de outros adultos. Devemos falar e deve ser agora!

A prevenção deve acontecer com o diálogo, além disso, caso ela sofra algum tipo de coação, abuso ou intimidação, a criança deve gritar (essa atitude espanta os pedófilos), correr e contar para os pais o que ocorreu.

Pais, evitem deixar seus filhos sozinhos com parentes (ainda que sejam de confiança), pois não sabemos ao certo quem sofre com a parafilia.

A comunicação é mais eficaz que qualquer outra ferramenta de prevenção. O mesmo deve ocorrer com os filhos jovens, filhos que adentraram a puberdade ou em fase sexual ativa. Não podemos fazer vistas grossas, proibir ou não tocar no assunto.

Os filhos precisam de informações, de diálogo e apoio dos pais. Instrua seus filhos como se prevenir de doenças sexualmente transmissíveis, como evitar uma gravidez indesejada e a procurar um ginecologista ou urologista para cuidar da saúde e prevenir-se.

Chegará o dia em que os filhos farão sexo e, neste momento, o melhor é que tenhamos um relacionamento aberto e diálogo para que possamos instruí-los.

O programa Profissão repórter do dia 06/12/2017 mostrou que "uma a cada 5 crianças no Brasil é filha de meninas entre 10 e 19 anos e que quase 60% das adolescentes que engravidam não estudam nem trabalham".

"No pré-natal, uma menina de 14 anos, grávida de cinco meses, disse que não sabia que era preciso tomar a pílula anticoncepcional todos os dias. Pamela tem 17 anos, um filho de 2 e está grávida novamente."

"Uma mãe disse que ao saber da gravidez da filha de 17 anos, bateu nela, jogou um prato em sua cara e a expulsou de casa. A filha chora com saudades de casa segurando a neném no colo. A mãe friamente diz que foram as escolhas da filha que ocasionaram esta situação."

Atualmente o desenvolvimento da sexualidade dos jovens é bem mais complexo e por isso eles precisam do apoio e da escuta dos seus pais. Vivemos a era da permissividade, eles estão experimentando de tudo e não têm estrutura emocional e psicológica para lidar com suas vivências e escolhas sexuais. Muitos pais não estão preparados para lidar com a homossexualidade ou bissexualidade dos seus filhos. Os pais precisam se informar, se preparar para lidar com essas questões de forma madura e desprovida de preconceitos. Sabemos que não é fácil, mas é preciso.

Pais maduros orientam, acolhem, respeitam e apoiam seus filhos durante o despertar da sua sexualidade e sabem que muitas vezes sua orientação sexual se revela na vida adulta e deve ser respeitada.

Pais maduros, quando os filhos gays, bissexuais, trans optam por lhes revelar sua orientação sexual, não praticam a violência psicológica, emocional ou física com seus filhos, ou seja, não julgam, não condenam, não são violentos, não rejeitam, não insultam, não ridicularizam, não negam, não expulsam de casa, apesar das possíveis resistências buscam compreender a individualidade dos filhos e lidar de forma saudável com a questão, proporcionando espaço para reflexão e diálogo.

Pais maduros não se sentem culpados, não recusam os filhos e mobilizam recursos para ajudá-los a lidar com as dificuldades em função da sua sexualidade diante da sociedade.

Capítulo trinta e sete

Pais imaturos não ensinam sobre a alegria de viver e as forças superiores

> *Deus é alegria. Uma criança é alegria. Deus e uma criança têm isso em comum: ambos sabem que o universo é uma caixa de brinquedos. Deus vê o mundo com os olhos de uma criança. Está sempre à procura de companheiros para brincar.*
>
> Rubem Alves

Quando nós, pais, olhamos para o mundo atual ficamos assustados. Quando foi que tudo mudou e tão depressa? Como nossos filhos adquiriram hábitos e valores tão diferentes dos nossos? Por que as crianças mal nascem, já interagem e aprendem tudo muito rápido? Por que elas já nascem com uma inteligência veloz em comparação às gerações mais antigas?

Atualmente vemos crianças de 2 e 3 anos lidando facilmente com a tecnologia, enquanto muitos adultos ainda têm dificuldades para ligar o celular, aparelhos eletroeletrônicos ou a televisão. E muitos se questionam como isso é possível.

As crianças desta geração se destacam por sua inteligência, habilidade e compreensão do universo ao redor. Apesar da inteligência e sensibilidade aguçada, quais as possibilidades dessas crianças sobreviverem neste mundo sem valores? Quais habilidades e competências que eles precisam desenvolver neste século para evitar a depressão, as drogas, a automutilação e o suicídio?

> "Educa a criança no caminho em que deve andar;
> e até quando envelhecer não se desviará dele."
> Provérbios 22: 6

Devemos prepará-los para vivenciar o século XXI e todas as metamorfoses que ele apresenta. Precisamos ensinar às crianças sobre a preciosidade da vida, a ética universal, a importância do altruísmo, de aprendermos a amar, de modo que isso oriente suas ações e pensamentos e as conduza a uma vida de fé, esperança, paz e alegria, numa era que chamam de "A era da ansiedade".

Vivemos em um mundo extremamente materialista que sufoca a alegria de viver sob o cárcere do consumo. Perdemos a capacidade de reconhecer a felicidade nas coisas simples da vida, face ao estresse.

Como diz Marcela Taís na música "Pequenas alegrias", precisamos reaprender a "Rir até doer a barriga, pão quentinho da padaria, receber carta pelo correio, ouvir o alarme do recreio, andar descalço na areia, barraca, lua, uma fogueira, lamber colher do bolo, encontrar moeda no bolso, correr na rua, banho de chuva, sorvete no verão, brincadeira de irmão (...) cantar debaixo do chuveiro, dançar na frente do espelho, encontrar velho amigo, apertar plástico bolha, ficar um tempo à toa (...) conversar com Deus, ir para igreja, passear na feira, paz no coração, liberar perdão, abraço inesperado (...) mas, se a gente juntasse as pequenas alegrias, seriamos felizes todos os dias..."

Os pais precisam resgatar o amor e o entusiasmo pelas pequenas coisas da vida, as sensações de contentamento, o prazer e alegria em viver, e ensinar isso para os seus filhos.

O mundo e suas transmutações, a sociedade e as suas evoluções, os interesses públicos, mostram que tudo é válido e possível para se obter o que se deseja custe o que custar.

Por outro lado, os valores éticos universais e os princípios que regem a origem da vida e a sua manutenção, fornecem equilíbrio entre o querer, o dever e o poder, com a ética, sabedoria e a paz.

O conhecimento das leis do universo, e o conhecimento sobre uma força superior, são importantes para agregar valores e ensinar o que realmente é importante e melhor para cada um de nós.

Pais maduros ensinam seus filhos que é um ledo engano querer ser feliz apenas com os bens materiais, a qualquer preço, ou à custa da infelicidade de outrem.

Pais maduros ensinam sobre Deus e sabem que é preciso ensinar sobre o amor, o respeito e o compromisso consigo mesmo e com a vida.

Ensinar sobre Deus para esta geração tão inteligente, esperta e sensível é o melhor presente que os pais podem lhes fornecer, uma vez que a violência, as drogas, os suicídios, a pornografia, o tráfico, a pedofilia, crescem e atingem as crianças e adolescentes do mundo inteiro.

Pais maduros sabem que, caso sejam ateus, a educação que ministram para os seus filhos influirão na personalidade deles independentemente de suas crenças, pois eles têm o poder do exemplo, a missão de educar seus filhos para o bem, com amor, fomentando virtudes e a ética, para que desenvolvam um caráter, uma personalidade exemplar e consigam tomar decisões racionais, justas e sejam muito felizes.

O mundo espiritual precisa ser ensinado com naturalidade para que as crianças consigam reconhecer os valores universais, compreender a importância de sentir e espalhar o amor, despertando o espírito humano forte dentro delas para superarem a dor, ter fé, esperança e resgatarem a vontade e alegria de viver.

Esse é um valioso investimento para a semeadura de pilares sólidos, para uma vida mais saudável e comprometida com o planeta.

Como abordar o tema com as crianças?

O ideal é falar com simplicidade, promover um ambiente familiar repleto de paz, comprar livros infantis que falem sobre valores, alugar filmes, criar momentos antes de dormir para ensiná-las a serem mais otimistas e gratas.

Assim, dormirão mais tranquilas e terão contato com a própria espiritualidade, ou seja, seu mundo interior e momentos felizes experimentados com a família.

Pais maduros sabem que, independente de religião, o hábito da oração é muito importante para os pequenos se sentirem protegidos, abandonarem o medo, aprenderem a ser gratos e crescerem com a consciência de que nunca estarão sozinhas, que alguém os protegerá e os ajudará durante a sua existência nos piores momentos.

Pais maduros sabem que

> as crianças aprendem o que vivem... se a criança vive com críticas, ela aprende a condenar. Se a criança vive com hostilidade, ela aprende a agredir. Se a criança vive com zombarias, ela aprende a ser tímida. Se a criança vive com

humilhação, ela aprende a se sentir culpada. Se a criança vive com tolerância, ela aprende a ser paciente. Se a criança vive com incentivo, ela aprende a ser confiante. Se a criança vive com elogios, ela aprende a apreciar. Se a criança vive com retidão, ela aprende a ser justa. Se a criança vive com segurança, ela aprende a ter fé. Se a criança vive com aprovação, ela aprende a gostar de si mesma. Se a criança vive com aceitação e amizade, ela aprende a encontrar amor no mundo. (NOLTE)

Pais maduros sabem que ensinar valores éticos é tão importante quanto ensinar sobre Deus, que as diferenças de crenças precisam ser respeitadas e precisamos aceitar uns aos outros. Sabem que seus filhos, mesmo sem religião ou algum tipo de crença religiosa, poderão ser ótimos cidadãos tanto quanto os filhos de pais que creem em Deus e têm alguma religião. Ficam em paz e transmitem paz.

Conclusão

Amadureça, seja um herói ou uma heroína para os seus filhos e crie conexão com o coração deles!

Sabemos que apesar da imaturidade e das falhas, os pais desejam que seus filhos sejam felizes e bem-sucedidos. O caminho mais seguro para isso acontecer é amadurecer e criar conexão com o coração deles.

Não basta pagar escola, cursos, academia, comprar livros, roupas e dizer o quanto os ama. É preciso transformar o sentimento de amor em ato e gesto moral.

O que significa transformar o amor em ato e gesto moral? É transformar os sentimentos em ações. Isso significa que os pais precisam construir pontes entre o seu coração e o dos seus filhos. Amor significa cuidado, atenção com tudo o que acontece com eles. Isso exige muita dedicação.

Atualmente é preciso estar alerta o tempo todo, observar cada atitude. Muitas vezes a loucura da vida moderna nos deixa desatentos.

Já comentei com vocês que atendo pais que nunca perceberam que os filhos se automutilavam e usavam drogas. Simplesmente não viram, não perceberam. Pais que negam, não acreditam que os filhos usam drogas, que cabulam aulas, que têm uma orientação sexual diferente do que imaginaram, que abortaram etc.

Atualmente é preciso dar um upgrade na mente, se atualizar, perder a inocência e a ingenuidade. É necessária muita atenção para educar os filhos na atualidade e evitar tragédias. Estar presente apesar de ausente. "Como assim?", você deve estar se perguntando. Ainda que não fique com eles muito tempo por causa do seu trabalho, quando estiver, esteja inteiro, 100%.

Olhe profundamente para eles, para o rosto, para a pele, os braços, as pernas, observe a expressão, o olhar, os gestos, os sentimentos, os pensamentos e as expressões. Observe tudo, estar presente é prestar atenção. Quantos pais me dizem: não percebi, não vi, não desconfiei, não imaginei. Por favor, eu te peço, imagine, imagine muito, imagine de tudo.

Tire um dia da semana para observar seu filho por inteiro. Bons relacionamentos não caem do céu, são construídos lentamente.

Quando estiver com eles, conte histórias de sucesso da sua vida e da sua família. Compartilhe! Não canse de plantar sonhos e esperanças no coração deles. Fale sobre os sonhos dos seus pais, o que desejaram para você, conte sobre as suas conquistas.

Amadureça e seja um herói, seja uma heroína para eles. Muitas vezes esquecemos do quanto somos vencedores e passamos a vida lamentando, reclamando, procrastinado, sem perceber, sem enxergar a nós mesmos, nossas qualidades, nossas vitórias e conquistas, o quanto realizamos e conquistamos.

Não deixe a loucura da luta pela sobrevivência corroer o relacionamento com os seus filhos. Para educar uma geração vencedora e mais feliz precisamos urgentemente deixar de amar no modo automático.

O tempo é um mito, em segundos construímos vínculo. Não existe amor à primeira vista? Você olha e em segundos sabe que é quem desejou encontrar a vida inteira. Então, com os filhos é a mesma coisa. Uma palavra, um sorriso, um abraço, um beijo cria vínculo. É natural, instantâneo.

As crianças amam seus pais espontaneamente. Priorize os seus filhos. Deixe o celular de lado um pouco, olhe para eles, conquiste sua confiança.

Lembre-se: a depressão está aumentando entre as crianças e jovens, a automutilação cresceu e o índice de suicídio está assustador. No velório da filha de uma amiga eu ouvi a frase: "Como eu não percebi?" Não confie no potencial de desenvolvimento humano. Aproxime-se dos seus filhos e desenvolva esse potencial. Transforme o sentimento do seu amor em ato e gesto moral.

A vida real não é como nos comerciais de margarina, em que uma família perfeita se reúne em volta da mesa, com pais felizes ao lado de filhos obedientes e animados para enfrentarem mais um dia de suas rotinas.

O cenário de nossas vidas às vezes é deprimente, praticamente oposto à essa falsa realidade que nos é vendida, e não há motivos para culpar-se ou sentir-se frustrado por conta disso.

Assim, como em qualquer outro relacionamento interpessoal, a relação entre pais e filhos pode ser bastante conturbada e estressante, aproximar-se deles nem sempre é fácil, mas é necessário.

Todos nós passamos por problemas de relacionamento em nossas famílias que clamam por soluções, muitas vezes parece que nada dará certo diante de tantos obstáculos. Às vezes sentimos medo, resistimos, demoramos para aceitar que precisamos melhorar como seres humanos, mudar nossas atitudes e postura ou buscar ajuda, mas chega um momento em que é necessário explorar novas respostas para encontrar soluções e reestabelecer a harmonia, ativar o carinho e o amor, criando conexão para superar os problemas que a rotina traz consigo.

Esse momento é singular, em que os integrantes da família, apesar de suas limitações e dificuldades, mergulham na jornada dos heróis, lutando com seus inimigos internos. Sem que percebam são empurrados para além dos seus limites, conhecem um novo mundo e acabam definindo metas para encontrar o caminho da cura. Com paciência, persistência e foco não desistem até alcançarem o sucesso em seus relacionamentos.

A seguir, alguns passos da jornada desses heróis:

1. Comece com você: Platão já nos alertou: "Tente mover o mundo – o primeiro passo será mover a si mesmo". É preciso analisar seus próprios comportamentos e identificar de que maneira cada um deles está influenciando de maneira negativa no relacionamento com seu filho. Ao identificá-los, inicie uma mudança em você mesmo;
2. Crie o hábito de elogiar. É comum que alguns pais foquem apenas aquilo que o filho faz de errado e não hesitem em castigá-lo por isso. Além dessa atitude ser prejudicial para a autoestima da criança, cria uma espécie de ruptura no laço afetivo com seus pais. Portanto, procure atentar-se aos comportamentos assertivos e positivos de seu filho e o elogie por isso. Além de auxiliá-lo em seu desenvolvimento, a tendência é que o relacionamento de vocês fique mais saudável;
3. Seja firme de modo gentil. Esqueça a ideia de que para dizer "não" ao seu filho é necessário agir de maneira rude ou grosseira. É possível aderir a uma postura firme e respeitosa ao mesmo tempo. Lembre-se de que seu filho necessita de afeto à mesma medida que precisa de limites;

4. Respeite a privacidade dele. Contato em excesso pode potencializar alguns desentendimentos, principalmente quando o filho está beirando a difícil fase da adolescência. Mantenha-o perto e esteja disponível sempre que necessário, mas saiba respeitar o seu espaço;
5. Compreenda os períodos de transição. Assim como você passou por diversas mudanças comportamentais de acordo com sua idade, seu filho passará pelo mesmo. Evite estressar-se com atitudes rebeldes e até mesmo agressivas. Por mais que seja difícil, retribuir com as mesmas atitudes só irá afastá-lo ainda mais de seu filho. Tenha paciência e demonstre compreensão, essas duas características serão um grande álibi para momentos como este;
6. Tenha hobbies em comum. Nada melhor do que um hobby para livrar-se de situações de estresse, não é? E ao praticá-lo em conjunto com seu filho o resultado será benéfico para ambos, o afastando dos problemas da rotina e fortalecendo o relacionamento de maneira bastante positiva;
7. Demonstre o seu amor. Além de o amor ser o melhor remédio para todos os problemas, ele é a ponte para qualquer relacionamento saudável. Ainda que as situações diárias o deixem estressado, não permita que este sentimento mascare todo o afeto que você sente pelo seu filho. Lembre-se do quanto o ama e demonstre sempre que possível, seja por meio de palavras ou gestos.

Quando somos maduros, somos verdadeiros heróis, pois salvamos nossos filhos dos horrores de uma vida sem ÉTICA e SEM VALORES, desenvolvemos e ensinamos a inteligência emocional para as crianças e jovens, como reconhecer seus sentimentos, entender de onde eles vêm e como aprender a lidar com eles, ensinamos as habilidades mais essenciais para seu sucesso na vida e evitamos que se percam no mundo do sexo irresponsável, das drogas, bebidas, automutilação e suicídio.

Entrementes, quando somos imaturos e expressamos emoções desregradas e exageradas diante de nossos filhos, somos vilões, temos a capacidade de destruí-los.

Assim, reconhecer a nossa imaturidade, reparar qualquer dano emocional que possamos ter causado a eles, perceber a profunda influência das nossas emoções e atitudes negativas em nossas vidas e na vida dos nossos filhos, aceitar que precisamos adquirir autocontrole, mudar nossas crenças e postura e inspirar uma nova atitude em relação à autoconsciência e à saúde mental deles é primordial para que conquistem uma vida equilibrada e mais feliz!

Lembre-se: não importa o problema que o seu filho apresente, a sua sensação de cansaço e impotência, os seus limites, **FILHOS SÃO PRESENTES, CADA PROBLEMA QUE SEU FILHO APRESENTA TRAZ UMA ENORME LIÇÃO DE VIDA, UM CONVITE AO AMADURECIMENTO. FILHOS SÃO ESPELHOS!**

De modo geral, todos têm seu próprio significado do que seja ter sucesso na educação dos filhos, mas o mais importante é que FILHOS-PROBLEMAS e FILHOS COM PROBLEMAS são um "presente" para ajudar impulsionar mudanças na SUA VIDA, para sua transformação, mostrando novos caminhos para você AMADURECER, despertar profundamente para uma vida mais humana, com maior significado.

Alguns princípios para reflexão e sucesso na educação dos seus filhos:

O primeiro princípio para ter sucesso na educação dos seus filhos é preciso compreender que **FILHOS SÃO PRESENTES,** o sucesso acontece para quem entende que não basta oferecer uma educação rarefeita focada na conquista de bens materiais, ou seja, uma felicidade efêmera, sem um vínculo emocional, psicológico e ESPIRITUAL profundo.

O segundo princípio é que **CADA PROBLEMA QUE SEU FILHO APRESENTA TRAZ UMA ENORME LIÇÃO DE VIDA!** O **terceiro princípio:** para ter sucesso na educação dos filhos é preciso **AMADURECER!** O sucesso acontece para aqueles pais que assumem ardentemente sua missão de **MESTRE DOS SEUS FILHOS**. Para se tornar um verdadeiro mestre, é preciso desenvolver a sabedoria.

O quarto princípio: AS NOSSAS PALAVRAS MOLDAM O FUTURO DOS NOSSOS FILHOS.

Citamos o exemplo de Roberto Carlos Ramos, atualmente considerado um dos maiores contadores de histórias do mundo.

Viveu sua infância e adolescência na Febem. Fugiu mais de 132 vezes, envolveu-se com furtos, drogas e outros atos delinquentes quando em liberdade pelas ruas de Belo Horizonte e por isso foi considerado "irrecuperável". Porém, uma pesquisadora francesa, Margherit Duvas, durante uma visita à Febem para sua tese de doutorado, acabou adotando o menino e mudou sua vida para sempre. Graças à pedagoga Margherit, a sua maturidade, paciência e tolerância, usando palavras carinhosas e atitudes educadas, acabou conquistando o menino irrecuperável. Ele foi alfabetizado e levado para a França, onde concluiu seus estudos e conseguiu tornar-se, anos depois, um contador de histórias conhecido internacionalmente. "Ela era uma fortaleza doce, um rochedo de açúcar", diz ele em uma entrevista. Roberto Carlos Ramos mudou o seu destino, se tornou um contador de histórias famoso e adotou 14 garotos considerados irrecuperáveis, porque vivenciou ao lado de Margherit a verdadeira "pedagogia do amor". Essa é uma rara história de um ex-menor de rua com final feliz, que exemplifica na prática como o afeto e a maturidade de um adulto define o destino de uma criança. Margherit lhe ensinou que A AFETIVIDADE É CRUCIAL PARA O DESENVOLVIMENTO, uma dádiva inestimável, e também lhe ensinou que O AMBIENTE FAMILIAR É O MEIO QUE VAI PERMITIR QUE AS POTENCIALIDADES DAS CRIANÇAS E JOVENS SE DESENVOLVAM.

Quinto princípio: O AMOR REALIZA O IMPOSSÍVEL.

O AMOR REALIZA O IMPOSSÍVEL! Os nossos problemas são apenas lições de vida, através do amor, do perdão, da resiliência e da sabedoria eles são suportados e superados. O amor tem o poder de diminuir as experiências negativas, podemos ressignificar uma situação aparentemente destrutiva em construtiva.

Enquanto pais, precisamos adotar atitudes positivas diante dos desafios da vida e abraçar esses cinco princípios em nosso dia a dia. Precisamos aceitar nossos limites, nos aceitar, nos perdoar, desenvolvermos humildade e aprender a lidar com frustrações, que é a base da maturidade emocional. Ninguém nasce maduro, ninguém é perfeito, todos nós amadurecemos ao longo de nossa vida e ainda assim temos falhas, porém temos potencial para sermos e fazermos o que desejarmos.

Assim, precisamos desenvolver autoconsciência, ou seja, conhecermos a nós mesmos, nossos desejos mais profundos, nossos limites, com aceitação e profundidade, e fazermos escolhas para sermos "donos de nós mesmos". Aprender a escolher é uma arte. Ao escolher, entretanto, ganhamos e perdemos algo. Essa arte de "escolher" nos permitirá tomar decisões e assumir responsabilidades pelas consequências das nossas escolhas. Não devemos ser passivos diante da vida dos nossos filhos e seus desafios, precisamos ser atuantes.

Desejo que sejam capazes de ofertarem aos seus filhos um amor cada vez mais maduro e sejam muito, muito felizes!

Com carinho,
Um forte abraço,
Tania Queiroz

Bibliografia

LIVROS:

ANDREAS, Steve; ANDREAS, Connirae. *A essência da mente*. São Paulo: Summus Editorial,1993.

ANTUNES, Celso. *As inteligências múltiplas e seus estímulos*. São Paulo: Papirus, 1998.

BANDLER, Richard. *Usando sua mente*: as coisas que você não sabe que não sabe. São Paulo: Summus Editorial, 1987.

_____; GRINDER, John. *Ressignificando:* programação neurolinguística e a transformação do significado. São Paulo: Summus Editorial, 1986.

_____; _____. *Sapos em príncipes*: programação neurolinguística. São Paulo: Summus Editorial, 1982.

BAUMAN, Zygmunt. *Modernidade líquida*. Rio de Janeiro: Zahar, 2001.

BERMAN, Marshall. *Tudo que é sólido desmancha no ar*. São Paulo: Companhia das letras, 1986.

BOURBEAU, Lise. *As cinco feridas emocionais*: rejeição, injustiça, abandono, humilhação e traição – como superar os sentimentos que impedem a sua felicidade. Rio de Janeiro: Sextante, 2017.

BROWN, Brené. *A coragem de ser imperfeito*: como aceitar a própria vulnerabilidade, vencer a vergonha e ousar ser quem você é. São Paulo: Sextante, 2013.

BUSCAGLIA, Leo. *Vivendo, amando e aprendendo*. Rio de Janeiro: Record, 1982.

CABRAL, Álvaro; NICK, Eva. *Dicionário técnico de psicologia*. 14ª ed. São Paulo: Cultrix, 2006.

CASASANTA, Guerino. *Manual de psicologia educacional*. São Paulo: Editora do Brasil, 1950. (Coleção Didática do Brasil, v. 10).

CHAMINE, Shirzad. *Inteligência positiva*: por que só 20% das equipes e dos indivíduos alcançam seu verdadeiro potencial e como você pode alcançar o seu. Rio de Janeiro: Fontanar, 2013.

CHAPMAN, Gary. *As cinco linguagens do amor*: como expressar seu compromisso de amor a seu cônjuge. 3ª ed. São Paulo: Mundo Cristão, 2013.

_____. *As cinco linguagens do amor dos adolescentes*: como expressar um compromisso de amor a seu filho adolescente. 2ª ed. São Paulo: Mundo Cristão, 2006.

CIFUENTES, Rafael Llano. *A maturidade*. São Paulo: Quadrante, 2015.

CUDICIO, Catherine. *PNL e comunicação*: a dimensão da criatividade. Rio de Janeiro: Record, 1996.

D'ANNA, Elio. *A escola dos deuses*: formação dos líderes da nova Economia. Editora Barany, 2012.

_____. *A escola dos deuses*. São Paulo: Editora Novo Século, 2013.

DOSANJH, N. L. *Imagination and Maturity as Factors Indicative of Success in Teaching*. Tese de doutorado não publicada, Punjab University, Chandigarh, 1960.

DUHIGG, Charles. *O poder do hábito*: por que fazemos o que fazemos na vida e nos negócios. São Paulo: Objetiva, 2012.

DURKHEIM, Émile. *As regras do método sociológico*. São Paulo: Martin Claret, 2001.

DWECK, Carol S. *Mindset*: a nova psicologia do sucesso. São Paulo: Objetiva, 2017.

DYER, Wayne W. *Seus pontos fracos*. Rio de Janeiro: Best Seller, 2013.

FABER, A.; MAZLISH, E. *Como falar para o aluno aprender*. São Paulo: Editora Summus, 2003.

FANNUCI, Maynara. Empodere-se. São Paulo: Benvirá, 2018

FENICHEL, O. *Teoria psicanalítica das neuroses*: fundamentos e bases da doutrina psicanalítica. São Paulo: Atheneu, 2000.

FINLEY, N.J. Theories of family labor as applied to gender differences in caregiving for elderly parents. *Journal of Marriage and Family*. National Council on Family Relations, v. 51, n. 01, p. 79-86.

GINOTT, Haim G. *O professor e a criança*. São Paulo: Bloch Editores, 1973.

GOLEMAN, Daniel. Inteligência emocional: a teoria revolucionária que redefine o que é ser inteligente. Rio de Janeiro: Objetiva, 1995.

HART, Carl. Um preço muito alto: a Jornada de um neurocientista que desafia nossa visão sobre as drogas. Rio de Janeiro: Zahar, 2014.

JERSILD, Arthur T. *Psicologia da adolescência*. São Paulo: Companhia Editora Nacional, 1971.

_____. *Psicologia da criança*. 4ª ed. Belo Horizonte: Itatiaia, 1977.

KRZNARIC, Roman. *Como encontrar o trabalho da sua vida*. São Paulo: Objetiva, 2012.

LAMA, Dalai. *A arte da felicidade*: um manual para a vida. São Paulo: Martins Fontes, 2000.

MALTZ, Maxwell. *Psico cibernética*. BN Publishing, 2014.

MENNINGER, K. *Theory of Psychoanalytic Technique*. New York: Kessinger Publishing, 1999.

MORLER, Edward E. *The Leadership Integrity Challenge*: Assessing and Facilitating Emotional Maturity. 2ª ed. Sanai Publishing, 2006.

MURDOCK, Mike. *O desígnio*: o sonho & o destino. Rio de Janeiro: Central gospel, 2010, v. 1.

SHINYASHIKI, Roberto. *A carícia essencial*: uma psicologia do afeto. São Paulo:Gente, 1991.

STEFANO, Isa Gabriela de Almeida. Bullying na escola e seus efeitos jurídicos. *Revista da Faculdade de Direito da Universidade São Judas Tadeu*. N. 2, 2014.

SILVA, Marco Aurélio Dias da. *Quem ama não adoece.*. São Paulo: Best Seller, 1994.

YUNG, C. G. *Tipos psicológicos*. Petrópolis: Vozes, 1985.

SITES:

10 LOUCURAS DE MARILYN MANSON. *Arreganho*. 24 nov. 2010. Disponível em: <http://www.arreganho.com.br/loucuras-marily>. Acesso em: 30 nov. 2017.

10 FRASES INSPIRADORAS DE TONY ROBBINS. *Prime Cursos*. 21 jul. 2018. Disponível em: <https://www.primecursos.com.br/blog/prime-cursos/10-frases-inspiradoras-de-tony-robbins/>. Acesso em: 28 nov. 2017.

15 SINAIS DE QUE VOCÊ É NARCISISTA. *Manancial News*. 19 jan. 2017. Disponível em: <https://www.significados.com.br/narcisismo/http://www.manancialnews.com.br/noticia/2017/01/19/15-sinais-de-que-voce-e-narcisista/69/>. Acesso em: 03 dez. 2017.

A TIRANIA DOS FILHOS: O PRÓPRIO FILHO É TIRANO? **Vix**. Disponível em: <https://www.vix.com/pt/bdm/familia/a-tirania-dos-filhos-4>. Acesso em: 17 nov. 2017.

ABANDONADAS E DESCARTADAS: MAIS DE 150 MILHÕES DE CRIANÇAS VIVEM NAS RUAS', ALERTAM ESPECIALISTAS DA ONU. *ONUBR*. 10 abr. 2015. Disponível em: <https://nacoesunidas.org/abandonadas-e-descartadas-mais-de-150-milhoes-de-criancas-vivem-nas-ruas-alertam-especialistas-da-onu/>. Acesso em: 24 nov. 2017.

ADRIANO, Carlos. *Pensador*. Disponível em: <https://www.pensador.com/comportamento_humano/>. Acesso em: 29 nov. 2017.

ALVES, Rubem. *Pensador*. Disponível em: <https://www.pensador.com/frase/MjMwNzkz/>. Acesso em: 12 dez. 2017.

ANDERSON, Ramona L. Frases de auto-conhecimento. *Mundo das mensagens*. Disponível em: <https://www.mundodasmensagens.com/frases-auto-conhecimento/>. Acesso em: 19 nov. 2017.

AQUINO, Wandick Rocha de. Gestão e liderança de pessoas – aulas 1 e 2. Disponível em: https://pt.slideshare.net/wandickrochadeaquino/gesto-e-liderana-de-pessoas-aulas-1-e-2. Acesso em: 25 nov. 2017.

ARRUDA, Jesa. Automutilação: o que leva uma pessoa a se cortar? *Universo humano.* 05 dez. 2012. Disponível em: <http://universoumano.blogspot.com/2012/12/automutilacao-o-que-leva-uma-pessoa-se.html>.

AUTOMUTILAÇÃO AFETA 20% DOS JOVENS BRASILEIROS. *G1.* 20 nov. 2016. Disponível em: <http://g1.globo.com/fantastico/noticia/2016/11/automutilacao-afeta-20-dos-jovens-brasileiros.html>. Acesso em: 19 ago. 2017.

AZEVEDO, Camila. *Pensador.* Disponível em: https://www.pensador.com/frase/MTQzODMzNQ/. Acesso em: 29 mar 2019.

BALBANI, Aracy Pereira S.; KRAWCZYK, Alberto Luis. Impacto do uso do telefone celular na saúde de crianças e adolescentes. *Scielo.* Disponível em: <http://www.scielo.br/pdf/rpp/v29n3/a19v29n3.pdf>. Acesso em: 19 nov. 2017.

BALBOA, Rocky. Pensador. Disponível em: <https://www.pensador.com/autor/rocky_balboa/>. Acesso em: 05 dez. 2017.

BARONE, Suellen. Como você toma decisões? *Somos todos um.* Disponível em: <https://www.somostodosum.com.br/clube/artigos/autoconhecimento/como-voce-toma-decisoes-46240.html>. Acesso em: 21 nov. 2017.

BASILIO, Andressa. Depressão infantil: ela existe e está aumentando em todo o mundo. Revista Crescer. Disponível em: <https://revistacrescer.globo.com/Criancas/Saude/noticia/2014/09/depressao-infantil-ela-existe-e-esta-aumentando-em-todo-o-mundo.html>. Acesso em: 14 ago. 2017.

BATISTA, Diego Saraiva. *Pensador.* Disponível em: <https://www.pensador.com/frase/MjIxNjU0MA/>. Acesso em: 17 nov. 2017.

BAUER, Sofia M. F. *Hipnoterapia ericksoniana passo a passo.* Campinas: Editora Livro Pleno, 2000. Disponível em: <https://pt.scribd.com/doc/232708473/Hipnoterapia-Ericksoniana-Passo-a-Passo>. Acesso em: 26 nov. 2017.

BETTENCOURT, Bárbara. Conheça o lado bom da raiva. *Blog Activa.* 05 abr. 2014. Disponível em: <http://activa.sapo.pt/saude-e-beleza/2014-04-05-Conheca-o-lado-bom-da-raiva>. Acesso em: 05 dez. 2017.

BÍBLIA ON LINE. Romanos 7:19-25 – nvi – Bíblia Online

Disponível em:<https://www.bibliaonline.com.br/nvi/rm/7/19-25>. Acesso em: 18/11/2017.

BIOGRAFIA DE JAMES DYSON. *Wiki Culturama.* Disponível em: <https://edukavita.blogspot.com/2015/05/biografia-de-james-dyson-quem-e.html>. Acesso em: 05 dez. 2017.

BOFF, Leonardo. A carícia essencial que resgata nossa humanidade. *Leonardo Boff.* 17 fev. 2014. Disponível em: <https://leonardoboff.wordpress.com/2014/02/17/a-caricia-essencial-que-resgata-nossa-humanidade/>. Acesso em: 30 nov. 2017.

BOLANHO, Suzan. Automutilação.*Youtube.* 29 jun. 2017.Disponível em: <https://www.youtube.com/watch?v=3oenTuo1qW0>. Acesso em: 30 nov. 2017

BOLSTAD, Richard. Eensinando com a linguagem do cérebro. *Golfinho*, 15 abr. 1997. Disponível em: <https://golfinho.com.br/artigo/pnl-na-educacao.htm>. Acesso em: 03 jun. 2007.

CALABREZ, Pedro. O que é inteligência emocional? *YouTube*. 17 mar. 2017. Disponível em: < https://www.youtube.com/watch?v=KvTUZi8s9Hc>. Acesso em: 30 nov. 2017.

CAMPOLO, Tony. A maturidade emocional é um despertar que não depende da idade. *A mente é maravilhosa*. 18 ago. 2017. Disponível em: <https://amenteemaravilhosa.com.br/maturidade-emocional-nao-depende-idade/>. Acesso em: 14 out. 2018.

CAMPOS, Carol. *Instagram*. 20 set. 2017. Disponível em: <https://www.instagram.com/p/BZQ8_E4nJ30/>. Acesso em: 29 out. 2017.

CANAZART, Carolina. Como ensinar bondade aos filhos. *Família*. Disponível em: <https://www.familia.com.br/como-ensinar-bondade-aos-filhos/>. Acesso em: 05 dez. 2017.

CARBONARI, Pâmela. Instagram é a rede social mais nociva à saúde mental. *Superinteressante*. 06 out. 2017. Disponível em: <https://super.abril.com.br/sociedade/instagram-e-a-rede-social-mais-prejudicial-a-saude-mental/>. Acesso em: 19 nov. 2017.

CARDOSO, Kelli. Como ensinar seus filhos a lidar com emoções – parte 2. Disponível em: http://kellicardoso.com/criancas/como-ensinar-o-seu-filho-a-lidar-com-as-emocoes-parte-2/ Acesso em 25 de novembro de 2017. CAREY, Sandra. *Pensador*. Disponível em: <https://www.pensador.com/frase/Njk0/>. Acesso em: 30 out. 2017.

CARVALHO, Flávia. As pílulas da felicidade e a eterna busca pela vida perfeita. *Obvious*. Disponível em: <http://obviousmag.org/inquieta/2015/04/as-pilulas-da-felicidade-e-a-eterna-busca-pela-vida-perfeita.html>. Acesso em: 18 out. 2017.

CASTANHEIRA, Alexandra Guerra. Pais terceirizados. *Pai não desista de mim*. 5 out. 2010. Disponível em: <http://painaodesistademim.blogspot.com/2010/10/sobre-pais-e-filhos.html>. Acesso em: 28 out. 2017.

CIFUENTES, Rafael Llano. A maturidade afetiva. *Editora Quadrante*. Disponível em: <http://blog.quadrante.com.br/a-maturidade-afetiva/>. Acesso em: 07 nov. 2017.

COELHO, Paulo; VARELA, Drauzio apud QUEBRANDO o tabu. *YouTube*. 12 dez. 2012. Disponível em: <https://www.youtube.com/watch?v=tKxk61ycAvs&t=39s>. Acesso em: 08 dez. 2017.

COHEN, Sheldon apud TERAPIA DO ABRAÇO. *Bayer Jovem*. 19 mai. 2016. Disponível em: <https://www.bayerjovens.com.br/pt/fique-ligado/viver-bem/visualizar/?materia=terapia-do-abraco>. Acesso em: 23 ago. 2018.

CONFÚCIO. *Pensador*. Disponível em: <https://www.pensador.com/frase/NDc0OQ/>. Acesso em: 21 nov. 2017.

KARNAL, Leandro. Uma criança mimada será um adulto infeliz. *YouTube*. Disponível em: <https://www.youtube.com/watch?v=yD-EfzjfPaM>. Acesso em: 21 nov. 2017.

CORSO, Mario apud MORENO, Ana Carolina; DANTAS, Carolina; OLIVEIRA, Monique. Suicídios de adolescentes: como entender os motivos e lidar com o fato que preocupa pais e educadores. *Falando sobre suicídio*. 27 abr. 2018. Disponível em: <http://falandosobresuicidio.blogspot.com/2018/04/>. Acesso em: 21 nov. 2017.

CURY, Augusto. Frase do *Pensador*. Disponível em: https://www.pensador.com/frase/NjUwNDQy/. Acesso em: 25 nov. 2017.

DAL'LAQUA, Rafael. Top 20 frases sobre marca pessoal. **Marketing Pessoal Online** Disponível em: http://marketingpessoalonline.com.br/top-20-frases-marca-pessoal-2. Acesso em: 18 nov. 2017.

DOSTOIÉVSKI, Fiódor apud MARTINS, Patricia. Por que as pessoas andam tão insatisfeitas com o seu trabalho? *Coach Patricia Martins*. 20 set. 2016. Disponível em: <https://coachpatriciamartins.com.br/index.php/2016/09/20/01/>. Acesso em: 21 nov. 2017.

DYER, Wayne W. *Citações e fases famosas*. Disponível em: <https://citacoes.in/citacoes/1364092-wayne-walter-dyer-amorcapacidade-e-disposicao-para-permitir-que-aqu/>. Acesso em: 17 nov. 2017.

Eclesiastes. Português. *Bíblia Online*. Disponível em: <https://www.bibliaonline.com.br/acf/ec/3/1-8>. Acesso em: 17 nov. 2017.

EFRAIM, Anita. Ser bissexual é uma tendência para o futuro? *Estadão*. 03 jun. 2016. Disponível em: <https://emais.estadao.com.br/noticias/comportamento,ser-bissexual-e-uma-tendencia-para-o-futuro,10000055080>. Acesso em: 12 dez. 2017.

EISTEIN, Albert. *Frase do dia*. Disponível em: <frasedodia.net/albert-einstein/>. Acesso em: 24 nov. 2017.

EMERSON. Ralph Waldo. *Pensador*. Disponível em: <https://www.pensador.com/causa_e_efeito/>. Acesso em: 21 nov. 2017.

ESOPO. *Pensador*. Disponível em: <https://www.pensador.com/frase/MTc2MDM/>. Acesso em: 30 mar. 2019.

FACÇÃO CENTRAL. Eu não pedi para nascer. *Letras*. Disponível em: <https://www.letras.mus.br/faccao-central/75334/>. Acesso em: 30 out. 2017.

FALCÃO: meninos do tráfico. Direção: MV Bill e Celso Athayde. 2006, 58 min., son., color. Disponível em: <https://www.youtube.com/watch?v=iNduAlH4bBc>. Acesso em: 28 nov. 2017.

"FANTASISTA". In: *Dicionário Online de Português*. Disponível em: <https://www.dicio.com.br/fantasista/>. Acesso em: 01 abr. 2019.

FARIAS, Adriana. Ex-modelo Loemy Marques luta contra o crack. *Veja São Paulo*. 01 jun. 2017. Disponível em: <https://vejasp.abril.com.br/cidades/loemy-modelo-cracolandia/>. Acesso em: 30 nov. 2017.

FELIX, Vitor Hugo. Estamos viciados em ser infelizes. *Papo de homem*. Disponível em: <https://papodehomem.com.br/estamos-viciados-em-ser-infelizes/>. Acesso em: 18 nov. 2017.

FERNANDES, Millor apud LEIA 30 FRASES DE MILLÔR FERNANDES. *Extra*. 28 mar. 2012. Disponível em: <https://extra.globo.com/noticias/brasil/leia-30-frases-de-millor-fernandes-4435351.html>. Acesso em: 30 nov. 2017.

FERNANDOBECKER. Tony Robbins: 06 passos para mudar qualquer coisa em sua vida. **Sociedade Brasileira de Negociação e Vendas.** Disponível em: <http://fernandobecker.com.br/tony-robbins-06-passos-para-mudar-qualquer-coisa-em-sua-vida/>. Acesso em: 29 mar 2019.

FILHO, Eduardo Siqueira. *Pensador.* Disponível em: <https://www.pensador.com/frases_de_amor_ao_filho/>. Acesso em: 30 mar. 2019.

FRANKLIN, Cris. *Facebook.* Disponível em: <https://www.facebook.com/ignicaodigital/videos/em-uma-conversa-com-a-cris-franklin-ela-me-contou-que-possui-uma--t%C3%A9cnica-chamada/983509461748445/>. Acesso em:18/11/2017.

FRASES PARA PESSOAS DEPRESSIVAS. **Refletir para refletir.** Disponível em:< https://www.refletirpararefletir.com.br/frases-depressivas>. Acesso em: 30 mar. 2019.

FREUD, Sigmund. *Pinterest.* Disponível em: <https://br.pinterest.com/pin/694750679991050677/?lp=true>. Acesso em: 17 nov. 2017.

FREUD, Sigmundapud MARQUI, José de. *Processos psíquicos.* Disponível em: <https://books.google.com.br/books?id=lNNFBQAAQBAJ&pg=PA1&lpg=PA1&dq=Processos+Ps%C3%ADquicos+organizado+por+Jos%C3%A9+de+Marqui&source=bl&ots=X1SRnp55LG&sig=ACfU3U1SUXa9c8CLlmdgecVqbmZW4JgjtQ&hl=pt-BR&sa=X&ved=2ahUKEwiz2Ijt1MrgAhX2DrkGHRwnC-MQ6AEwA3oECAcQAQ#v=onepage&q=Processos%20Ps%C3%ADquicos%20organizado%20por%20Jos%C3%A9%20de%20Marqui&f=false. Acesso em: 29 nov. 2017.

FREUD, Sigmund apud ENTENDA A AUTOSSABOTAGEM. *Fãs da psicanálise.* 13 fev. 2016. Disponível em: <https://www.fasdapsicanalise.com.br/entenda-a-autossabotagem/>. Acesso em: 29 nov. 2017.

FREUD, Sigmund apud UITDEWILLIGEN, Franciela. Os que fracassam ao triunfar. *Momentos.* 29 nov. 2009. Disponível em: <http://kmartinsp.blogspot.com/2009/11/os-que-fracassam-ao-triunfar.html>. Acesso em: 29 nov. 2017.

GÁLATAS 6:7 – *Bíblia Online.* Disponível em: <https://www.bibliaonline.com.br/acf/gl/6>. Acesso em: 24 nov. 2017.

NETTO, Paiva. *Pensador.* Disponível em: <https://www.pensador.com/causa_e_efeito/2/>. Acesso em: 21 nov. 2017.

GIKOVATE, Flávio. Como definir maturidade emocional? Disponível em: <http://flaviogikovate.com.br/como-definir-maturidade-emocional/>. Acesso em: 07 nov. 2017.

GILLIAN, James apud CONDENADO POR ASSASSINATO NOS EUA ENSINA A INVESTIR NA BOLSA DA CADEIA. *BBC News Brasil.* 21 ago. 2015. Disponível em: <http://www.bbc.com/portuguese/noticias/2015/08/150821_curtis_prisao_wall_street>. Acesso em: 26 nov. 2017.

GOETHE, Johann. *Pensador.* Disponível em: <https://www.pensador.com/frase/MTA1MDM/>.Acesso em: 28 nov. 2017.

GOETHE, Johann Wolfgang Von. *Quem disse*. Disponível em: <https://quemdisse.com.br/frase/assim-que-voce-confiar-em-si-mesmo-voce-sabera-como-viver/7696/>. Acesso em: 30 nov. 2017.

INFÂNCIA DIGITAL: O PERIGO DA DESCONEXÃO COM A VIDA. *Aleteia*. 06 abr. 2018. Disponível em: <https://pt.aleteia.org/2018/04/06/infancia-digital/>. Acesso em: 18 nov. 2017.

JOBS, Steve apud As últimas palavras de Steve Jobs antes de morrer estão a chocar o mundo! *Vamos*. 25 nov. 2015. Disponível em: <www.vamoslaportugal.com/noticias/as-ultimas-palavras-de-steve-jobs-antes-de-morrer-estao-a-chocar-o-mundo>. Acesso em: 30 nov. 2017.

JUNG Carl Gustav. *Pensador*. Disponível em: <https://www.pensador.com/frase/MTk1O-DAzMw/>. Acesso em: 17 nov. 2017.

JUNG, Carl Gustav. 130 frases de Jung. *Psicoativo*. Disponível em: <https://psicoativo.com/2016/04/jung-frases-junguianas.html>. Acesso em: 29 nov. 2017.

KARNAL, Leandro. Crianças mimadas, adultos imbecis. *YouTube*. 27 mai. 2017. Disponível em: <https://www.youtube.com/watch?v=K3sXwbf-VpM>. Acesso em: 24 nov. 2017.

LAO-TSÉ. *Pensador*. Disponível em: <https://www.pensador.com/frase/NzQ0OA/>. Acesso em: 30 out. 2017.

LENNON, John apud ALVES, Oziel. "Nós somos mais populares que Jesus": frase de John Lennon foi mal interpretada. *Mundo Cristão*. 25 mar. 2009. Disponível em: <https://guiame.com.br/gospel/mundo-cristao/nos-somos-mais-populares-que-jesus-frase-de-john-lennon-foi-mal-interpretada.html>. Acesso em: 30 nov. 2017.

LEONE, Álvaro Pascual apud MOURA, Milton. Cérebro não diferencia realidade de imaginação. *Administradores*. 04 fev. 2017. Disponível em: <http://www.administradores.com.br/artigos/cotidiano/cerebro-nao-diferencia-realidade-de-imaginacao/102759/>. Acesso em: 26 nov. 2017.

LIEBMAN, Joshua L. A maturidade emocional é um despertar que não depende da idade. *A mente é maravilhosa*. 18 ago. 2017. Disponível em: <https://amenteemaravilhosa.com.br/maturidade-emocional-nao-depende-idade/>. Acesso em: 07 nov. 2017.

LISPECTOR, Clarice. Clarice Lispector. *Estadão*. 05 dez. 2017. Disponível em: <https://cultura.estadao.com.br/fotos/literatura,clarice-lispector,738625>. Acesso em: 29 out. 2017.

LUCIA. *Mitologia grega*. 21 mar. 2011. Disponível em: <http://eventosmitologiagrega.blogspot.com/2011/03/narciso-paixao-por-si-mesmo.html>. Acesso em: 03 dez. 2017.

MAIA, Ciça. apud MAMILOS 86: divórcio.[Locução de]: Cris Bartis e Juliana Wallauer.14 out. 2016. *Podcast*. Disponível em: <https://www.b9.com.br/67591/mamilos-86-divorcio/.>. Acesso em: 30 nov. 2017.

MAIOR TIPO DE VIOLÊNCIA. **Blog da Saúde**. 22 mai 2012. Disponível em: <http://www.blog.saude.gov.br/index.php/promocao-da-saude/30223-abuso-sexual-e-o-segundo-maior-tipo-de-violencia>. Acesso em: 30 mar. 2019.

MARQUES, José Roberto. O que é hipnose ericksoniana e como ela funciona. *Blog do JRM*. 07 mar. 2016. Disponível em: <https://www.jrmcoaching.com.br/blog/o-que-e-hipnose-ericksoniana-e-como-ela-funciona/>. Acesso em: 26 nov. 2017.

Mateus. Português. *Bíblia*. Disponível em: <https://bibliaportugues.com/matthew/6-21.htm>. Acesso em: 03 dez. 2017.

MEDEIROS, Martha. *Pensador*. Disponível em: <https://www.pensador.com/frase/NzIwMDU2/>. Acesso em: 29 out. 2017.

MELO, Gabriel. Maturidade emocional: crescer não é fácil – parte 3. Disponível em: <https://bloggabrielmelo.blogspot.com/2017/03/maturidade-emocional-crescer-nao-e.html>. Acesso em: 17 nov. 2017.

MENEZES, Fernando. Qual sentido estimula mais você? *Minha vida*. 04 out. 2010. Disponível em: <https://www.minhavida.com.br/bem-estar/testes/11989-qual-sentido-estimula-mais-voce>. Acesso em: 30 out. 2017.

METRING, Nathalia. Mindset – O que é e como ele determina os resultados da sua vida? *Administradores*. 28 nov. 2016. Disponível em: <http://www.administradores.com.br/artigos/empreendedorismo/mindset-o-que-e-e-como-ele-determina-os-resultados-da-sua-vida/100272/?desktop=true>. Acesso em: 18 nov. 2017.

MILHÕES DE FILHOS BRASILEIROS NÃO SÃO RECONHECIDOS PELOS PAIS. *Gauchazh*. 30 jun. 2012. Disponível em: <https://gauchazh.clicrbs.com.br/geral/noticia/2012/06/milhoes-de-filhos-brasileiros-nao-sao-reconhecidos-pelos-pais-3807235.html>. Acesso em: 24 nov. 2017.

MORENO, Ana Carolina; DANTAS, Carolina; OLIVEIRA, Monique. Suicídios de adolescentes: como entender os motivos e lidar com o fato que preocupa pais e educadores. *G1*. 27 abr. 2018. Disponível em: <https://g1.globo.com/ciencia-e-saude/noticia/suicidios-de-adolescentes-como-entender-os-motivos-e-lidar-com-o-fato-que-preocupa-pais-e-educadores.ghtml>. Acesso em: 21 nov. 2017.

NABUCO, Cristiano. 'Estamos criando uma geração de alienados', afirma psicólogo do HC. **Crianças a torto e a Direitos**. 13 set. 2016. Disponível em: <https://criancasatortoeadireitos.wordpress.com/tag/desenvolvimento-cognitivo/page/2/>. Acesso em: 19 nov. 2017.

"NARCISISMO". In: *DICIONÁRIO online de português*. Disponível em: <https://www.dicio.com.br/narcisismo/>. Acesso em: 30 mar. 2019.

NIETZSCHE, Friedrich. *Pensador*. Disponível em: <https://www.pensador.com/frase/NjAzMTMz/>. Acesso em: 07 nov. 2017.

NOLTE, Dorothy Low. As crianças aprendem o que vivem. *Linolica*. Disponível em: <http://www.linolica.com.br/exemplo.htm>. Acesso em: 12 dez. 2017.

NÚMERO DE ADOLESCENTES GRÁVIDAS CHEGA A 7,3 MILHÕES, APONTA ONU. *Globo News*. 30 set. 2014. Disponível em: <http://g1.globo.com/globo-news/noticia/2014/09/numero-de-adolescentes-gravidas-chega-73-milhoes-aponta-onu.html>. Acesso em: 08 dez. 2017.

PAIS SÓ DISPONIBILIZAM 14 MINUTOS PARA OS FILHOS POR DIA, DIZ PESQUISA. *Notícias ao minuto*. 03 mar. 2017. Disponível em: <https://www.noticiasaominuto.com.br/lifestyle/353973/pais-so-disponibilizam-14-minutospara-os-filhos-por-dia-diz-pesquisa>. Acesso em: 29 out. 2017.

PEDROZA, Deivison, Receita de felicidade. *Youtube*. 11 jan. 2013. Disponível em: <https://www.youtube.com/watch?v=kbmJrzlwrHQ>. Acesso em: 29 out. 2017.

PELLEGRINI, Luis. Arrogância. Os frutos amargos da perda da consciência de limites. **Luis Pellegrini**. Disponível em: <http://www.luispellegrini.com.br/arrogancia-os-frutos-amargos-da-perda-da-consciencia-de-limites/>. Acesso em: 30 mar. 2019.

PERASSO, Valeria. OMS: Suicídio já mata mais jovens que o HIV em todo o mundo. *BBC News Brasil*. 22 set. 2015. Disponível em: <https://www.bbc.com/portuguese/noticias/2015/09/150922_suicidio_jovens_fd>. Acesso em: 14 ago. 2017.

PRADO, Rúbia. Compreendendo a comunicação interpessoal. *Equilíbrio interior*. Disponível em: <http://www.equilibriointerior.net/index2.php?id=33>. Acesso em: 30 out. 2017.

RAPH. Viviane Mosé fala sobre a sociedade em rede. *Textos para reflexão*. 03 abr. 2018. Disponível em: <http://textospararefllexao.blogspot.com/2018/04/viviane-mose-fala-sobre-sociedade-em.html>. Acesso em: 18 nov. 2017.

RELAÇÃO ENTRE DOR CRÔNICA E SUICÍDIO: É PRECISO FALARMOS SOBRE ISSO. *Singular*. Disponível em: <https://www.singular.med.br/midia/blog/255-relacao-entre-dor-cronica-e-suicidio-e-preciso-falarmos-sobre-isso.html.> Acesso em: 14 ago. 2017.

O PODER DA MENTE – APRENDENDO TÉCNICAS DE PNL. *A mente é maravilhosa*. Disponível em: <https://amenteemaravilhosa.com.br/voce-visual-auditivo-cinestesico/>. Acesso em: 30 out. 2017.

O PREOCUPANTE AUMENTO DE DEPRESSÃO E SUICÍDIO ENTRE JOVENS. *Veja*. 27 abr. 2018. Disponível em: <https://veja.abril.com.br/saude/o-preocupante-aumento-de-depressao-e-suicidio-entre-os-jovens/>. Acesso em: 14 ago. 2017.

O´MALLY, Austin apud

FILHOS DE PAIS EMOCIONALMENTE IMATUROS: INFÂNCIAS PERDIDAS. *A mente é maravilhosa*. 27 jul. 2017. Disponível em: <https://amenteemaravilhosa.com.br/pais-emocionalmente-imaturos-infancias-perdidas/>. Acesso em: 17 nov. 2017.

PESSOA, Fernando. *Citador*. Disponível em: <http://www.citador.pt/poemas/liberdade-fernando-pessoa>. Acesso em: 30 nov. 2017.

PITÁGORAS. *Pensador*. Disponível em: <https://www.pensador.com/frase/NTAx/>. Acesso em: 28 nov. 2017.

PITTY. Máscara. *Vagalume*. Disponível em: <https://www.vagalume.com.br/pitty/mascara.html>. Acesso em: 24 nov. 2017.

"PERSEVERANT". In: *Glosbe*. Disponível em: <https://pt.glosbe.com/ca/pt/perseverant>. Acesso em: 30 mar. 2019.

PLATÃO. *Pensador*. Disponível em: <https://www.pensador.com/tente_mover_o_mundo/>. Acesso em: 30 mar. 2019.

PROVÉRBIOS. Português. *Bíblia*. Disponível em: <https://bibliaportugues.com/proverbs/16-32.htm>. Acesso em: 05 dez. 2017.

REDES SOCIAIS ONLINE PODEM LEVAR OS JOVENS À DEPRESSÃO. *Veja*. 28 mar. 2011. Disponível em: <https://veja.abril.com.br/saude/redes-sociais-online-podem-levar-os-jovens-a-depressao/>. Acesso em: 19 nov. 2017.

RESENDE, Paula. Estudante que atirou dentro de escola está 'arrependido' e 'abalado', diz advogada. *G1*. 22 out. 2017. Disponível em: <https://g1.globo.com/goias/noticia/estudante-que-atirou-dentro-de-escola-esta-arrependido-e-abalado-diz-advogada.ghtml>. Acesso em: 26 nov. 2017.

RIBEIRO, Gastão. Feridas ocultas. A triste realidade de crianças que sofrem abusos. *Portal CMC*. Disponível em: <http://www.portalcmc.com.br/feridas-ocultas-a-triste-realidade-de-criancas-que-sofrem-abusos/>. Acesso em: 25 nov. 2017.

RIBEIRO, Paulo Silvino. Durkheim e o fato social. *Brasil Escola*. Disponível em: <https://brasilescola.uol.com.br/sociologia/durkheim-fato-social.htm>. Acesso em: 17 nov. 2017.

ROBERTO Carlos Ramos. *Wikipédia*. Disponível em: <https://pt.wikipedia.org/wiki/Roberto_Carlos_Ramos>. Acesso em: 12 dez. 2017.

RUY, Marcos Aurélio. Por que é importante debater um tema tão penoso como o suicídio? **Vermelho**. 05 set. 2018. Disponível em: http://www.vermelho.org.br/noticia_print.php?id_noticia=314766&id_secao=10. Acesso em: 30 nov. 2017.

SAAD, Laura apud MAMILOS 126: bullying.[Locução de]: Cris Bartis e Juliana Wallauer. 04 nov. 2017. *Podcast*. Disponível em: <https://www.b9.com.br/80827/mamilos-126-bullying/>. Acesso em: 28 nov. 2017.

SANTOS, Mônica. Elevado índice de suicídio entre crianças e jovens preocupa. *A folha do bosque*. Rio de Janeiro: Maio, ano XIX, n. 240, maio 2018, p. 22. Disponível em: <https://docs.wixstatic.com/ugd/c08ab9_95c0c50b07394002877876aff1490d4f.pdf>. Acesso em: 01 ago. 2017.

SARTRE, Jean-Paul. *Pensador*. Disponível em: <https://www.pensador.com/frase/MjUyOTU/>. Acesso em: 29 nov. 2017.

SCHOFFEN, Isabelle Maurutto; RODRIGUES, Samara Megume; CAMPOS, Thais Becker de. **Sofrimento psicanalise**. 09 jul. 2015. Disponível em: < http://sofrimentopsicanalise.blogspot.com/2015/07/?view=classic>. Acesso em: 29 mar. 2019.

SESI. O futuro é agora: entrevista Regina Steurer, cofundadora Projeto Âncora. *YouTube*. 06 jun. 2018. Disponível em: <https://www.youtube.com/watch?v=MoXSSzLawdE>. Acesso em: 08 dez. 2017.

SETZER, Valdemar W. *Efeitos negativos dos meios eletrônicos em crianças, adolescentes e adultos*. Imesp: 17 dez. 2011. Disponível em: <https://www.ime.usp.br/~vwsetzer/jokes/efeitos-negativos-meios.html>. Acesso em: 14 ago. 2018.

SKINNER, B. F. *Pensador*. Disponível em: <https://www.pensador.com/frase/MTAyMjk3Mg>. Acesso em: 17 nov. 2017.

SÓCRATES. *Citações e frases famosas*. Disponível em: <https://citacoes.in/citacoes/576309--socrates-o-que-temos-de-fazer-e-instruir-e-nao-proibir/>. Acesso em: 30 mar. 2019.

SOMBRAS e personas: Jung. [Apresentação de]: Aguimar Martins. Sociedade Brasileira de Psicanálise Integrativa. 29 nov. 2016. Disponível em: <https://www.youtube.com/watch?v=nTrNsxfNByE>. Acesso em: 29 nov. 2017.

SOMOS UM BALÃO DE EMOÇÕES EM UM MUNDO DE ALFINETES. *Crohnistas da alegria*. 13 ago. 2017. Disponível em: <www.crohnistasdaalegria.com/2017/08/somos-um--balao-de-emocoes-em-um-mundo.html>. Acesso em: 30 out. 2017.

SOUZA, Altay de; MARAFIGA, Caroline apud MAMILOS 123: pedofilia.[Locução de]: Cris Bartis e Juliana Wallauer. *Podcast*. Disponível em: <https://soundcloud.com/mamilos-pod/pedofilia>. Acesso em: 08 dez. 2017.

SPINTH, Birgit. A síndrome do impostor. *Methodus*. Disponível em: <https://www.methodus.com.br/artigo/606/a-sindrome-do-impostor.html>. Acesso em: 30 nov. 2017.

STEFANO, Isa Gabriela de Almeida. Bullying na escola e seus efeitos jurídicos. *Revista da Faculdade de Direito da Universidade São Judas Tadeu*. N. 2, 2014.

TAÍS, Marcela. Pequenas alegrias. *Letras*. Disponível em: <https://www.letras.mus.br/marcela-tais/pequenas-alegrias/>. Acesso em: 12 dez. 2017.

TEICHER, Martin H. Feridas que não cicatrizam: a neurobiologia do abuso infantil. *Scientific American Brasil*. 1ª ed., jun. 2002. Disponível em: <http://www2.uol.com.br/sciam/reportagens/feridas_que_nao_cicatrizam_a_neurobiologia_do_abuso_infantil_imprimir.html>. Acesso em: 24 nov. 2017.

TESTE: VOCÊ É VISUAL, AUDITIVO OU CINESTÉSICO? *ProProfs*. 18 jan. 2014.

Disponível em: <https://www.proprofs.com/quiz-school/story.php?title=teste-voc-visual-auditivo-ou-cinestsico>. Acesso em: 30 out. 2017.

TESTE DE NEUROLINGUÍSTICA – VOCÊ É VISUAL, AUDITIVO OU CINESTÉSICO? Disponível em: <http://gjussi.com.br/wp-content/uploads/2013/09/Teste-de-neurolinguistica.pdf>. Acesso em: 30 out. 2017.

TEXTOS JUDAICOS. *Pensador*. Disponível em: <https://www.pensador.com/frase/MjEzNw/>. Acesso em: 30 mar. 2019.

THE MASK YOU LIVE IN. Jennifer Siebel Newsom, 2015. Disponível em: <https://www.netflix.com/search?q=the%20mask%20&jbv=80076159&jbp=0&jbr=0>. Acesso em: 26 nov. 2017.

TRAUMA FÍSICO. *Wikipédia*. Disponível em: <https://pt.wikipedia.org/wiki/Trauma_f%C3%ADsico>. Acesso em: 24 nov. 2017.

UMA PESSOA COMETE SUICÍDIO A CADA 40 SEGUNDOS NO MUNDO, DIZ OMS. *O Globo*. 04 set. 2014. Disponível em: <https://oglobo.globo.com/sociedade/saude/

uma-pessoa-comete-suicidio-cada-40-segundos-no-mundo-diz-oms-13826787>. Acesso em: 29 nov. 2017.

ULTRAJE A RIGOR. Eu me amo. *Letras*. Disponível em: <https://www.letras.mus.br/ultraje-a-rigor/49186/>. Acesso em: 03 dez. 2017.

VAIANO, Bruno. Como reconhecer uma distopia?. **Galileu**. Disponível em:<https://revistagalileu.globo.com/Cultura/noticia/2016/11/como-reconhecer-uma-distopia.html>. Acesso em: 01 abr. 2019.

VIANNA, Tata. Soberba: liberte-se! *O segredo*. 04 ago. 2016. Disponível em: <https://osegredo.com.br/soberba-liberte-se/>. Acesso em: 03 dez. 2017.

VIOLÊNCIA SIMBÓLICA. *Wikipédia*. Disponível em: <https://pt.wikipedia.org/wiki/Viol%C3%AAncia_simb%C3%B3lica>. Acesso em: 17 nov. 2017.

WAGNER. Agressividade e psicanálise. *Meu Artigo*. Disponível em: <https://meuartigo.brasilescola.uol.com.br/psicologia/agressividade-psicanalise.htm>. Acesso em: 23 ago. 2018.

WASHER, Paul. Do que adianta ganhar o mundo e perder a família? *YouTube*. Disponível em: <https://www.youtube.com/watch?v=pZWK7y7cRw4>. Acesso em: 17 nov. 2017.

WEBER, Lídia. A responsabilidade dos pais na questão da depressão infantil. *Tribuna Paraná*. Disponível em: <https://www.tribunapr.com.br/arquivo/vida-saude/a-responsabilidade-dos-pais-na-questao-da-depressao-infantil/>. Acesso em: 09 out. 2018.

WHITE, Ellen Gould. *Blog do Borjão*. 21 jul. 2015. Disponível em: <https://blogdoborjao.blogspot.com/2015/07/citacao-do-dia_21.html?m=0>. Acesso em: 28 nov. 2017.

WOLFF apud GIUGLIANI, Elsa J. Relações entre violência doméstica e agressividade na adolescência. *Monografias*. Disponível em: <https://www.monografias.com/pt/trabalhos2/relacoes-violencia-domestica/relacoes-violencia-domestica.shtml>. Acesso em: 29 nov. 2017.

YANANDA, Ione Aires. Crenças limitadoras e crenças impulsionadoras: sua crença acontece hoje, agora e dentro da sua mente! *O segredo*. 27 mar. 2017. Disponível em: <https://osegredo.com.br/crencas-limitadoras-e-crencas-impulsionadoras-sua-vida-acontece-hoje-agora-e--dentro-de-sua-mente/>. Acesso em: 29 nov. 2017.

ZUCCHELLI, Lilian Marin; BIANCO, Marcela Alice.As feridas de uma criança que sofreu violência física e/ou emocional. *CONTI outra*. 07 set. 2017. Disponível em: <https://www.contioutra.com/as-feridas-de-uma-crianca-que-sofreu-violencia-fisica-eou-emocional/>. Acesso em: 25 nov. 2017.

BIDDULPH, Steve, Frase. A geração mais abandonada. Disponível em: http://www.espn.com.br/noticia/362572_pais-filhos-e-bicicletas-juntos-uma-escola-diferente-bike-e-legal. Acesso em: 09 out. 2018.

Aristóteles – Ética a Nicômaco de Aristóteles. Disponível em: http://www.consciencia.org/etica-a-nicomaco-resumo-e-analise. Acesso em: 24 nov. 2017.

Caso deseje entrar em contato com a autora:

tqueiroz@editoraevora.com.br

www.institutotaniaqueiroz.com.br

https://www.facebook.com/taniadqueiroz

Este livro foi impresso pela BMF Gráfica em papel *Offset* 75 g.